형사특별법 판례 50선

심희기·전지연·한상훈·김정환
안성조·김슬기·윤지영·박정난

집 현 재

머리말

로스쿨제도가 도입되어 로스쿨을 통한 법조인 양성이 시작된 지 벌써 10년이 지났다. 로스쿨제도는 법학교육과 관련하여 크게 다음과 같은 두 가지 점에서 큰 변화를 가져왔다.

첫째, 법학교육에서 실무교육이 강화되었다. 그 결과 한편으로는 판결문이나 변론요지서 또는 공소장 등과 같은 실무에서 필요한 법률 문서의 작성이 교과과정에서 중요한 교과목이 되었고, 다른 한편으로는 로스쿨에서의 모든 교과목에서 실무에 직접 적용할 수 있는 판례에 대한 교육이 중요한 부분을 차지하게 되었다.

둘째, 로스쿨에서의 법학교육은 이전의 대학 학부에서의 법학교육보다 훨씬 다양한 교과목을 교육할 것을 요구하였다. 이에 따라 형사법의 영역에서는 이전의 형법총론, 형법각론, 형사정책, 형사소송법, 형사연습과 같은 교과목을 넘어 형사증거법, 형사특별법, 소년법, 경제형법 등과 같은 교과목을 교육하게 되었다.

본서는 이와 같은 법학교육에서의 두 가지 변화를 반영하여 형사특별법의 분야와 그에 대한 중요 판례를 다루고 있다. 본서를 집필함에는 집필자 중 심희기 교수의 제안이 본서를 출간하게 된 제일 큰 동력이 되었다. 형법이나 형사소송법에 대하여는 로스쿨 학생들이나 형사법을 공부하는 학생들을 위한 중요 판례를 정리하고 그에 대한 간단한 평석을 한 판례서가 존재하나 형사특별법의 경우에는 그러한 판례서가 없다는 점에서 그에 대한 필요성에 동감하고, 빠른 시간내에 본서를 출간하기로 결정하였다. 이에 따라 보다 많은 수의 집필자를 확보하고, 집필자들은 며칠 간의 집중적인 논의를 통하여 대상 판례를 선정하고, 그리고 선정된 판례를 집필자별로 평석할 판례를 분담하였다. 특히 다수 집필자의 참가로 대상 판례들의 서술 형식을 통일할 필요가 있으므로, 어떠한 형식으로 서술할 것인가에 대하여 집필자들 사이의 소통을 통하여 현재의 서술 방식으로 통일하였다.

그리고 본서는 박상기/전지연/한상훈 공저의 「형사특별법」(제3판)에서 다루어진 특별형법을 대상으로 하여, 해당 저서의 특별형법 순서에 따라 판례를 배열하였다. 따라서 본서는 「형사특별법」의 일종의 자매서라고 보아도 될 것이다. 따라서 가능한 한 독자들은 본서와 「형사특별법」의 저서를 상호 비교하여 가며 읽는다면 보다 효과적인 학습을 할 수 있을 것이라 생각한다.

본서의 출간에는 많은 사람들의 도움이 있었다. 먼저 본서를 집필함에 집필자 사이의 소통과 집필 원고의 통일성을 기하기 위한 초안의 점검 등을 담당하여 준 연세대학교 법학전문대학원 박사과정의 전치홍 변호사의 도움이 컸다. 전 변호사에게 감사드린다. 또한 집필자들의 원고를 직접 수집하고 수집된 원고를 훌륭하게 편집하여 주시고, 촉박한 일정에도 불구하고 꼼꼼하게 교정까지 직접 담당하여 준 집현재의 위호준 대표에게도 감사의 말씀을 드린다.

2020년 7월

집필자를 대표하여 전지연 교수(연세대)

차 례

제1장 폭력행위 등 처벌에 관한 법률

제2장 특정범죄 가중처벌 등에 관한 법률

제3장 특정경제범죄 가중처벌 등에 관한 법률

제4장 통신비밀보호법

제5장 정보통신망 이용촉진 및 정보보호 등에 관한 법률

제6장 성폭력범죄의 처벌 등에 관한 특례법

제7장 아동·청소년의 성보호에 관한 법률

제8장 도로교통법

제9장 교통사고처리 특례법

제10장 여신전문금융업법

제11장 부정수표 단속법

제12장 변호사법

제13장 소년법

법령명 약어표

[교특법] 교통사고처리 특례법

[도교법] 도로교통법

[성폭력처벌법] 성폭력범죄의 처벌 등에 관한 특례법

[아청법] 아동·청소년의 성보호에 관한 법률

[여전법] 여신전문금융업법

[정보통신망법] 정보통신망 이용촉진 및 정보보호 등에 관한 법률

[특가법] 특정범죄 가중처벌 등에 관한 법률

[특경법] 특정경제범죄 가중처벌 등에 관한 법률

[폭처법] 폭력행위 등 처벌에 관한 법률

[통비법] 통신비밀보호법

제1장

폭력행위 등 처벌에 관한 법률

1.1

대법원 2000.2.25 선고 99도4305 판결

폭처법상 '2인 이상이 공동하여'의 의미

[사안] 피해자 A는 폭력배들로부터 자신을 보호한다는 명목으로 검찰청 공무원인 피고인 갑에게 의도적으로 가까이 지내게 되었다. 피해자 A는 피고인 갑의 환심을 사기 위하여 그에게 1억원을 투자하면 배로 늘려주겠다는 제의를 하여 이를 수령한 후, 아무런 조치를 취하지 않다가 피고인 갑이 이를 독촉하자 피해자 A는 연락을 차단하였다. 피고인 갑은 피해자 A가 B의 사무실에 드나든다는 소문과 B가 피고인 을의 학교 후배로서 서로 잘 아는 사이라는 것을 알고 피고인 을에게 B를 통하여 피해자 A를 만나게 해달라고 부탁하였고, 피고인 을은 B에게 연락하여 피고인 갑과 피해자 A를 B의 사무실에서 만나게 해 주었다. 사무실에서 피해자 A가 사과는 커녕 자기가 할 것은 다했다는 취지로 이야기하자 피고인 갑이 흥분하여 피해자 A의 뺨을 때리게 되고, 나이도 어린 피해자 A가 현직 공무원인 피고인 갑에게 대들며 다투는 것을 보고 화가 난 피고인 을도 이에 가세하여 피해자 A에게 무릎을 꿇게 한 뒤 폭행을 가하여 피해자 A에게 우안면부찰과상 등을 입혀 피가 흐르게 하는 등의 상해를 입혔다. 피고인 을은 피해자 A를 질책하면서 분위기를 바로 잡은 뒤에 둘이 합의하도록 중재안을 제시하고, 둘은 이에 동의하였다. 그 후 피고인 갑과 피해자 A 사이에 약정서를 작성한 후 약정서에 무인하고, B에게 가져가 B가 입회인란에 서명하였다.

피고인 갑과 을은 폭력행위등처벌에관한법률위반(공동상해, 공동강요)으로 기소되었고, 제1심법원은 유죄의 선고를 하였다. 이에 피고인들은 항소하였고, 항소법원은 피고인 갑과 을이 피해자 A를 폭행하여 상처를 입게 한 점에 대하여 유죄로 인정한 것은 옳다고 할 것이나, 그로 인하여 피해자 A가 피고인 갑에 대하여 아무런 채무의 부담도 없음에도 약정서에 무인하게 되었다는 피해자 A의 주장은 수긍하기 어렵다는 취지에서 강요의 부분에 대하여는 무죄를 선고하였다.

[재판요지]

1. 폭력행위 등 처벌에 관한 법률 제2조 제2항의 '2인 이상이 공동하여 폭행의 죄를 범한 때'라고 함은 그 수인 간에 소위 공범관계가 존재하는 것을 요건으로 하고, 또 수인이 동일 장소에서 동일 기회에 상호 다른 자의 범행을 인식하고 이를 이용하여 범행을 한 경우임을 요하며(대법원 1996.2.23. 선고 95도1642 판결; 1991.1.29. 선고 90도2153 판결 등 참조), 한편, 상해죄에서의 상해는 피해자의 신체의 완전성을 훼손하거나 생리적 기능에 장애를 초래하는 것을 의미한다(대법원 1999.1.26. 선고 98도3732 판결 참조).

2. 형법 제20조는 "법령에 의한 행위 또는 업무로 인한 행위 기타 사회상규에 위배되지 아니하는 행위는 벌하지 아니한다"고 규정하고 있는데, 어떠한 행위가 정당한 행위로서 위법성이 조각되는 것인지는 구체적인 경우에 따라 합목적적, 합리적으로 가려져야 할 것인바, 정당행위를 인정하려면 첫째 그 행위의 동기나 목적의 정당성, 둘째 행위의 수단이나 방법의 상당성, 셋째 보호이익과 침해이익과의 법익균형성, 넷째 긴급성, 다섯째 그 행위 외에 다른 수단이나 방법이 없다는 보충성 등의 요건을 갖추어야 한다(대법원 1999.2.23. 선고 98도1869 판결 참조).

[사안에의 적용] 피고인 갑이 피해자 A에게 채무변제를 추궁하자 피해자 A가 자신은 잘못한 것이 없다고 나이가 더 많은 피고인 갑에게 대들어 이에 화가 난 피고인 갑이 피해자 A를 폭행하고, 피고인 을도 이에 가세하여 폭행하여 피해자 A에게 우안면부찰과상 등을 입혀 피가 흐르게 하는 등 상해를 가하였다. 이것은 동일 기회에 동일 장소에서 상호 다른 자의 범행을 인식하고 이를 이용하여 범행하여 피해자에게 신체의 완전성을 훼손하는 상해를 입힌 경우에 해당한다. 그리고 이러한 상해는 범행의 동기, 범행수단과 방법, 상해의 정도 등 위에서 말하는 제반 사정에 비추어 사회상규에 어긋나지 않는다고 볼 수는 없다.

[해설]

1. '2명 이상이 공동하여'의 의미

폭처법 제2조 제2항은 "2명 이상이 공동하여" 형법상의 폭행, 협박, 주거침입, 재물손괴, 체포·감금, 강요, 상해, 공갈의 죄를 범한 때에는 각 형법 본조에 정한 형의 2분의 1까지 가중한다. 여기서 "2명 이상이 공동하여"의 의미에 대해서 판례는 원칙적으로 "수인 간에 소위 공범관계가 존재하는 것을 요건으로 하고, 또 수인이 동일 장소에서 동일 기회에 상호 다른 자의 범행을 인식하고 이를 이용하여 범행을 한 경우"이어야 한다는 입장이다(합동범설). 이와 같은 "2인 이상이 공동하여"가 형법상의 공동정범(제30조)과 다른 점은 공동정범이 공범자 전원 간에 범죄에 대한 공동가공의 의사가 있는 경우, 즉 범행 가담자 상호간에 범의의 연락이 있고 그 일부 가담자가 범죄실행을 한 경우에 성립되고, 이때에는 그 전원이 공동일체로서 범죄를 실행한 것이 되고 비록 스스로 직접 그 실행행위를 분담하지 아니한 자이더라도 그 범죄 전체에 관하여 공동정범으로서의 책임을 부담하는 점(소위 공모공동정범의 인정: 대법원 1986.6.10. 선고 85도119판결)에 있다고 본다.

2. 합동범의 공동정범

여기에서 더 나아가 판례는 여러 사람이 폭처법 제2조에 열거된 죄를 범하기로 공모한 다음 그 중 2명 이상이 범행장소에서 범죄를 실행한 경우에는 범행장소에 가지 아니한 자도 이 죄의 공모공동정범으로 처벌할 수 있다고 한다(대법원 2007.6.28. 선고 2007도2590 판결; 대법원 1996.12.10. 선고 96도2529 판결). 즉, 폭처법 제2조 제2항은 법문상으로나 판례에서 합동범이라는 표현을 사용하지 않고 있으나, 판례는 폭처법 제2조 제2항의 규정을 3명 이상이 가담한 경우에는 합동범뿐만 아니라 공동정범도 상정한 것으로 보아야 한다는 점에서 "2명 이상이 공동하여"라는 표현에 대하여 사실상 합동범의 법리와 전적으로 동일한 태도로 보인다.

참고판례

1. **대법원 2013.11.28. 선고 2013도4430 판결:** 폭력행위 등 처벌에 관한 법률 제2조 제2항의 '2인 이상이 공동하여 상해 또는 폭행의 죄를 범한 때'라 함은 그 수인 사이에 소위 공범관계가 존재하는 것을 요건으로 하고, 또 수인이 동일 장소에서 동일 기회에 상호 다른 자의 범행을 인식하고 이를 이용하여 범행을 한 경우라야 하며(대법원 1991.1.29. 선고 90도2153 판결 참조), 2인 이상이 공동으로 가공하여 범죄를 행하는 공동정범에 있어서 공모나 모의는 반드시 직접, 명시적으로 이루어질 필요는 없고 순차적, 암묵적으로 상통하여 이루어질 수도 있으나 어느 경우에도 범죄에 공동 가공하여 이를 공동으로 실현하려는 의사의 결합이 있어야 할 것이고, 피고인이 공모의 점과 함께 범의를 부인하는 경우에는, 이러한 주관적 요소로 되는 사실은 사물의 성질상 범의와 상당한 관련성이 있는 간접사실 또는 정황사실을 증명하는 방법에 의하여 이를 입증할 수밖에 없다(대법원 2003.1.24. 선고 2002도6103 판결, 대법원 2006.2.23. 선고 2005도8645 판결 등 참조).

2. **대법원 1982.1.26. 선고 81도1934 판결:** 폭력행위 등 처벌에 관한 법률 제2조 제2항의 '2인 이상이 공동하여'라 함은 수인이 동일한 장소에서 동일한 기회에 서로 다른 자의 범행을 인식하고 이를 이용하여 범행을 한 경우임을 요한다. 따라서 피고인이 피해자 갑과 서로 멱살을 잡고 실랑이를 하다가 주위의 만류로 일단 끝날 즈음에 피고인의 처 을 및 공소외인과 위 갑의 처 병 사이에 싸움이 벌어져 위 을 등이 병에게 폭행을 가하자 피고인은 이에 가세하지 아니하고 오히려 이들의 싸움을 적극 만류하였다면 피고인이 갑의 멱살을 잡고 실랑이를 벌린 행위에 대하여 그 죄책을 묻는 여부는 별론으로 하고, 피고인과 위 을 등과의 공범관계를 인정하여 위 갑, 병에 대한 공동폭행죄의 죄책을 물을 수는 없다.

[참고문헌]

정영일, 합동범에 관한 판례연구, 형사판례연구[7], 1999.

[필자: 전지연 교수(연세대)]

제2장

특정범죄 가중처벌 등에 관한 법률

2.1

대법원 2007.11.30. 선고 2007도6556 판결

농협중앙회 간부를 공무원으로 볼 수 있는지 여부

[사안] 피고인은 1999년 경부터 2007년까지 농업협동조합중앙회의 회장으로 근무하면서 그 업무를 총괄해 온 자인바, 2005. 12. 초순경 서울 중구 소공동에 있는 롯데호텔 호실 불상의 객실에서 현대자동차 주식회사의 대표이사 부회장인 공소외 1로부터, 피고인이 같은 해 11. 25.경 농업협동조합중앙회 소유의 서울 서초구 양재동 230-1 소재 농협 하나로마트 내 부지 285평을 대금 66억 2천만 원에 현대자동차 주식회사에 매각하여 줌으로써 현대자동차 그룹의 양재동 사옥 증축 시 건축 면적이 증가되도록 하는 등 도움을 준 것에 대한 사례 명목으로 현금 3억 원이 들어 있는 가방 1개를 건네받음으로써 그 직무에 관하여 뇌물을 수수하였다.

[재판요지]

1. 특정범죄 가중처벌 등에 관한 법률(이하 '특가법'이라 한다) 제4조 제1항은 '국가 또는 지방자치단체가 직접 또는 간접으로 자본금의 2분의 1 이상을 출자하였거나 출연금·보조금 등 그 재정지원의 규모가 그 기업체 기본재산의 2분의 1 이상인 기업체'(제1호)나 '국민경제 및 산업에 중대한 영향을 미치고 있고 업무의 공공성이 현저하여 국가 또는 지방자치단체가 법령이 정하는 바에 따라 지도·감독하거나 주주권의 행사 등을 통하여 중요사업의 결정 및 임원의 임면 등 운영 전반에 관하여 실질적인 지배력을 행사하고 있는 기업체'(제2호)로서 대통령령이 정하는 기업체(이하 '정부관리기업체'라 한다)의 간부직원은 형법 제129조 내지 제132조의 적용에 있어 이를 공무원으로 본다고 규정하고 있는바, 이 사건에서는 농업협동조합중앙회(이하 '농협중앙회'라 한다)를 정부관리기업체의 하나로 규정하고 있는 특가법 시행령 제2조 제48호가 모법인 특가법 제4조 제1항 제2호의 위임범위를 벗어난 것으로서 위헌·위법인지 여부가 재판의 전제문제로 되어 있으므로 이에 대하여 본다.

2. 특가법 제4조 제1항을 1995. 12. 29. 법률 제5056호로 개정하게 된 이유 및 경위와 개정 후 법문(法文)의 전체적 구조 및 내용 등에 비추어 볼 때, 대통령령에 의하여 어떤 기업체를 같은 조항 제2호 소정의 정부관리기업체로 정하기 위해서는 국민경제 및 산업에 중대한 영향을 미치고 있고 업무의 공공성이 현저하여, 국가 또는 지방자치단체가 법령이 정하는 바에 따라 지도·감독을 하고 있는 기업체이거나 또는 주주권을 행사하고 있는 기업체라는 것만으로는 부족하고, 국가 또는 지방자치단체가 법령에 따른 지도·감독이나 주주권의 행사 등

을 통하여 그 기업체의 운영 전반에 관하여 실질적인 지배력을 행사하고 있다는 요건까지 갖추어야 한다고 풀이함이 상당하다.

이와 달리, 국민경제 및 산업에 중대한 영향을 미치고 있고 업무의 공공성이 현저하여 국가 또는 지방자치단체가 법령이 정하는 바에 따라 지도·감독을 하고 있는 기업체의 경우에는 그 지도·감독을 통하여 운영 전반에 관하여 실질적인 지배력을 행사하고 있을 것을 요건으로 하지 않는다고 해석한다면, 은행 등 금융 관련 법인이나 공익법인 등에 대하여도 국가 등이 법령에 의한 지도·감독을 하고 있는 점에 비추어 법령에 의한 지도·감독의 범위와 정도가 명확하지 아니하여 정부관리기업체의 개념을 지나치게 광범위하고 불명확하게 만들 위험이 있고, 또한 국가 등이 직접 또는 간접으로 자본금의 2분의 1 이상을 출자하였거나 출연금·보조금 등 그 재정지원의 규모가 그 기업체 기본재산의 2분의 1 이상일 것을 요구하는 같은 항 제1호와 비교해 볼 때 그 구체성이나 국가 등의 영향력 면에서 균형도 맞지 아니하므로, 이러한 해석은 정부관리기업체의 기준을 명확하게 규정함으로써 수뢰죄와 같은 신분범에 있어서 그 주체에 관한 구성요건의 명확성과 예측가능성을 갖추고자 한 특가법 제4조 제1항의 개정취지에 반한다고 할 것이다.

[사안에의 적용] 농업협동조합중앙회는 국민경제 및 산업에 중대한 영향을 미치고 있고 업무의 공공성이 현저하여 국가가 법령이 정하는 바에 따른 지도·감독을 통하여 그 운영 전반에 관하여 실질적인 지배력을 행사하고 있는 기업체로서 특정범죄 가중처벌 등에 관한 법률 제4조 제1항 제2호 소정의 정부관리기업체에 해당한다고 보기에 충분하고, 비록, 국가가 농협중앙회의 임원에 대한 임면권을 갖는 것으로 규정되어 있던 구 농업협동조합법(1988. 12. 31. 법률 제4080호로 개정되기 전의 것) 제149조가 개정됨으로써 농협 임원을 총회에서 선출하는 것으로 변경되었고, 농업협동조합중앙회의 사업계획 및 수지예산에 관한 주무부장관의 사전 승인제도에 관하여 규정하고 있던 같은 법 제160조가 위 개정에 의해 주무부장관에 대한 보고제도로 변경되었다가 1999. 9. 7. 농업협동조합법이 제정되면서 삭제되었다고 하더라도, 이로써 국가의 농업협동조합중앙회에 대한 지배력의 정도가 다소 완화된 것으로 볼 수 있을 뿐, 국가의 농업협동조합중앙회에 대한 실질적 지배력이 없어진 것으로 볼 수는 없다. 한편, 농업협동조합법 제9조 제1항에 신설된 "국가와 공공단체는 조합과 중앙회의 자율성을 침해하여서는 아니 된다"는 규정은 국가가 위에서 본 여러 규정에 터 잡아 농업협동조합중앙회에 대한 포괄적인 지도·감독을 행함에 있어 가능한 한 그 자율성을 존중하여야 한다는 선언적 의미를 갖는 것으로 이해된다. 따라서 특정범죄 가중처벌 등에 관한 법률 제4조 제1항의 위임을 받은 특정범죄 가중처벌 등에 관한 법률 시행령 제2조 제48호가 농업협동조합중앙회를 '정부관리기업체'의 하나로 규정한 것이 위임입법의 한계를 벗어난 것으로서 위헌·위법이라고 할 수 없다.

[해설]

1. 뇌물죄 적용대상의 확대

헌법재판소는 구 특가법 제4조 제1항에 대하여 "정부관리기업체의 간부직원"이라는 용어만으로 뇌물죄의 적용대상이 되는 공무원으로 의제하는 조항을 위헌이라고 결정한 바 있다(헌재 1995.9.28. 93헌바50 결정). 이러한 헌재결정의 취지에 따라 특가법 제4조가 개정되었는데, 특가법 제4조 제1항 2호와 동조 제2항의 위임에 따라 정부관리기업체를 열거한 특가법 시행령 제2조가 위헌, 위법한지 문제된 사건이다.

농협중앙회의 간부직원이 특가법 제4조 제1항 제2호와 동시행령 제2조의 규정에 따라 공무원으로 의제되는가 하는 점이 쟁점이다. 시행령 제2조에서 농협중앙회직원을 명시적으로 열거하고 있으므로 이러한 시행령이 적법한가 하는 점이 논란의 중심이 된다고 할 것이다.

특가법 제4조 제1항은 제4조(뇌물죄 적용대상의 확대)라는 표제하에, 1. 국가 또는 지방자치단체가 직접 또는 간접으로 자본금의 2분의 1 이상을 출자하였거나 출연금·보조금 등 그 재정지원의 규모가 그 기관 또는 단체 기본재산의 2분의 1 이상인 기관 또는 단체

2. 국민경제 및 산업에 중대한 영향을 미치고 있고 업무의 공공성(公共性)이 현저하여 국가 또는 지방자치단체가 법령에서 정하는 바에 따라 지도·감독하거나 주주권의 행사 등을 통하여 중요 사업의 결정 및 임원의 임면(任免) 등 운영 전반에 관하여 실질적인 지배력을 행사하고 있는 기관 또는 단체를 규정하고 있다. 농협중앙회는 이 중에서 제2호에 해당할 수 있는지 문제되었다.

2. 농협중앙회의 적용대상 여부

본 판결은 크게 두 부분으로 나뉠 수 있는데, 첫 번째는 특가법 제4조 제1항 제2호의 올바른 해석론이고, 두 번째는 농협중앙회가 이에 해당한다는 동시행령이 모법의 위임범위를 벗어나서 위법한가 하는 점이다. 먼저 첫 번째 쟁점과 관련하여서는 동규정이 조금 모호하게 규정되어 있기에 발생하는 문제이다. 동항 제2호는 "국가 또는 지방자치단체가 법령에서 정하는 바에 따라 지도·감독하거나 주주권의 행사 등을 통하여 중요 사업의 결정 및 임원의 임면 등 운영 전반에 관하여 실질적인 지배력을 행사하고 있는"이라고 규정하는데, 여기에서 "실질적 지배력의 행사"라는 요건은 국가 또는 지방자치단체의 지도감독에도 요구되는지, 아니면 주주권의 행사 등을 통한 경우에만 해당되는지 하는 점이다.

이에 대하여 판례는 두 요건에 모두 관련된다고 해석하여 지도, 감독의 무분별한 확대에 경종을 울렸다는 점에서 유의미한 해석이라고 본다. 또한 두 번째 쟁점과 관련하여, 농협중앙회의 경우, 1999년 법개정에 의하여 농협임원을 총회에서 선출하고, 사업계획 및 수지예산에 대한 주무장관의 사전승인제도가 보고제도로 변경되는 등의 사정이 있다고 하여도 농협은 국정감사의 대상기관이고 공직자윤리법상 재산공개대상이며, 부패방지법상 공공기관으로 되어 있는 점, 농협법상 주무장관은 이사회의결을 취소하거나 집행을 정지할 수 있고, 건전성 확보를 위한 감독명령을 발할 수 있고, 시정명령, 각종 조치를 취할 수 있는 점에 근거하여 정부가 실질적 지배력을 행사하고 있다고 보았다.

관련 판례로서, 농업협동조합중앙회의 과장급 간부직원이 자회사인 주식회사 농협유통에 파견되어 축산부장으로 근무하면서 육가공업체로부터 그 직무와 관련하여 돈을 받은 경우 특가법 제4조에 의하여 뇌물죄를 인정한 판결(대법원 2002.5.14. 선고 2002도666 판결), 수산업협동조합중앙회와 그 회원조합을 특가법 제4조 제1항 소정의 정부관리기업체의 하나로 규정한

것이 위임입법의 한계를 벗어난 위헌·위법한 규정이라고 할 수 없다는 판결(대법원 2007.4.27. 선고 2007도1038 판결) 등이 있다.

[참고문헌]

박길성, 농협중앙회 간부를 뇌물죄의 적용에 있어 공무원으로 의제할 수 있는지 여부(적극), 대법원판례해설 74호(2007 하반기), 2008.7.

한창훈, 정부관리기업체의 간부직원이 자회사에 파견근무중 직무와 관련하여 금품을 수수한 경우에도 특정범죄가중처벌등에관한법률 제4조에 의하여 공무원으로 의제되어 뇌물죄가 성립하는지 여부, 대법원판례해설 41호(2002 상반기), 2002.12.

정태학, 수산업협동조합중앙회를 정부관리기업체의 하나로 규정한 특가법 시행령 규정이 무효인지 여부, 대법원판례해설 70호(2007 상반기), 2007.12.

[필자: 한상훈 교수(연세대)]

2.2

대법원 2003.3.25. 선고 2002도5748 판결

피해자 구호의무와 신원확인의무의 관계

[사안] 피고인은 "2001. 3. 23. 10:50경 경북 칠곡군 관호리 소재 대교낚시점 앞길에서 마티즈 승용차를 운전하면서 조수석 문을 제대로 닫지 아니한 상태로 중앙선을 넘어 반대차로로 회전한 과실로 인하여 조수석 문이 열리면서 조수석에 타고 있던 피해자로 하여금 도로에 떨어지게 하여 마침 그 곳을 진행하던 C 운전의 산타모 승용차의 범퍼부분에 받히게 하여 두개골 다발성골절상 등의 상해를 입게 하고, 이로 인하여 2001. 3. 23. 11:14경 병원에서 사망에 이르게 하고도 피해자를 구호하는 등 조치를 취하지 아니하고 도주"한 도주차량죄 혐의로 기소되었다. 피고인은 사고 후 즉시 현장에서 차량을 정차한 다음 피해자에게로 가서 C와 함께 피해자를 병원으로 후송하여 치료를 의뢰하였으나 피해자는 곧 사망하였다. 피고인은 그날 경찰에서 조사를 받으면서 조사경찰관에게 "피해자는 피고인의 여자친구인데, 피고인은 그날 피해자를 만나러 그곳으로 나간 것이고 자신은 교통사고와 무관하다"며 범행을 부인하면서 교통사고의 현장을 목격한 목격자로 행세하였다. 제1심과 항소심은 "피고인이 피해자에 대한 구호조치를 적극적으로 한 상태에서 단지 범행을 부인한 것만으로는 특가법위반(도주차량)죄가 성립된다고 보기 어렵다"는 이유로 무죄로 판단하고 이와 일죄의 관계에 있는 교특법위반죄만 인정하였다. 검사는 "피고인이 사고 직후부터 병원을 이탈할 때까지 사이에 병원 관계자나 수사기관에 대하여 피고인이 교통사고의 제1차 가해자라는 사실과 피고인의 인적 사항이나 연락처를 알려 주지 않았고, 사고 당일 진행된 경찰 조사에서는 마치 피고인이 사고목격자인 것처럼 행동하였으며, 그 후 2차, 3차 진술조서 작성 시에도 범행을 부인하다가 사고일로부터 5일이 지난 뒤 4차 진술조서를 작성하면서 비로소 피고인이 교통사고를 일으켰다는 사실을 시인하였으므로, 이와 같은 피고인의 행위는 특가법 제5조의3 제1항에 정하여진 '피해자를 구호하는 등 도교법 제50조 제1항(현재는 제54조 제1항)의 규정에 의한 조치를 취하지 아니하고 도주한 때'에 해당한다"라고 주장하며 상고하였다. 대법원은 원심을 파기하여 환송하였다.

[재판요지]

특가법 제5조의3 제1항에 정하여진 '피해자를 구호하는 등 도교법 제50조 제1항의 규정에 의한 조치를 취하지 아니하고 도주한 때'라고 함은 사고운전자가 사고로 인하여 피해자가 사상을 당한 사실을 인식하였음에도 불구하고 도교법 제50조 제1항의 규정에 의한 조치를 취하지 아니하고 사고 장소를 이탈하여 사고를 낸 사람이 누구인지 확정될 수 없는 상태를 초

래하는 경우를 말하고(대법원 1997.5.7. 선고 97도770 판결, 1997.11.28. 선고 97도2475 판결, 1999.12.7. 선고 99도2869 판결 등 참조), '도교법 제50조 제1항의 규정에 의한 조치'에는 피해자나 경찰관 등 교통사고와 관계있는 사람에게 사고운전자의 신원을 밝히는 것도 포함된다.

[사안에의 적용] 이 사건에서 보면, 피고인은 피해자를 병원으로 데리고 가기는 하였으나, 피해자나 그 밖의 누구에게도 피고인이 교통사고를 낸 사람이라는 것을 밝히지 아니하고 목격자로 행세하다가 참고인 조사를 받으면서 경찰관에게 자기의 신분을 밝힌 후 귀가한 것으로 인정된다. 그렇다면 피고인은 도교법 제50조 제1항이 정하고 있는 사고를 낸 사람으로서 취하여야 할 필요한 조치를 제대로 이행하지 아니한 상태에서 목격자라고 하면서 신분을 밝히고 감으로써 이 사건 교통사고를 낸 사람이 누구인지 확정할 수 없는 상태를 초래하였고, 따라서 이러한 피고인의 행위는 법 제5조의3 제1항에 정하여진 '피해자를 구호하는 등 조치를 취하지 아니하고 도주한 때'에 해당한다. 그럼에도 불구하고, 원심이 이와 달리 법위반(도주차량)의 점에 관한 공소사실을 무죄라고 판단한 제1심판결을 유지한 것은 법 제5조의3 제1항의 해석·적용을 그르쳐 판결에 영향을 미친 법령위반의 잘못을 저지른 것이다.

[해설]

1. 피해자 구호의무를 이행하여도 신원확인의무를 이행하지 않으면 도주차량죄가 성립하는가?

본 사안에서 피고인은 피해자를 병원으로 데리고 가기는 하였으나, 피해자나 그 밖의 누구에게도 피고인이 교통사고를 낸 사람이라는 것을 밝히지 아니하고 목격자로 행세하다가 참고인 조사를 받으면서 경찰관에게 자기의 신분을 밝힌 후 귀가하였다. 이런 사안에 대하여 본 판례는 도주차량죄의 성립을 인정한 셈이다.

생각건대 반대의 경우, 즉 신원확인의무(도교법 제54조 제1항 제2호)는 이행하였지만 피해자 구호의무(도교법 제54조 제1항 제1호)를 이행하지 않은 경우에 도주차량죄를 긍정하는 데에는 다툼의 여지가 없다. 피해자 구호의무가 주된 의무이기 때문이다. 그런데 본 판례는 양자(피해자 구호의무와 신원확인의무) 사이에 '주된 의무와 부수적 의무'의 관계를 인정하지 않고 양자를 거의 동등한 위치로 설정한 듯한 모습을 보이고 있다. 여기서 본 판례의 입장에 대하여 "도주차량죄의 보호법익 등에 비추어 볼 때, 피해자 구호의무가 사고운전자의 가장 우선적이고 주된 의무라고 볼 수 있기 때문에 사고운전자가 피해자 구호의무를 이행하지 아니하였다면 비록 부수적인 의무인 교통의 안전과 원활을 확보하기 위한 의무, 신원확인의무를 이행하였다고 하더라도 도주차량죄가 성립"한다고 보아야 하지만 "그와 반대로 피해자 구호의무를 이행하였다면 비록 부수적인 의무인 교통의 안전과 원활을 확보하기 위한 의무, 신원확인의무를 이행하지 않았다고 하더라도 도주차량죄는 성립하지 않는다고 보는 것이 타당하다. 다만 후자의 경우 도교법위반(교통사고후 미조치)죄로 처벌할 수 있고, 그것으로 충분히 범죄예방의 효과를 달성할 수 있다"는 비판(아래 이기광과 박성민의 논문)이 있다.

2. 신원확인의무의 이행이 인정된 사례

엄격한 의미의 신원확인의무를 이행하지 않아도 그 의무를 이행한 것으로 인정된 사례가 있음에 주의하여야 한다. 가장 문제가 되는 사안 패턴은 사고운전자가 자신은 범인이 아니고 목격자·피해자인 것으로 행세한 사안(이하 '목격자 행세' 사안으로 약칭함)이다. 일시적으로 목격자로 행세하였지만 신원확인의무를 이행한 것으로 인정된 사례는 2020년 현재까지 단 1건(대법원 2013.12.26. 선고 2013도9124 판결)이 발견된다. 이 사안에서 피고인은 일시적으로 목격자 행세를 하였지만 "사고 직후 직접 119 신고를 하였고, 119 구급차가 피해자를 후송한 후 출동한 경찰관들에게 현장 설명을 하고 자신의 인적사항과 연락처를 알려 준 다음에야 비로소 사고현장을 떠났다"

3. 신원확인의무의 이행이 부정된 사례들

본 사안이 가장 대표적인 사안이다. 다른 사안들은 피고인이 목격자 행세를 하였을 뿐만 아니라 구호의무를 이행하지 않은 사안들이어서 도주차량죄를 인정하기 용이한 사안들이었다.

[참고문헌]

이균용, 특정범죄가중처벌등에관한법률 제5조의3 제1항에 정하여진 '피해자를 구호하는 등 도로교통법 제50조 제1항의 규정에 의한 조치'의 의미와 상소심에서 필요적 변호사건의 판단기준, 대법원판례해설 45호(2003 상반기), 2004.1.

이기광, 특정범죄가중처벌등에관한법률위반(도주차량)죄의 구성요건 등에 관한 대법원판례 경향의 분석과 검토, 재판과 판례 15집, 2007.1.

박성민, 특정범죄가중처벌등에관한법률위반(도주차량)죄의 도주의 범의와 신원확인의무, 재판과 판례 제25집, 2016.12.

[필자: 심희기 교수(연세대)]

2.3 대법원 2005.9.29. 선고 2005도4046 판결

피해자를 구호하는 등의 조치를 취하여야 할 필요

[사안]

1. 피고인은 "2004. 6. 10. 20:30경 혈중알콜농도 0.267%의 주취 상태에서 갤로퍼 승합차를 운전하여 시속 40㎞의 속도로 1차로를 주행하던 중 2차로를 따라 진행하던 피해자 운전의 매그너스 택시 좌측 앞부분을 위 승합차 우측 앞부분으로 들이받아 피해자로 하여금 약 2주간의 치료를 요하는 경추부염좌상 등을 입게 함과 동시에 위 택시를 앞 범퍼 등 수리비 150,000원 상당이 들도록 손괴하고도 즉시 정차하여 피해자를 구호하는 등 필요한 조치를 취하지 않고 도주"한 도주차량죄(특가법 위반) 혐의로 기소되었다. 추가적으로 밝혀진 사실관계는 다음과 같다.

가. 피고인은 2004. 6. 10. 20:30경 차량을 운전하여 편도 5차로의 도로를 1차로로 진행하던 중 술에 취한 상태에서 차선변경 신호 없이 2차로로 급히 차선을 변경한 과실로 2차로에서 같은 방향으로 진행하던 피해차량의 좌측 옆 부분을 가해 차량 우측 옆 부분으로 들이받았다. 피고인의 법정에서의 진술에 의하면 피고인은 이 사건 사고 발생 사실을 아예 모르고 있었을 가능성이 농후하다.

나. 피고인이 정차하지 아니한 채 그대로 개금동 방면으로 진행하자 피해자(택시기사)가 피해차량을 운전하여 약 100m 내지 200m를 쫓아가 피고인이 운행하던 차량 앞을 가로막아 피고인을 붙잡게 되었다(택시기사는 도주차량죄 범인을 잡으면 개인택시 면허를 받을 때 우점을 받는다).

다. 피해자는 이 사건 사고 후 목과 허리 등에 통증이 있었으나 특별한 외상은 입지 않았고, 사고 다음 날인 2004. 6. 11. 12:00경부터 약 5일간 정형외과 의원에서 경추부·요추부 염좌, 양측 무릎 좌상, 좌측 손목의 염좌 및 긴장에 대한 치료를 받고, 2004. 6. 11. 위 병명으로 '약 2주간의 치료를 요한다'는 진단서를 발급받았다. 이 진료는 과잉진료의 의심이 있다.

라. 이 사건 사고로 피해자가 운행하던 차량은 좌측 전·후 휀더 부분 등이 조금 긁혀 판금 및 도장비용(부품비용은 없음)으로 수리비 150,000원 상당이 소요되고, 피고인이 운행하던 차량은 우측 전·후 휀더 부분이 조금 긁혔으나, 이 사건 사고로 인하여 사고 차량의 파편물이 사고현장 주변에 흩어지지는 아니하였다.

2. 제1심은 주취운전죄(도교법위반)와 교통사고(교특법위반) 부분에 대하여서만 유죄로 인정하고, 도주차량죄(특가법 위반) 부분에 대하여는, "피해자의 상해 부위와 정도, 피해차량의 피해 정도 및 이 사건 사고 이후의 피해자의 태도, 피고인이 사고현장을 이탈하게 된 경위 등

에 비추어 보면 이 사건에서 피고인이 실제로 피해자를 구호하는 등의 조치를 취하여야 할 필요가 있었다고 보기는 어렵고, 또한 그 피해의 태양과 정도 및 사고 발생 후의 정황 등 제반 사정을 종합"하여 "피고인이 사고현장을 떠날 당시 교통상의 위험과 장해를 방지·제거하여 원활한 교통을 확보하기 위한 조치를 취하여야 할 필요가 있었다고 보기 어렵다"며 무죄를 선고하였고 항소심은 제1심판결을 그대로 유지하였다. 검사가 상고하였다.

[재판요지]
특가법 제5조의3 제1항의 규정은 자동차와 교통사고의 격증에 상응하는 건전하고 합리적인 교통질서가 확립되지 못한 현실에서 자신의 과실로 교통사고를 야기한 운전자가 그 사고로 사상을 당한 피해자를 구호하는 등의 조치를 취하지 아니하고 도주하는 행위에는 강한 윤리적 비난 가능성이 있음을 감안하여 이를 가중처벌함으로써 교통의 안전이라는 공공의 이익을 보호함과 아울러 교통사고로 사상(死傷)을 당한 피해자의 생명·신체의 안전이라는 개인적 법익을 보호하기 위하여 제정된 것이라는 입법 취지와 보호법익에 비추어 볼 때, 사고의 경위와 내용, 피해자의 상해의 부위와 정도, 사고운전자의 과실 정도, 사고운전자와 피해자의 나이와 성별, 사고 후의 정황 등을 종합적으로 고려하여 사고운전자가 실제로 피해자를 구호하는 등 도로교통법 제50조 제1항(현재는 제54조 제1항)에 의한 조치를 취할 필요가 있었다고 인정되지 아니하는 경우에는 사고 운전자가 피해자를 구호하는 등 도로교통법 제50조 제1항에 규정된 의무를 이행하기 이전에 사고현장을 이탈하였더라도 특가법 제5조의3 제1항 위반죄로 처벌할 수 없다(대법원 2002.1.11. 선고 2001도2869 판결 참조).

[사안에의 적용] (검사의) 주장과 같은 채증법칙위반으로 인한 사실오인 등의 위법이 없다.

[해설]

1. 도주차량죄 인정 남발에 대한 반성적 고려의 시작

도주차량죄의 법정형은 1년 이상의 유기징역(피해자를 상해에 이르게 한 경우), 혹은 무기 또는 5년 이상의 유기징역(피해자를 사망에 이르게 한 경우)으로 매우 무거운 편이다. 그런데 충격으로 인한 상대방 피해자의 피해가 아주 경미한 경우 또는 피해가 경미하여 사고운전자가 사고 발생이 있었는지도 인식하기 어려울 정도의 사고에도 가해 운전자를 중벌하는 것이 정의로운가 하는 반성이 일기 시작하였다.

2. 반성적 고려가 반영된 리딩케이스(대법원 2002.1.11. 선고 2001도2869 판결)

2002년 판결에서 대법원은 "(특가법 제5조의3 제1항의 규정은) 자동차와 교통사고의 격증에 상응하는 건전하고 합리적인 교통질서가 확립되지 못한 현실에서, 자신의 과실로 교통사고를 야기한 운전자가 그 사고로 사상을 당한 피해자를 구호하는 등의 조치를 취하지 아니하고 도주하는 행위에는 강한 윤리적 비난가능성이 있음을 감안하여 이를 가중처벌함으로써 교통의 안전이라는 공공의 이익을 보호함과 아울러 교통사고로 사상을 당한 피해자의 생명·신체의 안전이라는 개인적 법익을 보호하기 위하여 제정된 것이라는 입법 취지와 보호법익에 비추어 볼 때, 사고의 경위와 내용, 피해자의 상해의 부위와 정도, 사고운전자의 과실 정도, 사고운전자와 피해자의 나이와 성별, 사고 후의 정황 등을 종합적으로 고려하여 사고운전자가 실제로 피해자를 구호하는 등 도로교통법 제50조 제1항(현재는 제54조 제1항)에 의한 조치를 취할 필요가 있었다고 인정되지 아니하는 경우에는 사고운전자가 피해자를 구호하는 등 도로교통법 제50조 제1항에 규정된 의무를 이행하기 이전에 사고현장을 이탈하였더라도 특가법률 제5조의3 제1항 위반죄로는 처벌할 수 없다"고 판시하여 도주차량죄 성립의 가능성을 제한하기 시작하였다.

3. 리딩케이스와 본 사안의 비교

위 2002년의 리딩케이스의 사안은 "(운전자가) 교통사고를 낸 후 자신이 운전하던 차량을 도로변에 정차시키고 차에서 내려 피해자가 목을 주무르고 있는 것을 보고도 별다른 조치 없이 운전하던 차량을 사고현장에 놓아둔 채 다른 사람에게 사고처리를 부탁하기 위하여 사고현장을 이탈하였으나, 위 사고로 피해자가 입은 상해는 목이 빼근한 정도로서 그다음 날 병원에서 엑스레이를 촬영한 결과 이상이 없고 임상적 추정에 의하여 약 2주간의 치료를 요하는 급성경추염좌의 진단을 받았을 뿐"인 사안이었다. 본 사안도 위 리딩케이스와 비슷한 사안이었다.

[참고문헌]

이상민, 특정범죄 가중처벌 등에 관한 법률 제5조의3 제1항 위반죄로 처벌할 수 없는 경우, 대법원 판례해설 제59호, 2006.

[필자: 심희기 교수(연세대)]

2.4

대법원 2013.12.26. 선고 2013도9124 판결

도주의 범의로 사고현장을 이탈한 것인지 여부를 판정하는 기준

[사안]

1. 피고인은 "비오는 날 저녁(2011. 7. 7. 19:22경)에 마을 진입로를 냉동탑차로 후진하다가 80세의 여성 피해자를 적재함 뒷부분으로 치어 사망케 하는 교통사고를 내고도 필요한 조치를 취하지 아니하고 도주"한 특가법 제5조의3 제1항 제1호 위반(도주차량죄) 혐의로 기소되었다. 제1심은 업무상과실치사로 인한 교특법위반의 점만 유죄로 인정하고, 도주차량의 점은 '도주의 범의가 인정되지 아니한다'고 보아 이유무죄로 판단하여 금고 8월 및 벌금 30만 원을 선고하였다. 검사가 항소하였다. 항소심은, "피고인이 후진으로 운행하던 냉동탑차에 충격되어 피해자가 넘어진 상태에서 그대로 차에 치어 사망에 이르렀다"고 전제한 후 "ⓐ 피고인은 사고 당시 자신이 냉동탑차를 후진하여 운행하다가 피해자를 차에 치었다는 것을 회사 직원 공소외 X로부터 들었고, ⓑ 그 자리에 쓰러져 있는 피해자의 모습을 직접 보았으므로 피고인 자신이 이 사건 사고를 일으켰다는 것을 분명히 인식하였을 것인데, ⓒ 119 구급대원과 경찰관에게 최초 목격자 행세를 한 뒤 자의로 귀가한 점, 이어 ⓓ 경찰서에 임의출석하여 참고인 조사를 받으면서도 마찬가지로 목격자로 행세하면서 위 차량의 운행 경위, 동행 차량의 존부, 사고의 경위 등에 관하여 허위의 진술을 한 점 등을 종합하여, 유죄로 인정하고 징역 2년 6월 및 벌금 30만 원을 선고하였다.

2. 제1심은 다음과 같은 사실을 인정하여 "피고인이 도주의 범의로 사고현장을 이탈하여 사고를 낸 자가 누구인지 확정될 수 없는 상태를 초래하였다고 단정할 수는 없다"고 판단하였고 이 사실들은 사실로 인정된다. ① 피고인은 위와 같이 이 사건 사고 직후 직접 119 신고를 하였고, 119 구급차가 피해자를 후송한 후 출동한 경찰관들에게 현장 설명을 하고 자신의 인적사항과 연락처를 알려 준 다음에야 비로소 사고현장을 떠났다. ② 피고인은 당시 '사람이 쓰러져 있다.'는 내용으로만 119 신고를 하였다. ③ 피고인은 자신의 신원과 연락처 및 운전 차량이 경찰에 의하여 이미 확보된 상태에서 목격자로 행세하였지만 진술조서를 작성한 지 불과 11시간 정도 후에 다시 경찰서에 출석하여 종전 태도를 바꾸어 사고를 낸 사실을 인정하였다. ④ 피고인이 끝까지 사고운전자임을 인정하지 않았더라도 자신의 인적사항과 운행 차량을 수사기관에 제공한 이상 목격자 등의 진술과 그 후에 이루어진 차량감식 결과 등을 토대로 피고인이 사고 운전자라는 사실이 그다지 어렵지 않게 밝혀졌을 것으로 보인다. ⑤ 피고인은 이 사건 사고 당시 피해자에 대한 충격사실을 전혀 알지 못하여 다른 사람의 제

지에 의하여 비로소 차량을 멈추게 되었고, 자신이 아닌 선행 차량에 의한 사고 가능성 등을 의심하여 일단 경찰관에게 목격자인 것처럼 진술하였을 개연성을 배제할 수 없다.

피고인이 상고하였다. 대법원은 원심을 파기하고 환송하였다.

[재판요지]

㉠ 특가법 제5조의3 제1항에서 정한 '피해자를 구호하는 등 도교법 제54조 제1항에 따른 조치를 하지 아니하고 도주한 경우'라 함은 사고운전자가 사고로 인하여 피해자가 사상을 당한 사실을 인식하였음에도 피해자를 구호하는 등 도교법 제54조 제1항에 규정된 의무를 이행하기 이전에 사고현장을 이탈하여 사고를 낸 자가 누구인지 확정될 수 없는 상태를 초래하는 경우를 말한다. 그런데 ㉡ 도교법 제54조 제1항의 취지는 도로에서 일어나는 교통상의 위험과 장해를 방지·제거하여 안전하고 원활한 교통을 확보하기 위한 것이므로, 이 경우 운전자가 취하여야 할 조치는 사고의 내용과 피해의 정도 등 구체적 상황에 따라 적절히 강구되어야 하고 그 정도는 건전한 양식에 비추어 통상 요구되는 정도의 것으로서, 여기에는 피해자나 경찰관 등 교통사고와 관계있는 사람에게 사고운전자의 신원을 밝히는 것도 포함된다. 다만 위 ㉢ 특가법 제5조의3 제1항은 교통사고를 야기한 운전자가 그 사고로 사상을 당한 피해자를 구호하는 등의 조치를 취하지 않고 도주하는 행위에 강한 윤리적 비난가능성이 있음을 감안하여 이를 가중처벌함으로써 교통의 안전이라는 공공의 이익을 보호함과 아울러 교통사고로 사상을 당한 피해자의 생명과 신체의 안전이라는 개인적 법익을 보호하기 위하여 제정된 것이라는 그 입법 취지와 보호법익에 비추어 볼 때, ㉣ 사고 운전자가 피해자를 구호하는 등 도교법 제54조 제1항에 정한 의무를 이행하기 전에 도주의 범의로써 사고현장을 이탈한 것인지 여부를 판정함에 있어서는 그 사고의 경위와 내용, 피해자의 상해 부위와 정도, 사고운전자의 과실 정도, 사고운전자와 피해자의 나이와 성별, 사고 후의 정황 등을 종합적으로 고려하여 합리적으로 판단하여야 한다.

[사안에의 적용] 피고인이 사고현장이나 경찰 조사과정에서 목격자 행세를 하고 피해자의 발견 경위에 관하여 사실과 다르게 진술하였다는 사정만으로는 피고인이 교통사고를 야기한 후 도주의 범의로써 사고현장을 이탈하여 사고를 낸 자가 누구인지 확정될 수 없는 상태를 초래한 것으로까지 보기는 어렵다. 그럼에도 원심은 이와 달리 그 판시와 같은 이유만으로 피고인에게 도주의 범의가 인정된다고 단정하여 이 부분 공소사실을 유죄로 인정하였는바, 이는 특가법 제5조의3 제1항에서 규정한 도주에 관한 법리 및 도교법 제54조 제1항에서 규정한 교통사고 발생 시의 조치에 관한 법리를 오해하여 판단을 그르친 것이다.

[해설]

1. 도주차량죄에 관한 판례이론의 총정리

재판요지의 ㉠, ㉡, ㉢, ㉣ 부분은 도주차량죄에 관한 1990년대 이래의 판례이론을 총정리한 부분이라고 해도 과언이 아니다. ㉠ 부분은 도주행위의 핵심을 구호조치를 취하기 전에 사고유발자가 사고현장을 이탈하여 사고를 낸 자가 누구인지 확정될 수 없는 상태를 초래하는 행위로 보겠다는 것이고, ㉡ 부분은 사고운전자의 신원을 경찰관등에게 확인시킬 의무(이 의무는 판례이론으로 생성되었다가 현재는 실정법에 명시되었다.)를 언급한 것이고, ㉢ 부분은 도주차량죄의 보호법익을 생명·신체의 안전이라는 개인적 법익과 교통의 안전과 원활이라는 공공의 이익의 겸용으로 보는 통설과 판례의 주류적 입장을 언급한 것이고, ㉣ 부분은 구호조치 등 도교법 제54조 제1항에 정한 의무를 이행하기 전에 도주의 범의로써 사고현장을 이탈한 것인지 여부를 판정할 때는 모든 사정을 종합적으로 고려하여 합리적으로 판단하라는 취지를 언급한 것이다. ㉣ 부분의 취지는 ㉠, ㉡의 의무를 이행하였는가 여부를 판단할 때는 자구에 얽매이지 말고 총체적으로 판단하라는 취지이다. 이렇게 해석해야 하는 이유는 피고인의 행위에 도주로 볼 만한 측면이 있는가 하면 구호조치행위와 신원확인 행위로 볼 측면이 모두 보이기 때문이다. 이럴 때는 도리 없이 '어느 측면이 더 우세한가'를 따질 수밖에 없을 것이다.

2. 본 사안에의 적용

피고인이 행한 ⓐ, ⓑ, ⓒ, ⓓ의 행동들만 고려하면 피고인이 사고를 낸 자가 누구인지 확정될 수 없는 상태를 초래한 것처럼 보여 항소심의 유죄인정에 무리가 없어 보인다. 그러나 피고인이 행한 ①, ②, ③, ④, ⑤의 행동들을 고려하면 제1심이 도주의사를 부인한 판단에도 이해가 가는 측면이 있다. 대법원은 피고인의 ⓐ, ⓑ, ⓒ, ⓓ의 행동들과 ①, ②, ③, ④, ⑤의 행동들을 종합하고 '의심스러울 때는 피고인의 이익으로'의 증거원리를 가미하여 최종적으로는 도주의사를 부인한 것으로 보인다.

[참고문헌]

박성민, 특정범죄가중처벌등에관한법률위반(도주차량)죄의 도주의 범의와 신원확인의무, 재판과 판례 제25집, 2016.12.

[필자: 심희기 교수(연세대)]

2.5

대법원 2007.7.26. 선고 2007도2919 판결

조수석 동승자의 도주차량죄의 공동정범 가능성

[사안] "피고인 갑은 피고인 을의 집으로 가기 위해 승용차를 운전하고, 피고인 을은 조수석에 앉아 길을 모르는 피고인 갑에게 진행할 방향을 가르쳐 주면서 운행하던 중, 06:40경 피고인 갑이 위 자동차를 운전하여 편도 2차로 길을 2차로를 따라 직진함에 있어 전방 및 좌우를 잘 살피지 아니한 업무상과실로 피해자 A 운전의 승용차 좌측 앞부분을 피고인 갑 운전의 승용차 좌측 뒷부분으로 들이받아 피해자 A로 하여금 약 2주간의 치료를 요하는 경추염좌 등의 상해를 입게 함과 동시에 피해자 B 소유의 승용차 앞 범퍼 등을 손괴한 후, 현장에서 이탈할 생각으로 피고인 을에게 부탁하여 피고인 을과 자리를 바꾸어 피고인 을이 위 승용차를 운전하여 감으로써 교통사고를 야기하고도 필요한 조치를 취하지 아니한 채 도주"한 도주차량죄 혐의로 기소되었다. 검사는 피고인 갑과 피고인 을을 도주차량죄의 공동정범으로 기소(이하 '피고인 을'의 형사책임에 집중한다.)하였다. 제1심법원과 제2심법원은 "특가법 위반(도주차량)죄는 과실범과 고의범의 결합범으로 운전자의 업무상과실치상 행위는 구성요건의 일부인데, 피고인 을은 교통사고 당시 위 승용차를 운전하지도 않았고, 피고인 을이 조수석에 앉아 길을 가르쳐 주었다는 것만으로는 ⓐ '피고인 을에게 운전자인 피고인 갑과 운전행위를 함께 하였다거나 운전업무상 공동의 주의의무를 부담한다'고 보기 어려우므로, 피고인 을에 대한 업무상과실치상 행위는 인정될 수 없으며, '피고인 을이 교통사고 후 이 사건 차량을 몰고 가 사고현장을 이탈하였다' 하더라도 행위책임제한원칙에 비추어 도주차량죄의 공동정범으로 보기 어렵다"는 이유로 도주차량죄 부분에 대하여 피고인 을에게 무죄를 선고하였다.

검사는 "피고인 을은 이 사건 차량에 단순히 동승하는 차원을 넘어서 운전자인 피고인 갑에게 길을 가르쳐 주고 이 사건 교차로 내에서의 진행방향도 지시하는 등 피고인 갑의 운전행위에 적극적으로 관여하였으므로, 피고인 을에게 이 사건 교통사고에 대하여 공동정범으로서의 책임이 있고, 이 사건 교통사고 발생 후에도 피고인 을이 피고인 갑을 대신하여 이 사건 차량을 운전하여 그 현장을 이탈하였으므로, 피고인 을에게 특가법 위반(도주차량)죄가 인정된다"고 주장하며 상고하였다. 대법원은 다음과 같은 취지로 상고를 기각하였다.

[재판요지]

운전자가 아닌 동승자가 교통사고 후 운전자와 공모하여 운전자의 도주행위에 가담하였다 하더라도, ⓑ '동승자에게 과실범의 공동정범의 책임을 물을 수 있는 특별한 경우'가 아닌

한, 특가법 위반(도주차량)죄의 공동정범으로 처벌할 수는 없다.

[사안에의 적용] 원심의 그와 같은 사실인정 및 판단은 위에 본 법리와 사실심 법관의 합리적인 자유심증에 따른 것으로서 기록에 비추어 정당하다.

[해설]

1. 기존의 판례이론

'피고인 을에게 운전자인 피고인 갑과 운전행위를 함께 하였다거나 운전업무상 공동의 주의의무를 부담'시킬 수 있는 경우(ⓐ) 혹은 '동승자에게 과실범의 공동정범의 책임을 물을 수 있는 특별한 경우'(ⓑ)란 조수석에 앉은 사람(동승자)이 "주도적인 지위에서 같은 차량을 운행할 의도가 있었다거나, 실제로 그러한 운행이 이루어졌다고 판단할 수 있는 사안"(대법원 1984.3.13. 선고 82도3136 판결)을 말한다. 그러나 82도3136의 사안은 '운전교습자가 피교습자의 부탁에 응하여 조수석에 앉았고, 피교습자의 차량운전 행위를 살펴보고 잘못된 점이 있으면 이를 지적하여 교정해 달라'는 맥락에서 운전교습자가 조수석에 앉은 사안이었다. 만약 82도3136의 사안이 "전문적인 운전교습자가 피교습자로 하여금 운전기기를 직접 조작하도록 하되 교습자 자신이 일일이 당해 차량의 운행에 관한 모든 지시를 함으로써 피교습자는 그 지시에 따라 기계적으로 움직일 뿐 차량운행의 주도적인 책임은 교습자 자신에게 귀속하는 경우와 같은" 사안이라면(2020년 현재의 용어법에 따르면 동승자에게도 운전자 못지않게 본질적 기여를 통한 기능적 행위지배를 인정할 수 있는 사안) 조수석에 앉은 사람에게 정범의 지위를 인정할 수 있다는 것이 대법원의 선례이다. 그러나 '과실범의 공동정범이 성립할 수 없다'는 학계의 다수설의 견지에 서면 이런 문제제기가 있을 수 없다.

2. 도주차량죄 부분에 대하여 피고인 을에게 무죄가 선고된 이유

도주차량죄를 결합범으로 보고 제1행위(업무상과실치사상죄)를 선행행위, 제2행위(도주행위)를 후행행위로 설정할 때 후행행위에만 가담한 자는 선행행위에 대한 인식이 있다 하더라도 가담 이후의 행위에 대해서만 공동정범으로 책임을 진다(이른바 승계적 공동정범에 관한 대법원의 입장). 사안에서 피고인 을에게 운전행위에 대하여 기능적 행위지배를 인정할 수 없으므로 대법원은 피고인 을에게 도주차량죄를 부인(무죄)한 것으로 보인다. 반면에 도주차량죄를 신분범으로 보면 업무상과실치사상죄를 저지른 신분범인 운전자 갑이 도주행위를 하고 을이 이에 가담하면 공동정범의 형사책임을 부담할 가능성이 있다. 그러나 도주차량죄를 "결합범으로 해석하는 입장이 범죄의 실행의 착수시기, 사후 가담 공범의 처벌, 범죄체계론 등의 문제들을 보다 효과적이고 합리적으로 해결할 수 있다"(아래의 최준혁의 논문, 44~45면)

3. '교통사고 후 미조치'로 인한 피고인 을의 도교법위반죄(제148조)의 성부

도교법 제148조(교통사고 후 미조치)는 교통사고를 야기한 운전자 또는 차량의 안전운행에 공동책임이 있는 승무원의 지위에 있는 자가 교통사고 후 필요한 조치를 취하지 않음으로써 성립하는 범죄로서 형법 제33조 본문 소정의 '신분관계로 인하여 성립될 범죄'에 해당한다.

본 사안의 항소심은 "피고인 을은 단순 동승자에 불과하여 이 사건 교통사고를 야기한 운전자나 승무원에 해당되지는 않지만, 교통사고 후 이 사건 차량을 운전하는 방법으로 피고인 갑의 도주행위에 가담하였으므로, 이는 형법 제33조 소정의 신분관계로 인하여 성립되는 피고인 갑의 범죄에 가공한 행위에 해당하여 신분관계가 없는 피고인 을에 대하여도 형법 제30조에서 정한 공동정범에 관한 규정이 적용된다. 설령 '피고인 갑의 교통사고 후 미조치로 인한 도교법 위반죄가 부작위범이라 하더라도, 피고인 을은 위와 같은 운전행위를 작위의 방법으로 실행함으로써 부작위범에 가담'(ⓒ)한 것이고, 이러한 '작위범으로 부작위범에 가담하기 위해서는 부작위범에서 요구되는 '구호조치를 하여야 할 의무'가 필요하지 않으므로 (중략) 피고인 을을 교통사고 후 미조치의 점에 대한 도교법 위반죄의 공동정범으로 처벌할 수 있다(ⓓ)"고 판시하였다. (ⓒ), (ⓓ) 부분의 근거가 된 대법원판례는 "직무유기죄는 구체적으로 그 직무를 수행하여야 할 작위의무가 있는데도 불구하고 이러한 직무를 버린다는 인식하에 그 작위의무를 수행하지 아니함으로써 성립하는 것이고 (중략) 병가(病暇) 중인 자의 경우 구체적인 작위의무 내지 국가기능의 저해에 대한 구체적인 위험성이 있다고 할 수 없어 본죄의 주체로 될 수는 없다. (중략) 다만 신분이 없는 자라 하더라도 신분이 있는 자의 행위에 가공하는 경우 본죄의 공동정범이 성립한다"(대법원 1997.4.22. 선고 95도748 판결)라는 판결이다.

[참고문헌]

최준혁, 동승자가 특가법상 도주차량죄의 공동정범이 될 수 있는가?, 비교형사법연구 제19권 제4호, 2018.1.

김태명, 부작위에 의한 살인죄의 공동정범의 성립요건, 형사판례연구 24호, 2016.

[필자: 심희기 교수(연세대)]

2.6

대법원 2008.11.27. 선고 2008도7820 판결

특가법 제5조의4 제5항 위반죄를 범한 절도범인이 그 범행수단으로 주간에 주거침입을 한 경우의 죄수

[사안] 하급심인 서울서부지방법원 2008. 8. 21. 선고 2008노666 판결에 의하면, 피해자는 자신의 집 거실에서 현관문 쪽으로 나가려고 하던 피고인을 발견한 이후 집을 나가 도망치는 피고인을 막다른 골목까지 쫓아간 사실, 피고인은 약 2-3분 후 위 막다른 골목에서 나와 인근 주민에게 붙잡힌 사실, 피고인이 체포된 상태에서 경찰관과 함께 목걸이를 찾고 있던 피해자가 위 막다른 골목 안에서 목걸이를 발견한 사실, 목걸이가 발견된 장소 주위에 눈 위로 남아 있던 신발자국과 피고인의 신발바닥의 모양이 일치하는 사실, 피해자가 달리 피고인에게 누명을 씌울 만한 특별한 사정이나 동기를 찾을 수 없는 점 등을 종합해 보면, 피고인은 주간에 피해자의 집에 침입하여 목걸이를 절취하였다.

[재판요지]

특정범죄가중처벌 등에 관한 법률 제5조의4 제5항은 범죄경력과 누범가중에 해당함을 요건으로 하는 반면, 같은 조 제1항은 상습성을 요건으로 하고 있어 그 요건이 서로 다르다. 또한, 형법 제330조의 야간주거침입절도죄 및 제331조 제1항의 손괴특수절도죄를 제외하고 일반적으로 주거침입은 절도죄의 구성요건이 아니므로, 절도범인이 그 범행수단으로 주거침입을 한 경우에 그 주거침입행위는 절도죄에 흡수되지 아니하고 별개로 주거침입죄를 구성하여 절도죄와는 실체적 경합의 관계에 서는 것이 원칙이다. 따라서 주간에 주거에 침입하여 절도함으로써 특정범죄가중처벌 등에 관한 법률 제5조의4 제5항 위반죄가 성립하는 경우, 별도로 형법 제319조의 주거침입죄를 구성한다.

[사안에의 적용] 원심판결이 주간에 주거에 침입하여 절도의 범행을 저지른 피고인에 대하여 특정범죄가중처벌 등에 관한 법률 제5조의4 제5항 위반죄와는 별도로 형법 제319조 소정의 주거침입죄를 인정하고 이들 각 죄에 대하여 경합범 가중을 한 제1심의 판단을 유지한 것은 정당하다.

[해설]

1. 위헌 여부에 대한 판단

본 판결은 특가법 제5조의4(상습 강도·절도죄 등의 가중처벌) 제5항과 형법 제319조 주거침입죄의 죄수관계를 다루고 있다. 이 문제는 상당히 복잡하고 입법론, 해석론상으로 여러 쟁점

을 포함하고 있어서 쉽게 해결될 수 있는 성질의 문제는 아니다. 먼저 특가법 제5조의4가 위헌문제로 삭제되거나 개정되었다는 점을 언급하여야 한다. 본 판결의 적용법조인 특가법 제5조의4 제5항도 본 판결 이후인 2016년 1월 6일에 개정되었음에 유의하여야 한다.

뿐만 아니라 동조 제1항은 헌재 2015. 2. 26. 2014헌가16·19·23(병합)결정에서 "별도의 가중적 구성요건표지를 규정하지 않은 채 형법 조항과 똑같은 구성요건을 규정하면서 법정형만 상향 조정하여 어느 조항으로 기소하는지에 따라 벌금형의 선고 여부가 결정되고, 선고형에 있어서도 심각한 형의 불균형을 초래하게 함으로써 형사특별법으로서 갖추어야 할 형벌체계상의 정당성과 균형을 잃어 인간의 존엄성과 가치를 보장하는 헌법의 기본원리에 위배될 뿐만 아니라 그 내용에 있어서도 평등원칙에 위반되어" 위헌결정되었고 2016년 삭제되었다. 이와 관련하여 동조 제6항도 위헌결정되었다(헌재 2015.11.26. 2013헌바343). 이러한 위헌결정에 근거하여 2016년 동조가 전면개정되어, 동조 제1항, 제3항, 제4항은 삭제되었고, 제2항, 제5항, 제6항은 개정되었다. 따라서 과거의 판례는 구법의 규정의 해석론인 경우가 많으므로 판례를 이해할 때에는 이러한 점에 유의하여야 한다.

2. 절도 목적으로 주간에 주거침입한 경우 특가법위반과 주거침입죄의 관계

이를 전제로 본 판결의 쟁점은 절도를 목적으로 주간에 타인의 주거에 침입한 경우, 특가법 제5조의4 제5항 위반 이외에 주거침입죄가 별도로 성립하는지(실체적 경합) 아니면 앞의 죄에 흡수되는가 여부이다. 이 문제에 관하여는 먼저 형법이 야간주거침입절도죄, 특수손괴절도죄의 경우에는 야간이라는 시간적 상황을 전제로 주거침입을 절도죄에 포함하여 규정하고 있는 반면, 주간의 경우에는 이러한 가중처벌조항이 있으므로 주거침입죄와 절도죄가 실체적 경합관계에 있게 된다는 점을 상기하여야 한다(대법원 2009.12.24. 선고 2009도9667 판결 참조).

이러한 법리에서 본 판결은 주간에 주거에 침입하여 절도함으로써 특정범죄가중처벌 등에 관한 법률 제5조의4 제5항 위반죄가 성립하는 경우, 별도로 형법 제319조의 주거침입죄를 구성한다고 판시하였는바, 적절하다고 할 수 있다. 포괄일죄인 상습절도죄와 주거침입의 죄수관계에 대하여는 다른 판례가 있지만, 본 판결은 상습절도가 아니라 범죄경력과 누범가중의 경우이므로 상습절도와는 구별하여야 한다.

3. 상습절도와 주거침입죄의 관계

한편, 상습절도와 관련하여서는 주거침입죄가 특가법상 상습절도에 포함된다는 판례가 많다. 예를 들어, 대법원 1984.12.26. 선고 84도1573 전원합의체 판결은 "특정범죄 가중처벌 등에 관한 법률 제5조의4 제6항에 규정된 상습절도 등 죄를 범한 범인이 그 범행의 수단으로 주거침입을 한 경우에 주거침입행위는 상습절도 등 죄에 흡수되어 위 조문에 규정된 상습절도 등 죄의 1죄만이 성립하고 별개로 주거침입죄를 구성하지 않으며, 또 위 상습절도 등 죄를 범한 범인이 그 범행 외에 상습적인 절도의 목적으로 주거침입을 하였다가 절도에 이르지 아니하고 주거침입에 그친 경우에도 그것이 절도상습성의 발현이라고 보이는 이상 주거침입행위는 다른 상습절도 등 죄에 흡수되어 위 조문에 규정된 상습절도 등 죄의 1죄만을 구성하고 상습절도 등 죄와 별개로 주거침입죄를 구성하지 않는다”고 판시하였던 것이다(대법원 2017.7.11. 선고 2017도4044 판결도 같은 취지이다).

그런데, 여기에서 형법상 상습절도죄(동법 제332조)의 경우에는 상습단순절도에 주거침입죄가 흡수되지 않음에 주의하여야 한다. 그 이유는 특가법상 상습절도와 달리 형법상 상습절도죄는 법정형이 개별 범죄의 2분의 1을 가중하는 형식으로 되어 있어서 상습단순절도죄의 경우에는 상습야간주거침입절도죄나 상습손괴침입절도죄와 달리 주거침입의 불법이 상습단순절도죄에 포함되어 평가되지 않기 때문이다(대법원 2015.10.15. 선고 2015도8169 판결).

조금 복잡하므로 요약정리하자면, 본 판결과 같이 특가법 제5조의4 제5항, 그리고 형법 제332조(상습절도)의 경우에는 주거침입죄와 실체적 경합의 관계에 있고, 특가법 제5조의4 제6항과 주거침입죄의 경우, 주거침입은 특가법상 상습절도에 흡수된다는 것이다.

[참고문헌]

문채규, 특정범죄가중처벌 등에 관한 법률 제5조의4 제5항 위반죄와 죄수관계, 형사법연구 제22권 제4호(통권45호), 2010.

[필자: 한상훈 교수(연세대)]

2.7

대법원 1998.5.8. 선고 98도631 판결

보복목적의 협박죄에서 반의사불벌죄의 규정 적용 여부

[사안] 피고인은 수사의 제공이나 진술을 하지 못하게 할 목적으로 피해자를 협박하여, 보복목적의 협박으로 인한 특정범죄가중처벌등에관한법률위반(보복범죄등)죄로 공소가 제기되고, 제1심 법정에서 피해자는 피고인에 대한 처벌을 희망하는 의사표시를 철회하였다. 이를 이유로 제1심법원은 형법 제283조 제3항에 의하면 협박죄는 피해자의 명시한 의사에 반하여 공소를 제기할 수 없는 사건으로서, 이는 수사의 제공, 진술 등을 하지 못하게 할 목적으로 한 협박으로 인한 특정범죄가중처벌등에관한법률위반(보복범죄등)죄에도 마찬가지라는 이유로 형사소송법 제327조 제6호를 적용하여 공소를 기각하였다.

제1심판결에 대하여 검사가 항소를 제기하자, 항소법원은 특정 범죄 가중처벌 등에 관한 법률 제5조의9 제2항은 피해자가 범죄행위로 피해를 당하고도 보복이 두려워 신고를 하지 못하거나 신고 후의 피해자를 보호하기 위하여 협박죄의 구성요건에 형사사건의 재판 또는 수사와 관련된 특정한 목적이라는 주관적 요소를 추가하고 그 법정형을 협박죄보다 무겁게 규정한 것으로서, 위 법조에 해당하는 행위에 대하여 형법 제283조 제3항(반의사불벌죄)이 적용될 여지는 없다고 판단하였다. 따라서 항소법원은 제1심판결에는 반의사불벌죄에 관한 규정의 적용을 잘못하여 판결에 영향을 미친 위법이 있다고 하여 형사소송법 제364조 제6항에 의하여 제1심판결을 파기하고, 변론을 거쳐 피고인에게 징역 1년 6월에 집행유예 2년의 유죄판결을 선고하고, 이에 피고인은 상고하였다.

[재판요지]

1. 특정 범죄 가중처벌 등에 관한 법률 제5조의9 제2항은 피해자가 범죄행위로 피해를 당하고도 보복이 두려워 신고를 하지 못하거나 신고 후의 피해자를 보호하기 위하여 협박죄의 구성요건에 형사사건의 재판 또는 수사와 관련된 특정한 목적이라는 주관적 요소를 추가하고 그 법정형을 협박죄보다 무겁게 규정한 것으로서, 위 법조에 해당하는 행위에 대하여 단순 협박죄나 단순 존속협박죄에 적용되는 형법 제283조 제3항이 적용될 여지가 없다고 할 것인바, 원심이 같은 취지에서 제1심이 공소를 기각한 것은 위법하다고 판단한 조치는 정당하다 할 것이다.

2. 형사소송법 제366조는 "공소기각 또는 관할위반의 재판이 법률에 위반됨을 이유로 원심판결을 파기하는 때에는 판결로써 사건을 원심법원에 환송하여야 한다"고 규정하고 있으

므로, 원심으로서는 위와 같이 제1심의 공소기각 판결이 법률에 위반된다고 판단한 이상 본안에 들어가 심리할 것이 아니라 제1심판결을 파기하고 사건을 제1심법원에 환송하여야 할 것이며(대법원 1994.5.13. 선고 93도3358 판결 참조), 사건을 환송받은 제1심법원이 그 사건의 본안에 들어가 심리한 결과 범죄의 증명이 있다고 판단되면 유죄를 선고할 것이므로, 원심이 제1심의 공소기각 판결을 위법이라고 하여 파기하면서도 판결로써 사건을 제1심법원에 환송하지 아니하고, 본안에 들어가 심리한 후 범죄의 증명이 있다고 하여 피고인에게 유죄의 판결을 선고한 것은 형사소송법 제366조를 위반하여 판결에 영향을 미친 위법을 저지른 것이라 할 것이다.

[사안에의 적용] 피고인이 피해자를 신고하지 못하도록 협박한 것은 특정 범죄 가중처벌 등에 관한 법률 제5의9 제2항에 해당한다. 형법 제283조 제1항과 제2항에 규정되어 있는 단순협박·단순존속협박죄의 경우에는 반의사불벌죄(동조 제3항)에 해당한다. 여기서 특정 범죄 가중처벌 등에 관한 법률 제5조의9 제2항의 법조에 해당하는 행위에도 형법 제283조 제3항이 적용되어 반의사불벌죄로 인정될 수 있는가의 여부에 대하여 대법원은 이를 부정한다. 따라서 피고인의 처벌을 불원하는 피해자의 의사에도 불구하고 피고인을 처벌하는 것은 위법하지 아니하다.

[해설]

1. 협박죄에서 반의사불벌죄 규정의 적용범위

형법 제283조 제1항과 제2항에 의한 단순 협박죄와 단순 존속협박죄의 경우에는 피해자의 명시한 의사에 반하여 공소를 제기할 수 없다(제283조 제3항). 그러나 이와 같은 반의사불벌죄의 규정은 제283조의 제1항과 제2항의 경우에만 적용되며, 동 규정을 적용한다는 취지의 규정이 없는 형법상의 특수협박죄(제284조)나 상습협박죄(제285조)의 경우에는 이를 적용할 수 없다. 형법 제283조 제1항의 죄를 범한 자가 자기 또는 타인의 형사사건의 수사 또는 재판과 관련하여 고소·고발 등 수사단서의 제공, 진술, 증언 또는 자료제출에 대한 보복의 목적인 때 또는 고소·고발 등 수사단서의 제공, 진술, 증언 또는 자료제출을 하지 못하게 하거나 고소·고발을 취소하게 하거나 허위의 진술·증언·자료제출을 하게 할 목적인 때에는 가중처벌하는 규정의 경우에도 형법 제283조 제3항(반의사불벌죄)이 적용될 여지는 없다. 이러한 점은 구 폭력행위 등 처벌에 관한 법률 제2조 제4항이 같은 법조 제2항, 제3항의 경우에는 형법 제283조 제3항을 적용하지 아니한다고 규정하고 있고, 같은 취지의 규정이 없는 같은 법률 제2조 제1항, 제3조 제1항, 제3항의 경우에도 형법 제283조 제3항이 적용되지 아니하는 것으로 해석되고 있는 점에 비추어 보아도 명백하다.

2. 반의사불벌죄를 이유로 공소기각하는 경우 항소법원의 판결 종류

제1심법원은 피해자가 처벌의 의사를 철회하였다는 것을 이유로 반의사불벌죄의 규정을 적용하여 공소기각의 판결을 하였다. 여기에서 항소법원은 제1심법원의 공소기각 판결이 법률에 위반되었다고 판단하고, 이를 파기하고 본안심리 후 유죄의 판결을 선고하였다. 그러나 형사소송법 제366조에 의하면 "공소기각 또는 관할위반의 재판이 법률에 위반됨을 이유로 원심판결을 파기하는 때에는 판결로써 사건을 원심법원에 환송하여야 한다"고 규정하고 있다. 따라서 항소법원은 제1심법원의 공소기각 판결이 법률에 위반된다고 판단한 이상 본안에 들어가 심리할 것이 아니라 제1심판결을 파기하고 사건을 제1심법원에 환송하였어야 한다. 이러한 점에서 항소법원이 피고인에게 유죄의 판결을 선고한 것은 형사소송법 제366조를 위반하여 판결에 영향을 미친 위법한 것이다. 이에 대법원은 피고인에 대한 항소심판결 및 제1심판결을 모두 파기하고 사건을 제1심법원에 환송하기로 한 판결은 적절한 판단이다.

참고판례

대법원 2018.4.24. 선고 2017도10956 판결: 폭행죄의 상습성은 폭행 범행을 반복하여 저지르는 습벽을 말하는 것으로서, 동종 전과의 유무와 그 사건 범행의 횟수, 기간, 동기 및 수단과 방법 등을 종합적으로 고려하여 상습성 유무를 결정하여야 하고, 단순폭행, 존속폭행의 범행이 동일한 폭행 습벽의 발현에 의한 것으로 인정되는 경우, 그중 법정형이 더 중한 상습존속폭행죄에 나머지 행위를 포괄하여 하나의 죄만이 성립한다고 봄이 타당하다. 그리고 상습존속폭행죄로 처벌되는 경우에는 형법 제260조 제3항이 적용되지 않으므로, 피해자의 명시한 의사에 반하여도 공소를 제기할 수 있다.

[필자: 전지연 교수(연세대)]

2.8

대법원 2010.1.14. 선고 2009도10845 판결

위험운전치사상죄와 업무상과실재물손괴죄의 관계

[사안] 피고인은 2008. 7. 10. 대구지방법원에서 사기죄로 징역 10월에 집행유예 2년을 선고받고 같은 달 18. 판결이 확정되었다. 피고인은 집행유예기간 중인 2009. 3. 15. 22:30경 자동차운전면허 없이, 술에 취하여 정상적인 운전이 곤란한 상태(혈중알콜농도 0.201%)에서 무쏘 승용차량을 운전하여 영주시 휴천동에 있는 대화예식장 앞 도로를 진행하였다. 이때 전방에 신호대기로 정차하고 있던 A가 운전하는 화물차량의 뒷부분을 피고인이 운전한 차량의 앞범퍼 부분으로 들이받았고 그 충격으로 위 화물차량이 그 앞에 정차하고 있던 B가 운전하는 화물차량을 들이받았다. 그 결과 A에게 약 2주간의 치료를 요하는 경추부 긴장 등의 상해를 입게 하였고, 동시에 A가 운전한 화물차량의 수리비 433,800원, B가 운전한 화물차량의 수리비 218,300원이 들었다.

제1심법원은 2차례 도로교통법위반(무면허운전)죄(이하 무면허운전죄)의 전과가 있던 피고인이 다시 동종의 범죄를 범하였고 음주 수치도 매우 높고 피해자들에 대한 피해회복이 전혀 이루어지지 아니한 점 등을 고려하여 징역 8월의 실형을 선고하였다(대구지방법원안동지원 2009.7.21. 선고 2009고단234 판결). 제1심판결에 대해서 양형부당을 이유로 피고인이 항소하였는데, 제2심법원에서는 원심판결을 파기하고 피고인에게 징역 4월을 선고하였다(대구지방법원 2009.9.22. 선고 2009노2471 판결). 제1심법원과 제2심법원은 도로교통법위반(음주운전)죄(이하 음주운전죄)와 무면허운전죄 상호간만 상상적 경합관계에 있고, 특정범죄가중법위반(위험운전치사상)죄(이하 위험운전치사상죄)와 각 업무상과실재물손괴로 인한 도로교통법위반죄(이하 업무상과실재물손괴죄)는 실체적 경합관계로 보았는데, 피고인은 제2심법원이 위험운전치상죄와 각 업무상과실재물손괴죄를 실체적 경합관계에 있는 것으로 본 것이 위법하다고 상고하였다.

대법원은 제2심법원이 위험운전치상죄와 각 업무상과실재물손괴죄 및 음주운전죄에 정한 형의 장기를 합산한 형기범위 내에서 하나의 형을 선고한 것은 죄수관계에 관한 법리를 오해한 위법이 있다고 보아, 원심판결을 파기하고 사건을 원심법원에 환송하였다.

[재판요지]

음주 또는 약물의 영향으로 정상적인 운전이 곤란한 상태에서 자동차를 운전하여 사람을 상해에 이르게 함과 동시에 다른 사람의 재물을 손괴한 때에는 위험운전치사상죄 외에 업무상과실재물손괴죄가 성립하고, 두 죄는 1개의 운전행위로 인한 것으로서 상상적 경합관계에 있다.

[사안에의 적용] 자동차운전면허 없이 술에 취하여 정상적인 운전이 곤란한 상태에서 차량을 운전하던 중 전방에 신호대기로 정차해 있던 화물차의 뒷부분을 들이받아 그 화물차가 밀리면서 그 앞에 정차해 있던 다른 화물차를 들이받도록 함으로써, A에게 상해를 입게 함과 동시에 A의 화물차와 B의 화물차를 손괴한 사안에서, 음주운전죄, 무면허운전죄, A에 대한 위험운전치상죄, A의 차량에 대한 업무상과실재물손괴죄, B의 차량에 업무상과실재물손괴죄가 성립한다. 음주운전죄와 무면허운전죄 상호간에는 상상적 경합관계이고(아래 참조판례 1), 위험운전치상죄와 각 업무상과실재물손괴죄도 상상적 경합관계이다. 상상적 경합관계인 음주운전죄와 무면허운전죄 중 법정형이 중한 음주운전죄의 형이 적용되고, 상상적 경합관계인 위험운전치상죄와 각 업무상과실재물손괴죄 중 법정형이 중한 위험운전치상죄의 형이 적용된다. 대법원은 음주운전죄와 위험운전치상죄는 실체적 경합의 관계로 보므로(대법원 2008.11.13. 선고 2008도7143 판결), 피고인에게는 음주운전죄와 위험운전치상죄의 경합범이 성립한다.

[해설]

1. 위험운전치사상죄의 보호법익

음주운전으로 인한 피해에 대하여 엄한 처벌로 대처하고자 2007년 12월 특정범죄가중법 제5조의11에 위험운전치사상죄가 신설되었다. 대법원은 위험운전치사상죄는 형법 제268조에서 규정하고 있는 업무상과실치사상죄의 특례를 규정하여 가중처벌함으로써 피해자의 생명·신체의 안전이라는 개인적 법익을 보호하기 위한 것이라고 본다(대법원 2008.11.13. 선고 2008도7143 판결). 위험운전치사상죄의 법적 성격을 이렇게 보면, 동죄가 성립하는 때에는 차의 운전자가 형법 제268조의 죄를 범한 것을 내용으로 하는 교통사고처리특례법위반죄(제3조 제1항)는 그 죄에 흡수되어 별죄를 구성하지 아니한다(아래 참조판례 2). 또한 위험운전치사상죄가 생명·신체의 안전이라는 법익을 보호하는 것이라고 보면, 업무상과실재물손괴죄는 위험운전치사상죄와 입법취지, 보호법익 및 적용영역을 달리하는 별개의 범죄이다. 따라서 위험운전치사상죄와 업무상과실재물손괴죄는 수죄의 관계이고, 이때 상상적 경합의 관계로 볼 것인지 실체적 경합의 관계로 볼 것인지가 문제된다.

2. 상상적 경합과 실체적 경합의 구분기준

상상적 경합범과 실체적 경합범을 구별하는 기준은 단일의 행위인지 여부이다(형법 제40조). 대상판결에서 대법원은 위험운전치사상죄와 업무상과실재물손괴죄는 1개의 운전행위로 인한 것으로서 상상적 경합관계로 보았다(참고로, 위험운전치사상죄를 음주운전죄의 가중적 구성요건으로 이해하더라도, 본 사안에서 위험운전치사상죄와 업무상과실재물손괴죄는 상상적 경합관계로 보게 된다).

참조판례 1

형법 제40조의 규정은 1개의 행위가 수개 범죄의 구성요건에 해당하여 수죄로 경합하는 경우에 처벌상 1죄로 취급한다는 취지로서 여기서 말하는 1개의 행위란 소론이 전제하고 있는 바와 같이 법적평가를 떠나 사회관념상 행위가 사물자연의 상태로서 1개로 평가되는 것을 말한다. 이 사건에서 피고인이 무면허인데다가 술에 취한 상태에서 오토바이를 운전하였다는 것은 위의 관점에서 분명히 1개의 운전행위라 할 것이고 이 행위에 의하여 도로교통법 제111조 제2호, 제40조와 제109조 제2호, 제41조 제1항의 각 죄에 동시에 해당하는 것이니 두 죄는 형법 제40조의 상상적 경합관계에 있다(대법원 1987.2.24. 선고 86도2731 판결).

참조판례 2

특정범죄가중법위반(위험운전치사상)죄는 그 입법 취지와 문언에 비추어 볼 때, 주취상태의 자동차 운전으로 인한 교통사고가 빈발하고 그로 인한 피해자의 생명·신체에 대한 피해가 중대할 뿐만 아니라, 사고발생 전 상태로의 회복이 불가능하거나 쉽지 않은 점 등의 사정을 고려하여, 형법 제268조에서 규정하고 있는 업무상과실치사상죄의 특례를 규정하여 가중 처벌함으로써 피해자의 생명·신체의 안전이라는 개인적 법익을 보호하기 위한 것이다. 따라서 그 죄가 성립하는 때에는 차의 운전자가 형법 제268조의 죄를 범한 것을 내용으로 하는 교통사고처리특례법위반죄(제3조 제1항)는 그 죄에 흡수되어 별죄를 구성하지 아니한다(대법원 2008.12.11. 선고 2008도9182 판결).

[참고문헌]

김정환, 위험운전치사상죄와 음주운전죄의 관계, 형사법연구 제21권 제2호, 2009.6.

[필자: 김정환 교수(연세대)]

2.9

대법원 2008.11.13. 선고 2008도7143 판결

위험운전치사상죄와 음주운전죄의 관계

[사안] 피고인은 2008. 2. 4. 22:08경 혈중알콜농도 0.112%인 음주의 영향으로 정상적인 운전이 곤란한 상태에서 택시를 운전하여 서울 동대문구 2차로 중 1차로를 진행하던 중 전방주시를 게을리 하여 마침 전방에 신호대기 중인 A 운전의 승용차의 뒷부분을 택시의 앞부분으로 들이받았다. 그 충격으로 A에게 약 2주간의 치료를 요하는 경추염좌 등의 상해를, 위 승용차에 동승하고 있던 B에게 약 3주간의 치료를 요하는 경추부 염좌 등의 상해를 입게 하였다. 피고인은 특정범죄가중법위반(위험운전치상)과 도로교통법위반(음주운전)의 혐의로 기소되었다.

제1심법원은 특정범죄가중법 제5조의11의 조문 구조와 입법 취지 등에 비추어 보면, 특정범죄가중법위반(위험운전치상)죄(이하 위험운전치상죄)가 성립하는 경우 도로교통법위반(음주운전)죄(이하 음주운전죄)는 위험운전치상죄에 흡수되어 별도로 성립하지 아니한다고 보고, 위험운전치상죄에 대해서만 유죄를 인정하여 피고인에게 징역 8월에 집행유예 2년을 선고하였다(서울북부지법 2008.4.11. 선고 2008고단488 판결). 제1심판결에 피고인과 검사 모두 항소하였는데, 제2심법원도 제1심법원과 마찬가지로 위험운전치사상죄는 음주운전죄를 기본범죄로 하는 결과적 가중범으로 그 행위유형과 보호법익을 이미 모두 포함하고 있으므로 위험운전치사상죄가 성립하면 음주운전죄는 이에 흡수되어 따로 성립하지 아니한다고 판단하고 항소를 기각하였다(서울북부지법 2008.7.22. 선고 2008노577 판결).

제2심판결에 대해서 검사가 상고하였는데, 대법원은 위험운전치사상죄와 음주운전죄는 입법취지와 보호법익 및 적용영역을 달리하는 별개의 범죄로서 양 죄가 모두 성립하는 경우 두 죄는 실체적 경합관계에 있는 것으로 보아야 할 것이므로, 원심판결을 파기하고 사건을 원심으로 환송하였다.

[재판요지]

1. 위험운전치사상죄의 보호법익

도로교통법은 도로에서 일어나는 교통상의 위험과 장해를 방지하고 제거하여 안전하고 원활한 교통을 확보함을 목적으로 하는 것이어서(동법 제1조), 도로 이외의 장소에서의 통행행위는 적용대상으로 하지 않고 있다(동법 제2조 제1호, 제24호). 반면, 위험운전치사상죄는 주취상태에서의 자동차 운전으로 인한 교통사고가 빈발하고 그로 인한 피해자의 생명·신체에 대한 피해가 중대할 뿐만 아니라 사고발생 전 상태로의 회복이 불가능하거나 쉽지 않은 점 등의 사

정을 고려하여, 형법 제268조에서 규정하고 있는 업무상과실치사상죄의 특례를 규정하여 가중처벌함으로써 피해자의 생명·신체의 안전이라는 개인적 법익을 보호하기 위한 것이다.

2. 위험운전치사상죄의 적용영역

음주운전죄는 술에 취한 상태를 인정하는 기준을 운전자의 혈중알콜농도라는 획일적인 수치로 규정하여, 운전자가 혈중알콜농도의 최저기준치를 초과한 주취상태에서 자동차 등을 운전한 경우에는 구체적으로 정상적인 운전이 곤란한지 여부와 상관없이 이를 처벌대상으로 삼고 있는 반면, 위험운전치사상죄는 형식적으로 혈중알콜농도의 법정 최저기준치를 초과하였는지 여부와는 상관없이 운전자가 음주의 영향으로 실제 정상적인 운전이 곤란한 상태에 있어야만 하고, 그러한 상태에서 자동차를 운전하다가 사람을 상해 또는 사망에 이르게 한 행위를 처벌대상으로 하고 있다. 이것은 위험운전치사상죄가 업무상과실치사상죄의 일종으로 구성요건적 행위와 그 결과 발생 사이에 인과관계가 요구되기 때문이다.

[사안에의 적용] 음주의 영향으로 정상적인 운전이 곤란한 상태에서 택시를 운전하던 중 전방주시를 게을리 하여 전방에 신호대기 중인 승용차의 뒷부분을 들이받아 승용차 탑승자인 A와 B에게 상해를 입게 한 피고인의 행위는 음주운전죄가 성립하고, A와 B에 대한 각 위험운전치상죄가 성립한다. A에 대한 위험운전치상죄와 B에 대한 위험운전치상죄는 하나의 행위로서 상상적 경합의 관계이다. 음주운전죄와 위험운전치사상죄의 죄수에 있어서 대법원은 양 죄의 보호법익과 적용영역이 다르다고 보고 양 죄의 경합범을 인정한다.

[해설]

1. 위험운전치사상죄의 입법배경

본 사안은 운전자가 음주운전 중 대인사고를 유발한 경우이다. 이러한 경우 위험운전치사상죄가 입법되기 전에는 도로교통법 제150조 제1호의 음주운전죄(2년 이하의 징역 또는 500만 원 이하의 벌금)와 교통사고처리특례법 제3조 제1항의 처벌특례(형법 제268조 업무상 과실치사상죄, 5년 이하의 금고 또는 2천만 원 이하의 벌금)의 경합범으로 해결해 왔고, 당시 처단형의 상한은 7년의 금고이었다.

음주운전으로 인한 피해에 대하여 엄한 처벌로 대처하고자 2007년 12월 특정범죄가중법 제5조의11에 위험운전치사상죄가 신설되었다. 2010년 신설당시 위험운전치사상죄의 법정형은 음주운전죄와 교통사고처리특별법위반죄의 경합범의 형보다 중하게 상해의 경우에 10년 이하의 징역 또는 500만원 이상 3천만원 이하의 벌금, 사망의 경우에 1년 이상의 유기징역이었다. 이후 2018. 12. 18. 개정으로 법정형이 더 상향되어 상해의 경우에 3년 이상의 징역, 사망의 경우에 무기 또는 5년 이상의 징역으로 규정되었다.

위험운전치사상죄가 입법되기 이전 음주운전 상태에서 대인사고를 유발한 경우에 음주운전죄와 교통사고처리특례법위반(치상, 치사)죄가 성립되고 이론상 양 죄는 하나의 행위에 의한 것이므로 상상적 경합의 관계로 볼 수 있는데, 실무는 음주운전을 중하게 처벌하자는 법감정에 부합하여 실체적 경합의 관계로 보았다. 일본의 판례도 이와 같은 입장이었다. 그러나 경합범으로 처벌함에도 불구하고 음주운전 상태에서의 대인사고가 계속 증가하자, 일본은 2001년 형법을 개정하여 위험운전치사상죄(일본형법 제208조의2)를 신설(상해의 경우는 15년 이하의 징역, 사망의 경우는 1년 이상의 유기징역)하였고 효과를 거두었다. 이것을 모범으로 하여 특정범죄가중법 제5조의11에 위험운전치사상죄가 입법되었다.

2. 위험운전치사상죄의 법적 성질

대법원은 위험운전치사상죄가 음주운전죄와 입법취지·보호법익·적용영역을 달리하는 별개의 범죄로서 업무상과실치사상죄의 가중적 구성요건으로 본다. 그에 따라 음주운전죄와 위험운전치사상죄는 실체적 경합의 관계라고 본다. 이것은 위험운전치사상죄의 입법이전에 음주운전 상태에서 대인사고를 유발한 경우를 중하게 처벌하고자 하는 사고의 연장선에 있다.

그러나 과거 음주운전죄와 교통사고처리특례법위반(치상, 치사)죄의 경합범으로 처벌하던 것보다 중하게 처벌하기 위해서 기존의 경합범에 따른 처단형보다 중하게 처벌되도록 위험운전치사상죄가 신설된 것이고, 문구도 "음주 또는 약물의 영향으로 정상적인 운전이 곤란한 상태에서 자동차를 운전하여 사람을 상해에 이르게 한 사람"이라고 하여 음주 등으로 인한 상태에서 상해를 유발한 행위를 처벌하고 있으므로, 업무상과실치사상죄의 가중적 구성요건일 뿐만 아니라 음주운전죄의 가중적 구성요건으로도 이해하여 음주운전죄는 위험운전치사상죄에 흡수되는 것으로 보는 것이 바람직하다. 특히 2018년 개정으로 그 법정형이 상해의 경우는 15년 이하의 징역, 사망의 경우는 1년 이상의 유기징역으로 상향된 상황에서는 더욱 그러하다.

[참고문헌]

김정환, 위험운전치사상죄와 음주운전죄의 관계, 형사법연구 제21권 제2호, 2009.6.

[필자: 김정환 교수(연세대)]

2.10 대법원 2015.11.12. 선고 2015도6809 전원합의체 판결 〈세월호 사건〉

특가법 제5조의12 위반죄의 성립요건

[사안] 2014. 4. 16. 08:52경 이 사건 사고로 세월호가 좌현으로 기울어진 상태로 멈추자, 각자의 선실에서 휴식을 취하던 피고인 1(선장)과 갑판부 선원들인 피고인 2, 피고인 3, 피고인 5, 피고인 7, 피고인 8은 피고인 4, 피고인 5가 당직근무 중이던 조타실로 모여 상황 파악에 나섰고, 피고인 2는 복원성이 나쁜 상태에서 배가 좌현으로 많이 기울고, 배의 균형을 잡는 힐링펌프가 작동되지 않자 배가 곧 침몰할 것으로 인식하고 08:55경 제주 해상교통관제센터(Vessel Traffic Service Center, 이하 'VTS'라고 한다)에 "본선... 아... 위험합니다. 지금 배 넘어가 있습니다"라며 구조요청을 하였다.

한편 사고 발생 당시 조타실에 있던 피고인 9는 세월호가 급속히 기울어져 선수 갑판의 컨테이너가 좌현 쪽으로 무너져 내리는 것을 보고 전복될 것으로 판단하여, 엔진을 정지시키기 위해 엔진텔라그래프 레버를 잡아당겼으나 불완전하여 엔진이 완전히 정지되지 않은 상태에 있던 중, 피고인 1의 지시로 엔진을 완전히 정지시킨 다음 직통전화로 기관실에 전화를 걸어 기관실에 있던 기관부 선원들에게 기관실에서 나올 것을 지시하였다. 이어서 피고인 9는 피고인 1이 "기관실로 내려가 봐라"라고 지시하자 곧바로 조타실을 나와 기관부 선실이 있는 3층 복도까지 계단으로 내려갔고, 09:06경 그곳에서 기관실에서부터 올라 온 기관부 선원들인 피고인 11, 피고인 14, 피고인 13과 기관부 선실에서 나온 기관부 선원들인 피고인 10, 피고인 12, 피고인 15와 함께 대기하였다.

당시 세월호에는 피고인들을 포함한 승무원 33명 외에 443명의 승객들이 승선하고 있었고 그중에는 부녀자와 노약자, 특히 수학여행을 가는 △△고 학생들이 다수 포함되어 있었으므로, 세월호의 승무원들은 승객들을 잘 통솔하여 이들이 이 사건 사고로 동요하지 않도록 하여야 하고, 승객들에게 선내방송을 통하여 사고 발생 사실을 알리고 적당한 간격으로 선원들에 의해 어떤 비상조치가 시행되고 있는지 등의 구조 관련 상황을 반복해서 알림으로써 승객들이 불안해하지 않도록 하여야 함은 물론, 사고 직후 이미 세월호가 좌현으로 약 30도 정도 기울고 선수 갑판에 있던 컨테이너 등의 화물들이 좌현으로 쏠려 무너져 내리는 등 평소 복원력이 나빴던 세월호가 곧 전복되어 침몰될 위험에 직면하게 되었으므로, 무엇보다도 퇴선이 불가피한 위급상황에 대비하여 미리 퇴선이 용이한 갑판으로 대피하도록 유도하는 등 퇴선을 위한 적절한 조치를 신속하게 취하여야 할 긴박한 상황이었다.

그런데 피고인 1은 위와 같이 피고인 2가 구조요청을 마친 후인 08:58경 피고인 3에게 '승객들로 하여금 구명조끼를 입고 그 자리에 대기하라'는 방송만을 지시하였을 뿐, 정작 선원들에게 승객 등의 퇴선에 대비한 각자의 임무를 수행하도록 지시하는 등 선박 위험 시 선장이 취하여야 할 지휘·감독상 임무를 전혀 수행하지 아니하였다.

피고인 1은 09:34경 세월호의 침수한계선이 수면에 잠기어 복원력을 완전히 상실하고 09:35경 해경 경비정이 사고현장에 도착한 후에도 퇴선명령 등 퇴선을 위한 기본적인 조치조차 취하지 아니하였고, 피고인 2, 피고인 3, 피고인 9 등 나머지 선원들도 그와 같은 상황을 방관하고 있었다.

그에 따라 승객 등은, 해경 등 구조세력이 사고현장에 도착하였음에도 구조가 가능한 적절한 시점인 이른바 '골든타임'이 다 지나갈 때까지 세월호의 침몰상황에 대해서는 제대로 알지 못한 채, 반복적인 선내 대기 안내방송 등에 따라 막연히 선내에 대기하는 상태가 지속되었다.

피고인 1과 피고인 2, 피고인 3 등 갑판부 소속 피고인들은 09:37경 이후 진도 VTS로부터의 교신에 응답하지 않은 채 해경 경비정이 세월호에 다가오기만을 기다리면서 대피명령 및 퇴선명령, 승객 퇴선유도 등 승객 등을 구조하기 위한 아무런 조치를 취하지 않았을 뿐만 아니라, 승객 등의 상황에 대하여 확인하거나 승객 등의 구조 방법에 대한 논의조차 하지 않다가, 09:39경 피고인 9 등 기관부 소속 피고인들이 퇴선하는 것과 전방에 경비정이 다가오는 것을 보자, 곧바로 조타실 좌측에 있는 출입문을 통해 차례로 윙브릿지로 나간 후, 09:46경 세월호의 조타실 앞에 도착한 해경 123호 경비정에 탑승하면서 자신들이 선장 또는 선원임을 밝히지 않고 퇴선하였고, 퇴선 이후에도 해경에게 승객 등이 선내 대기 중인 사실 등을 알려 주지 아니하였다.

결국 승객 등은 구조세력이 도착한 이후에도 퇴선명령이나 이에 수반되는 퇴선유도 등 퇴선 상황에 따른 조치가 전혀 이루어지지 아니한 상태에서 막연히 퇴선지시를 기다리면서 선내에 대기하다가 09:47경 세월호의 3층 난간이, 09:50경 4층 난간이 완전히 침수되어 출구가 차례로 폐쇄되면서 스스로의 힘으로 선체를 빠져나가는 것이 사실상 불가능하게 되어, 해경 등의 구조활동에도 불구하고 303명이 바다에 빠져 사망하였고, 152명은 해경 등에 의하여 구조되었으나 세월호가 갑자기 기울어질 때 또는 탈출 과정에서 상해를 입었다.

[재판요지]

특정범죄 가중처벌 등에 관한 법률(이하 '특정범죄가중법'이라 한다) 제1조, 제5조의12 제1호, 제2호, 해사안전법 제2조 제2호, 수난구호법 제18조 제1항 단서의 체계, 내용 및 취지 등을 고려하면, 특정범죄가중법 제5조의12 위반죄는 형법 제268조의 업무상과실치사상죄 및 중과실치사상죄를 기본범죄로 하여 수난구호법 제18조 제1항 단서 위반행위 및 도주행위를 결합하여 가중 처벌하는 일종의 결합범으로서 선박의 교통으로 형법 제268조의 죄를 범한 선박의 선장 또는 승무원이 수난구호법 제18조 제1항 단서에 규정된 의무를 이행하기 이전에 사고현장을 이탈한 때에 성립하고, '선박 간의 충돌사고'나 '조타상의 과실'로 형법 제268조의 죄를 범한 경우에 한하여 성립하는 것으로 볼 수 없다.

한편 수난구호법 제18조 제1항 단서에 따라 사고를 낸 선장 또는 승무원이 취하여야 할 조치는 사고의 내용과 피해의 정도 등 구체적 상황에 따라 건전한 양식에 비추어 통상 요구되는 정도로 적절히 강구되어야 하고, 그러한 조치를 취하기 전에 도주의 범의로써 사고현장을 이탈한 것인지를 판정할 때에는 사고의 경위와 내용, 피해자의 생명·신체에 대한 위험의 양상과

정도, 선장 또는 승무원의 과실 정도, 사고 후의 정황 등을 종합적으로 고려하여야 한다.

[사안에의 적용] 원심은 그 판시와 같은 이유를 들어 위 피고인들이 화물과적, 고박불량 등의 업무상 과실로 이 사건 사고를 낸 선장 또는 승무원으로서 특정범죄가중법 제5조의12의 범행주체가 됨을 전제로 하여, 위 피고인들은 456명의 피해자들로 하여금 이 사건 사고로 바다에 빠지게 하거나 매몰된 선체에 갇히게 하였음에도 조난된 피해자들을 신속히 구조하는 데 필요한 조치를 취하지 아니하고 도주하였다는 사실을 인정한 다음, 피고인 1에 대하여는 이 부분 공소사실 중 살인죄가 인정되지 아니한 피해자 공소외 3 부분을, 피고인 2에 대하여는 이 부분 공소사실 전부를 각 유죄로 인정하였다.

원심판결 이유를 위 법리와 원심이 적법하게 채택한 증거들에 비추어 살펴보면, 원심이 특정범죄가중법 제5조의12에서 정한 수난구호법 제18조 제1항 단서 부분을 가중범죄로 규정한 것이 아니라 단순히 선장 또는 승무원에게 요구되는 '조치의무의 내용'을 분명히 하기 위해 인용한 것에 불과하다는 취지로 설시한 것은 다소 부적절하다고 할 것이나, 수난구호법 제18조 제1항 단서의 '조난사고의 원인을 제공한 선박의 선장 및 승무원'에는 조난사고의 원인을 스스로 제공하여 '조난된 선박의 선장 및 승무원'도 포함되는 이상, 위 피고인들이 특정범죄가중법 제5조의12 위반죄의 주체가 될 수 있음을 전제로 위와 같이 유죄로 인정한 원심의 결론은 정당하고, 거기에 상고이유 주장과 같이 논리와 경험의 법칙을 위반하여 자유심증주의의 한계를 벗어나거나 특정범죄가중법 제5조의12에 관한 법리를 오해하여 판결에 영향을 미친 잘못은 없다.

[해설]

1. 관련 조문의 해석

2014년 4월 16일 침몰하여 304명의 희생자를 낸 세월호사건의 대법원 전원합의체판결이다. 이 비극적 참사에 대한 판결에는 부작위범, 살인의 고의 등 많은 쟁점이 있지만, 이 중에서 특가법상 도주선박죄의 성립요건에 대하여 검토해 본다. 우선 관련 조문인 특정범죄가중처벌등에관한법률 제5조의12와 수난구호법 제18조는 다음과 같다(세월호 사건 이후에 법이 개정되었으나, 형법은 행위시법주의가 원칙이므로(형법 제1조 제1항 참조) 사건 당시의 법조문을 제시한다.

특정범죄 가중처벌 등에 관한 법률(사고 당시의 규정임)

제5조의12(도주선박의 선장 또는 승무원에 대한 가중처벌) 「해사안전법」 제2조에 따른 선박의 교통으로 인하여 「형법」 제268조의 죄를 범한 해당 선박의 선장 또는 승무원이 피해자를 구호하는 등 「수난구호법」 제18조 제1항 단서에 따른 조치를 하지 아니하고 도주한 경우에는 다음 각 호의 구분에 따라 가중 처벌한다.

1. 피해자를 사망에 이르게 하고 도주하거나, 도주 후에 피해자가 사망한 경우에는 무기 또는 5년 이상의 징역에 처한다.
2. 피해자를 상해에 이르게 한 경우에는 1년 이상의 유기징역 또는 1천만원 이상 1억원 이하의 벌금에 처한다.

현행특가법

제5조의12(도주선박의 선장 또는 승무원에 대한 가중처벌) 「해사안전법」 제2조에 따른 선박의 교통으로 인하여 「형법」 제268조의 죄를 범한 해당 선박의 선장 또는 승무원이 피해자를 구호하는 등 「수상에서의 수색·구조 등에 관한 법률」 제18조 제1항 단서에 따른 조치를 하지 아니하고 도주한 경우에는 다음 각 호의 구분에 따라 가중 처벌한다. 〈개정 2015.7.24〉

1. 피해자를 사망에 이르게 하고 도주하거나, 도주 후에 피해자가 사망한 경우에는 무기 또는 5년 이상의 징역에 처한다.
2. 피해자를 상해에 이르게 한 경우에는 1년 이상의 유기징역 또는 1천만원 이상 1억원 이하의 벌금에 처한다.

수난구호법(사고 당시의 규정임)

제18조(인근 선박 등의 구조지원) ① 조난현장의 부근에 있는 선박 등의 선장·기장 등은 조난된 선박 등이나 구조본부의 장 또는 소방관서의 장으로부터 구조요청을 받은 때에는 가능한 한 조난된 사람을 신속히 구조할 수 있도록 최대한 지원을 제공하여야 한다. 다만, 조난사고의 원인을 제공한 선박의 선장 및 승무원은 요청이 없더라도 조난된 사람을 신속히 구조하는 데 필요한 조치를 하여야 한다.

② 구조본부의 장 또는 소방관서의 장으로부터 구조요청을 받은 선박등의 선장·기장 등은 구조에 착수하지 못할 경우에는 지체 없이 그 사유를 구조본부의 장 또는 소방관서의 장에게 통보하여야 한다.

2. 도주운전죄와 도주선박죄의 비교

특가법 제5조의3의 도주운전죄와 제5조의12의 도주선박죄의 규정을 비교해보면, 그 조문의 구조, 내용, 법정형은 거의 같다. 형법 제268조의 죄는 업무상 과실치사상죄인데, 이 죄의 성립에 있어서 업무상 과실이 '선박 간의 충돌사고'나 '조타상의 과실'로 형법 제268조의 죄를 범한 경우에 한하여 성립하는 것으로 제한해석할 근거는 없다. 판시사항은 적절하다.

또한 '조난사고의 원인을 제공한 선박의 선장 및 승무원'에는 조난사고의 원인을 스스로 제공하여 '조난된 선박의 선장 및 승무원'도 포함되는지 문제될 수 있는바, 본 판결은 이 점도 긍정하였다. 다만, 이 사건에서는 세월호의 선장이나 승무원이 조난의 원인을 제공하였다고 판단되므로 해석상 문제가 되지 않으나, 조난의 원인은 외부에 있을 경우, 조난된 선박의 선장이나 승무원이 동조의 "요청이 없더라도 조난된 사람을 신속히 구조하는 데 필요한 조치를 하여야"하는 사람에 해당하는지 죄형법정주의의 관점에서 논란의 여지가 있다. 이 점에 대하여는 법개정을 통하여 명확하게 포함하는 것으로 되었다. 적절한 개정이라고 할 것이다.

[참고문헌]

이정원, 항해안전과 선박직원의 상호관계에 관한 검토: 대법원 2015.11.12. 선고 2015도6809 전원합의체 판결을 중심으로, 한국법학원, 저스티스 제165호, 2018.

[필자: 한상훈 교수(연세대)]

제3장

특정경제범죄 가중처벌 등에 관한 법률

3.1

대법원 2007.4.19. 선고 2005도7288 전원합의체 판결

특경법 제3조 적용을 위한 이득액 산정방식

[사안] 피고인은 2003. 5. 23. 피해자가 빌라를 건축하기 위해 토목공사만 70% 정도 진행한 상태에서 자금난으로 공사를 중단하고 있던 대지 4필지를 피해자로부터 매매대금 16억 4,600만원에 매수하기로 약정하면서 피해자에게 "대지의 소유권을 일단 넘겨주면 이미 대출약속을 받은 은행에 이를 담보로 제공하고 대출을 받아 근저당권이 설정되어 있는 기존채무 12억 2,600만원을 해결해주고 잔금 4억 2천만원은 분할지급하거나 완공된 건물로 대물변제하겠다"고 거짓말하고 소유권이전등기를 넘겨받은 후 사채업자에게 채권최고액 5억 2,000만원의 근저당권을 설정하고 5억원을 빌려 피고인의 다른 채무변제에 사용하였을 뿐 은행에 대출을 받지도 않고 인수하기로 한 기존채무를 전혀 변제하지 않고 건축공사도 자금부족으로 진행하지 못하여 결국 대지는 기존 근저당권자의 임의경매 신청으로 경매개시되었다. 피고인은 16억 4,600만원 상당의 위 대지를 편취한 혐의에 대하여 특경법 제3조의 가중처벌 규정이 적용되어 기소되었다.

1심에서는 기소된 전체 피해액수에 대하여 특경법 제3조를 의율하여 유죄가 선고되었으나, 항소심에서는 검사가 피해액을 감축하는(대지 시가 16억 4,600만원에서 근저당권 채권최고액인 10억 2,000만원을 공제한 6억 2,600만원을 피해금액으로 변경함) 공소장 변경허가 신청을 하자, 이를 허가하고 감축된 피해액도 특경법 제3조에 해당한다고 보아 1심의 유죄를 유지하였다.

이에 대하여 피고인이 상고하였고 대법원은 상고를 기각하였다.

[재판요지]

다수의견

1. 형법 제347조의 사기죄는 사람을 기망하여 재물의 교부를 받거나 재산상의 이익을 취득하거나 제3자로 하여금 재물의 교부를 받게 하거나 재산상의 이익을 취득하게 함으로써 성립하고, 그 교부받은 재물이나 재산상 이익의 가액이 얼마인지는 문제되지 아니하는 데 비하여, 사기로 인한 특경법 위반죄에 있어서는 편취한 재물이나 재산상 이익의 가액이 5억 원 이상 또는 50억 원 이상이라는 것이 범죄구성요건의 일부로 되어 있고 그 가액에 따라 그 죄에 대한 형벌도 가중되어 있으므로, 이를 적용함에 있어서는 편취한 재물이나 재산상 이익의 가액을 엄격하고 신중하게 산정함으로써, 범죄와 형벌 사이에 적정한 균형이 이루어져야 한다는 죄형균형 원칙이나 형벌은 책임에 기초하고 그 책임에 비례하여야 한다는 책임주의 원칙이 훼손되지 않도록 유의하여야 한다.

2. 따라서 부동산을 편취한 경우에 특경법 제3조의 적용을 전제로 하여 그 부동산의 가액을 산정함에 있어서는, 그 부동산에 아무런 부담이 없는 때에는 그 부동산의 시가 상당액이 곧 그 가액이라고 볼 것이지만, 그 부동산에 근저당권설정등기가 경료되어 있거나 압류 또는 가압류 등이 이루어져 있는 때에는 특별한 사정이 없는 한 아무런 부담이 없는 상태에서의 그 부동산의 시가 상당액에서 근저당권의 채권최고액 범위 내에서의 피담보채권액, 압류에 걸린 집행채권액, 가압류에 걸린 청구금액 범위 내에서의 피보전채권액 등을 뺀 실제의 교환가치를 그 부동산의 가액으로 보아야 한다.

별개의견

1. 근저당권 등이 설정된 부동산을 편취하면서 그 피담보채무 등을 인수하여 변제하겠다고 한 것은 대가지급방법에 불과하다고 보거나 근저당권 등을 재물에 붙은 부담이라고 볼 수 있고, 편취한 재물의 실제 교환가치의 파악 즉 궁극적으로 그와 같은 이득을 실현할 것인지 여부는 범죄의 구성요건이 아니라 양형에 관한 사항이라고 해석하여야 할 것이므로, 특경법 제3조의 적용을 전제로 한 부동산의 가액도 통상적으로 사용되는 재물의 시장가치 즉 아무런 부담이 없는 상태에서의 그 부동산의 객관적인 시가 상당액을 뜻한다고 보는 것이 문언에 충실한 해석이다.

2. 다수의견에 의하면 편취 당시의 근저당권 피담보채무 등이 사후에 채무자의 변제 등을 통해 소멸하는 경우 부동산의 실제 교환가치가 증가하게 되는데 이러한 편취 이후 사정에 따라 적용법조를 달리하여야 할 것인지 문제가 되고, 공동담보가 설정되거나 하나의 압류·가압류의 대상이 된 수개의 부동산들 중 일부를 편취한 경우와 근저당권 이외의 담보물권 또는 용익물권, 대항력 있는 임차권 등이 있는 경우 그 공제의 범위를 어느 정도까지로 한정할 것인지에 관해서 명확한 기준을 제시하기 어려우므로, 죄형법정주의의 내용인 명확성의 원칙에 반하고 형사절차에서 혼란을 가져오는 것이어서 적절하지 않다.

다수의견에 대한 보충의견

1. 근저당권 등의 부담이 있는 부동산을 편취한 범죄가 기수에 이른 이상, 그 당시의 객관적 교환가치가 부동산의 가액인 것이고, 이를 기준으로 하여 특경법 제3조의 적용 여부를 가려야 할 것이지 그 근저당권 등이 사후에 변제 등으로 소멸하였는지 여부를 고려할 것은 아니다.

2. 구체적 사안에 따라서는 편취의 대상인 부동산의 객관적 교환가치를 평가·산정하는 것이 그리 단순한 문제가 아닐 수도 있지만, 그 경우에도 부동산의 가액을 객관적으로 타당하게 파악하기 위해 노력해야 하는 것은 적절한 형사사법절차 운영의 책임을 지고 있는 법원의 당연한 책무이고, 그러한 노력에도 불구하고 그 가액을 파악할 수 없는 경우에는 입증책임의 원리에 따라 문제를 해결하여야 할 것이지 그 가액 산정이 어렵다는 이유로 죄형균형 원칙이나 책임주의 원칙이 훼손되는 결과를 용인하는 것은 온당치 못하다.

3. 편취한 재물의 가액에 따라 법정형을 달리 규정하고 있는 사기로 인한 특경법 위반죄에 있어서 편취한 부동산의 실제 교환가치가 얼마인지를 범죄의 구성요건 요소가 아니라 단지 양형에 관한 사항에 불과한 것으로 보려는 별개의견의 견해는 죄형균형 원칙이나 책임주의 원칙에 어긋나는 과도한 형벌을 과하게 되는 결과를 낳을 우려가 있다.

[사안에의 적용] 본 사건에서 대지에 아무런 부담이 없는 상태에서의 시가는 16억 4,600만 원이고, 위 대지에 설정된 근저당권의 채권최고액은 10억 2,000만 원인데, 그 피담보채권액은 이를 초과하므로 원심이, 피고인이 편취한 이 사건 대지의 가액을 산정함에 있어 대지의 시가에서 근저당권의 피담보채권액이 아닌 채권최고액을 공제하여 나머지 6억 2,600만 원을 그 가액이라고 보고 특경법 제3조 제1항 제2호를 적용한 조치는 정당하다.

[해설]

특경법 제3조 위반죄에서 "이득액"은 범죄구성요건의 일부로 되어 있고 그 가액에 따라 형벌도 매우 가중되어 있으므로, 부동산의 실제 객관적 교환가치를 이득액으로 판단하고자 하는 대법원의 태도는 죄형균형의 원칙과 책임주의 원칙에 부합한다고 판단된다.

한편, 대법원(2013.5.9. 2013도2857 판결)은 피해자를 위하여 보관하고 있는 부동산에 제3자에게 근저당권을 설정해주는 방법으로 횡령하는 경우 이득액은 부동산 시가 상당액이 아니라, 부동산을 담보로 제공한 피담보채무액 또는 채권최고액이라고 판단하고 있다.

[참고문헌]

박길성, 부동산을 편취한 경우에 특정경제범죄 가중처벌 등에 관한 법률 제3조의 적용을 전제로 그 부동산의 가액을 산정함에 있어 부동산의 시가 상당액에서 근저당권 등에 의한 부담에 상당하는 금액을 공제하여야 하는지 여부(적극), 대법원 판례해설 제70호, 2007.

[필자: 박정난 교수(연세대)]

3.2

대법원 2011.4.14. 선고 2011도769 판결

특경법 제3조 적용에 있어서 이득액 합산

[사안] 피고인은 분양관련 주식회사의 대표이사로서, 부산시 소재 지하 1층 지상 4층 규모의 빌딩을 신축분양하는 사업을 시행하였다. 피고인은 위 빌딩의 공사자금조로 2006. 1.경부터 같은 해 11.경까지 사이에 공소외 X로부터 공소외 X가 앞서 피해자 A, B로부터 빌린 합계 9억 원 상당을 차용하였으나, 시공사가 공사대금을 미지급하면서 빌딩 신축 부지 전체에 대하여 예고등기를 하면서 이미 체결된 빌딩 내 각 점포의 분양계약이 잇달아 해지되고, 피고인 등의 채권자 은행에서 이자 미지급 등을 이유로 위 빌딩 1층에 대하여 경매를 신청함에 따라 자금 사정이 악화되어 공소외 X에 대한 채무를 변제하지 못하게 되었고, 피해자들도 이러한 사정을 알게 되었다.

이에 피고인은 2007. 11.경 성남시 소재 식당에서 피해자들을 만나, 사실은 추가대출, 용역보증금 및 회원권 판매대금이 단순한 피고인 등의 기대치에 불과하고, 당시 빌딩 신축과 관련하여 100억 원 이상의 채무가 있는 등으로 재정상태가 극히 나빠 위 빌딩 3, 4층에 설정된 공소외 Y 명의의 처분금지가처분등기를 말소할 능력이 없을 뿐만 아니라, 위 빌딩 201호, 202호, 203호, 208호, 209호, 211호, 216호는 이미 하나은행 등 다른 채권자들에게 담보로 제공되어 있어 담보가치가 충분치 않은 관계로 피해자들로부터 돈을 차용하더라도 이를 변제할 능력이 없음에도 불구하고, "추가로 15억 원을 투자(대여의 의미임)하면 빌딩 3, 4층에 사우나, 찜질방 운영을 위한 내부시설 일체를 완료할 수 있다. 기 대여금을 17억 1,820만 원으로 정산하고 추가투자 이후의 총 투자금을 35억 원으로 평가하여, 원금에 대한 상환은 추가투자금 15억 원을 받은 때로부터 5개월 이내에 추가대출, 용역보증금 및 회원권 판매대금 등으로 조성하여 이행하겠다. 빌딩 3, 4층에 대한 가처분 및 예고등기는 알아서 해결해 주고 빌딩 3, 4층에 대한 소유권을 피해자들 앞으로 이전해 주며, 빌딩 201호, 202호, 203호, 208호, 209호, 211호, 216호를 피해자들에게 담보로 제공하겠다"라는 취지로 거짓말을 하여 이에 속은 피해자들로부터 차용금 명목으로 합계 24억 7,100만 원을 교부받아 이를 편취하였다.

1심에서는 기소된 전체 피해액수에 대하여 특경법 제3조를 의율하여 유죄가 선고되었으나, 항소심에서는 검사가 편취 이득액을 24억 58,389,426원으로 감축하는 공소장변경허가 신청을 하자, 이를 허가하고 감축된 피해액도 특경법 제3조에 해당한다고 보아 1심의 유죄를 유지하였다.

이에 대하여 피고인이 상고하였고 대법원은 직권으로 특경법 제3조 적용의 전제가 된 이득액 합산방식에 대하여 심리한 후 원심의 판단이 법령적용의 위법이 있음을 이유로 파기환송하였다.

[재판요지]

사기죄에서 수인의 피해자에 대하여 각 피해자별로 기망행위를 하여 각각 재물을 편취한 경우에 그 범의가 단일하고 범행방법이 동일하다고 하더라도 포괄일죄가 성립하는 것이 아니라 피해자별로 1개씩의 죄가 성립하는 것으로 보아야 한다. 다만 피해자들이 하나의 동업체를 구성하는 등으로 피해 법익이 동일하다고 볼 수 있는 사정이 있는 경우에는 피해자가 복수이더라도 이들에 대한 사기죄를 포괄하여 일죄로 볼 수도 있다.

[사안에의 적용] 사안의 경우 피해자 A,B는 부부관계로, 다른 특별한 사정이 인정되지 않는 한 부부라는 이유만으로 피해자들의 피해법익이 동일하다고 볼 수 없으므로 피해자들에 대한 각 사기행위를 포괄일죄로 볼 수 없고 따라서 피해자 A와 B에 대한 편취 이득액을 합산할 수 없다.

[해설]

1. 특경법상 이득액의 양형

특경법 제3조는 형법상의 사기죄, 컴퓨터등사용사기죄, 공갈죄, 특수공갈죄, 위 죄의 상습범, 횡령죄, 배임죄, 업무상 횡령죄, 업무상 배임죄에 한하여, 범죄행위로 취득하거나 제3자로 하여금 취득하게 한 재물 또는 재산상 이익의 가액(이득액)이 5억원 이상인 경우 가중처벌하고 있다. 또한 이득액이 5억원 이상 50억원 미만인 경우와 50억원 이상인 경우에 양형의 차이를 두고 있다.

판례(대법원 2007.4.19. 선고 2005도7288 전원합의체 판결)는 이득액 산정과 관련하여 가액을 엄격하고 신중하게 산정함으로써 범죄와 형벌 사이에 적정한 균형이 이루어져야 하고 형벌은 책임에 기초하고 책임에 비례하여야 한다는 책임주의 원칙이 훼손되지 않도록 유의해야 한다는 입장이다.

2. 죄수관계에 따른 이득액 합산방식

죄수 관계에 따라 이득액 산정방식이 달라지는데, 단순일죄 뿐만 아니라 포괄일죄의 경우 그 이득액의 합산액을 기준으로 5억원 이상인 경우 특경법이 적용된다. 예를 들어 동일한 피해자에 대하여 수개의 배임행위를 하는 경우 그 피해법익이 단일하고 범죄의 태양이 동일하며 수 개의 배임행위가 단일한 범의에 기한 일련의 행위라고 볼 수 있는 경우 수 개의 배임행위는 포괄일죄를 구성하고 이 경우 각 배임행위로 인한 이득액을 합산한 금액을 이득액으로 보아 5억원 이상인지를 판단해야 하는 것이다(대법원 2011.8.18. 선고 2009도7813 판결). 그러나 경합범의 경우는 이득액을 합산하여 특경법을 적용할 수 없다(대법원 2011.2.24. 선고 2010도13801 판결 등).

한편 특경법 제3조를 적용하기 위한 포괄일죄 여부를 판단함에 있어서 피해자가 다르다고 하여 무조건 경합범으로 판단하고 이득액을 합산할 수 없는 것이 아니다. 단일한 범의 하에 수 인의 피해자를 상대로 동일한 수법으로 사기 등 범행을 저질렀고 범행의 습벽이 인정되는 경우 상습범으로서 포괄일죄가 성립하기 때문이다. 판례(대법원 2005.4.29. 선고 2005도741 판결)도 쇼핑몰 상가 분양사업을 추진하면서 사채와 분양대금만으로 사업부지 매입 및 공사대금을 충당할 수 있다는 막연한 구상 외에 특별한 자금이 없는 상태에서 3,209명의 피해자들로부터 합계 4,000억원 상당의 분양대금을 편취한 사안에서, 상습성을 인정하여 특경법 제3조를 의율하여 유죄를 선고하였다. 동일한 피해자를 상대로 수 차례 범행을 저질러 이익을 취한 경우 뿐만 아니라 여러 명의 피해자를 상대로 수 차례 범행을 저질러 이익을 취한 경우에 그 죄질의 불량이나 범죄의 중대성이 작다고 할 수 없기 때문에 개별 사안에 따라 특경법 제3조를 의율하여 가중처벌할 것인지 여부를 신중히 검토하는 것이 필요하다.

그런데 대상 사건의 경우 피해자가 부부지간이라는 이유만으로 피해자들에 대한 편취행위를 포괄일죄로 판단하고 이득액을 합산하여 특경법을 적용하였는데, 피해자가 다른 경우에는 원칙적으로 피해법익이 다르므로 위 분양대금 편취사안 판례와 같이 포괄일죄로 인정될 수 있는 특별한 사정이 인정되지 않는 한 이득액을 합산하여 특경법을 적용할 수 없는 것이다. 특경법 제3조는 특정 재산범죄에 대한 가중처벌 규정으로 책임주의 원칙에 따라 이득액 산정을 엄격하고 신중해야 한다는 점에서 판례의 태도는 타당하다.

참고판례

공범이 있는 경우는 공범자 전원의 이득액을 합산한 금액을 기준으로(대법원 1991.10.8. 선고 91도1911 판결) 5억원 이상인지 여부를 판단하고, 그 가액을 구체적으로 산정할 수 없는 경우에는 특경법 제3조의 구성요건에 해당하지 않기 때문에(대법원 2001.11.13. 선고 2001도3531 판결) 동조를 적용할 수 없다.

[필자: 박정난 교수(연세대)]

3.3

대법원 2012.6.28. 선고 2012도3927 판결

특경법상 알선수재죄의 성립과 사기죄와의 관계

[사안] 피고인이 실제로 금융기관의 임·직원에게 청탁하여 대출을 알선하여 줄 의사나 능력이 없었음에도 불구하고 피해자에게 거짓말하여 금융기관의 임·직원에 대한 알선의 명목으로 3,050만 원을 수수하였다.

[재판요지]

금융회사 등의 임직원의 직무에 속하는 사항의 알선에 관하여 금품이나 그 밖의 이익을 수수한 때에는 위와 같은 금품 등을 수수하는 것으로써 특정경제범죄 가중처벌 등에 관한 법률 위반(알선수재)죄가 성립되고, 위와 같은 금품 등을 수수한 자가 실제로 알선할 생각이 없었다 하더라도 금품 등을 수수하는 것이 자기의 이득을 취하기 위한 것이라면 위 죄의 성립에는 영향이 없다.

따라서 피고인이 금융회사 등의 임직원의 직무에 속하는 사항에 관하여 알선할 의사와 능력이 없음에도 알선을 한다고 기망하고 이에 속은 피해자로부터 알선을 한다는 명목으로 금품 등을 수수하였다면, 이러한 피고인의 행위는 형법 제347조 제1항의 사기죄와 특정경제범죄 가중처벌 등에 관한 법률 제7조 위반죄에 각 해당하고 위 두 죄는 상상적 경합의 관계에 있다.

[사안에의 적용] 원심이 금융회사 등의 임직원의 직무에 속하는 사항의 알선에 관하여 알선할 의사와 능력이 없음에도 알선을 한다고 기망하고 이에 속은 피해자로부터 알선자금 명목으로 금원을 받은 피고인의 행위가 사기죄와 특정경제범죄 가중처벌 등에 관한 법률 위반(알선수재)죄에 해당하고 위 두 죄는 상상적 경합의 관계에 있다고 판단하는 한편 형이 더 무거운 사기죄에 정한 형으로 처벌하기로 하면서도 특정경제범죄 가중처벌 등에 관한 법률 제10조 제3항, 제2항에 의하여 피고인이 특정경제범죄 가중처벌 등에 관한 법률 위반(알선수재)죄로 받은 금품 상당액을 추징한 제1심을 유지한 조치는 정당하다.

[해설]

1. 쟁점

본 판결의 쟁점은 두 가지이다. 첫째는 알선의 의사 없이 금품이나 그밖의 이익을 수수한 경우에도 특경법상 알선수재죄가 성립하는가 하는 점이고, 두 번째는 알선수재죄가 성립할

경우 사기죄와의 죄수관계이다.

2. 알선(또는 청탁) 의사없는 금품수수

먼저 알선이나 청탁의 의사가 없음에도 기망하여 금품을 수수한 경우, 판례는 특경법상 알선수재죄와 그 구조가 거의 같은 특가법상 알선수재죄나 변호사법상 알선수재죄에서 이를 긍정하였다(대법원 2006.1.27. 선고 2005도8704 판결 등 참조). 이러한 법리는 조문의 내용과 구조가 거의 같고 다만, 공무원이 아니라 금융회사의 임직원의 직무에 속하는 사항의 알선을 대상으로 하는 특경법상의 알선수재죄에서도 같은 법리가 적용되는 것이 적절하다.

특가법상 알선수재죄

제3조(알선수재) 공무원의 직무에 속한 사항의 알선에 관하여 금품이나 이익을 수수·요구 또는 약속한 사람은 5년 이하의 징역 또는 1천만원 이하의 벌금에 처한다.

변호사법

제111조(벌칙) ① 공무원이 취급하는 사건 또는 사무에 관하여 청탁 또는 알선을 한다는 명목으로 금품·향응, 그 밖의 이익을 받거나 받을 것을 약속한 자 또는 제3자에게 이를 공여하게 하거나 공여하게 할 것을 약속한 자는 5년 이하의 징역 또는 1천만원 이하의 벌금에 처한다. 이 경우 벌금과 징역은 병과할 수 있다.

② 다른 법률에 따라 「형법」 제129조부터 제132조까지의 규정에 따른 벌칙을 적용할 때에 공무원으로 보는 자는 제1항의 공무원으로 본다.

특경법상 알선수재죄

제7조(알선수재의 죄) 금융회사등의 임직원의 직무에 속하는 사항의 알선에 관하여 금품이나 그 밖의 이익을 수수, 요구 또는 약속한 사람 또는 제3자에게 이를 공여하게 하거나 공여하게 할 것을 요구 또는 약속한 사람은 5년 이하의 징역 또는 5천만원 이하의 벌금에 처한다.

3. 죄수

알선수재죄가 성립하는 경우 사기죄가 별도로 성립하는가와 관련하여서도 대법원은 이미 변호사법위반이나 특가법상 알선수재죄와 관련하여 이를 긍정한 바 있다(대법원 1986.3.25. 선고 86도436 판결; 2006.1.27. 선고 2005도8704 판결; 2008.2.28. 선고 2007도10004 판결 등). 같은 맥락에서 특경법상 알선수재죄와 사기죄를 모두 인정하고 이를 상상적 경합으로 볼 것인지 문제될 수 있는데, 보호법익이나 행위태양의 관점에서 볼 때 상상적 경합을 인정하는 태도가 타당하다고 할 것이다.

아울러 금품의 수수는 인정하면서도 알선수재의 고의를 부인하는 경우가 있는데, 범의는 범죄사실을 구성하는 것으로서 이를 인정하기 위해서는 엄격한 증명이 요구되지만, 피고인이 '금품 등을 수수'한 사실을 인정하면서도 범의를 부인하는 경우에는, 이러한 주관적 요소로

되는 사실은 사물의 성질상 범의와 상당한 관련성이 있는 간접 사실을 증명하는 방법에 의하여 입증할 수밖에 없고, 무엇이 상당한 관련성이 있는 간접 사실에 해당할 것인가는 정상적인 경험칙에 바탕을 두고 치밀한 관찰력이나 분석력에 의하여 사실의 연결상태를 합리적으로 판단하는 방법에 의하여야 한다(대법원 2002.3.12. 선고 2001도2064 판결; 2005.1.28. 선고 2004도7359 판결 등 참조).

그리고, 특경법 제7조, 특가법 제13조, 변호사법 제116조에 의하여, 알선수재의 범인(특가법) 또는 그 사정을 아는 제3자(특경법, 변호사법)가 받은 금품이나 그 밖의 이익은 몰수하며, 이를 몰수할 수 없을 때에는 그 가액을 추징한다. 이때, 알선의뢰인이 알선수재자에게 공무원이나 금융기관 임직원의 직무에 속한 사항에 관한 알선의 대가를 형식적으로 체결한 고용계약에 터잡아 급여의 형식으로 지급한 경우에, 알선수재자가 수수한 알선수재액은 명목상 급여액이 아니라 원천징수된 근로소득세 등을 제외하고 알선수재자가 실제 지급받은 금액으로 보아야 하고, 또한 위 금액만을 특가법 제13조에서 정한 ' 제3조의 죄를 범하여 범인이 취득한 해당 재산' 또는 특경법 제10조 제2항에서 정한 '제7조의 경우 범인이 받은 금품이나 그 밖의 이익'으로서 몰수·추징하여야 한다(대법원 2012.6.14. 선고 2012도534 판결).

[참고문헌]

오영근, 천자평석, 형사, 2012.9.2.

[필자: 한상훈 교수(연세대)]

3.4

대법원 2013.9.13. 선고 2013도7754 판결

친족상도례에 관한 형법 규정이 특경법 제3조 제1항 위반죄에도 적용되는지 여부

[사안] 원심인 광주고법 2013. 6. 13. 선고 2012노512 판결의 사실관계를 정리하면, 피해자는 피고인과는 외사촌간으로 피고인이 2007. 3. 30. 피해자에게 병원 건축을 위하여 자본금 보유 증빙이 필요하므로 피해자와 그 처의 공동명의로 되어있는 아파트를 담보로 5억 원을 대출하여 주면 은행거래의 증빙용도로만 사용하겠다고 말하였고, 피해자가 이를 승낙하였다. 피해자가 2007. 5. 28. 아파트를 담보로 5억 원을 대출받아 피고인의 요구에 따라 D 병원 명의의 예금통장으로 입금하였으며, 피고인과 피해자 사이에서는 확약서가 작성되었다. 피고인이 2008. 6경부터 2008. 8경까지 위 5억 원을 병원 공사대금이나 병원 운영비 등으로 사용하였고, 피고인이 검찰 피의자 신문 당시 피해자의 승낙이나 사전양해 없이 위와 같이 5억원을 임의로 사용한 사실을 인정하였다. 1심과 원심은 피고인이 피해자의 5억 원을 보관하고 있다가 임의로 소비하였다고 하여 특경법상 횡령죄를 인정하였다. 이에 피고인이 상고하였다.

[재판요지]

형법 제361조, 제328조의 규정에 의하면, 직계혈족, 배우자, 동거친족, 동거가족 또는 그 배우자 간의 횡령죄는 그 형을 면제하여야 하고 그 외의 친족 간에는 고소가 있어야 공소를 제기할 수 있는바, 형법상 횡령죄의 성질은 '특정경제범죄 가중처벌 등에 관한 법률'(이하 '특경법'이라고 한다) 제3조 제1항에 의해 가중 처벌되는 경우에도 그대로 유지되고, 특경법에 친족상도례에 관한 형법 제361조, 제328조의 적용을 배제한다는 명시적인 규정이 없으므로, 형법 제361조는 특경법 제3조 제1항 위반죄에도 그대로 적용된다.

[사안에의 적용] 피해자는 피고인의 외사촌이라는 것이므로 횡령으로 인한 이 사건 특경법위반죄는 위에서 본 법리에 비추어 고소가 있어야 공소를 제기할 수 있는 경우이고, 이때 고소기간은 형사소송법 제230조 제1항에 의하여 범인을 알게 된 날부터 6개월이므로 이를 도과한 후의 고소는 부적법하여 효력이 없다. 따라서 원심으로서는 이 사건 공소사실에 관하여 유·무죄 판단을 하기에 앞서 마땅히 피해자의 이 사건 고소가 범인을 알게 된 날부터 6개월 이내에 제기되었는지 여부를 심리한 다음 그 기간이 도과된 후 제기된 것으로 확인되면 형사소송법 제327조 제2호에 의하여 공소기각의 선고를 하여야 했다.

그런데도 원심은 위와 같은 조치에 이르지 아니한 채 이 사건 공소사실에 대하여 유죄를 선고한 제1심판결을 그대로 유지하고 말았으니, 이러한 원심판결에는 특경법위반죄에 있어서 친족상도례의 적용에 관한 법리를 오해하여 필요한 심리를 다하지 아니함으로써 판결에 영향을 미친 위법이 있다.

[해설]

1. 친족상도례 규정의 특경법(사기) 적용 여부

이 판결은 형법 제354조, 제328조에서 규정하고 있는바 친족상도례규정이 특경법상의 횡령죄에도 적용되는가 하는 쟁점에 관한 것이다. 이에 관하여는 이미 대법원 2000.10.13. 선고 99오1 판결에서 사기죄에 관하여, "형법 제354조, 제328조의 규정을 종합하면, 직계혈족, 배우자, 동거친족, 호주, 가족 또는 그 배우자 간의 사기 및 사기미수의 각 죄는 그 형을 면제하여야 하고, 그 외의 친족 간에는 고소가 있어야 공소를 제기할 수 있으며, 또한 형법상 사기죄의 성질은 특정경제범죄가중처벌등에관한법률 제3조 제1항에 의해 가중처벌되는 경우에도 그대로 유지되고, 특별법인 특정경제범죄가중처벌등에관한법률에 친족상도례에 관한 형법 제354조, 제328조의 적용을 배제한다는 명시적인 규정이 없으므로, 형법 제354조는 특정경제범죄가중처벌등에관한법률 제3조 제1항 위반죄에도 그대로 적용된다"고 하여, 친족상도례규정을 특경법상 사기죄에 적용된다고 판시한 바 있다. 이는 대법원 2010.2.11. 선고 2009도12627 판결에서도 반복되었다.

2. 친족상도례 규정의 특경법(횡령) 적용 여부

그렇다면 특경법상 횡령죄의 경우에도 형법상 친족상도례규정이 적용되는지 문제될 수 있는바, 이 판결에서 특경법상 횡령죄에도 적용됨을 분명히 하였다.

특경법 제3조 제1항은 형법 제347조(사기), 제347조의2(컴퓨터등 사용사기), 제350조(공갈), 제350조의2(특수공갈), 제351조(제347조, 제347조의2, 제350조 및 제350조의2의 상습범만 해당한다), 제355조(횡령·배임) 또는 제356조(업무상의 횡령과 배임)의 죄를 범한 사람에 대하여 그 이득액에 따라 가중처벌하는 규정이므로, 사기죄, 횡령죄에 대하여는 친족상도례규정이 적용됨은 판례와 같다. 그렇다면, 이외에도 컴퓨터등사용사기, 공갈, 특수공갈, 배임, 업무상 횡령, 배임의 경우에도 각 범죄의 성질이 특경법에서 가중처벌되더라도 그대로 유지된다고 볼 수 있는 한 친족상도례규정이 적용될 것임은 충분히 예상되는 바이다.

[참고문헌]

모성준, 형법상 친족상도례 규정의 문제점과 바람직한 개정방향, 법학논총 제21권 제2호, 2014.8.

[필자: 한상훈 교수(연세대)]

제4장

통신비밀보호법

4.1 대법원 2017.3.15. 선고 2016도19843 판결

통신비밀보호법의 적용대상인 타인 간 대화의 범위

[사안] 피고인은 2014. 2.경 피해자와 A레스토랑을 공동경영하기로 하는 계약을 체결하고 피해자를 A의 대표이사로 취임시켰다. 피해자가 동종회사인 B에 근무하면서 A를 경영한다는 사실로 인하여 B로부터 고소를 당할 위기에 처하게 되자, 피해자는 A의 대표이사를 그만두려 하였다. 그러자 피고인은 피해자가 계속 A의 대표이사직을 유지하도록 함으로써 자신은 A에 대한 책임을 부담하지 않으려고 마음먹었다. 피고인은 2014. 4. 중순경 A의 사무실에서 피해자로부터 A의 대표이사를 피고인으로 변경해 줄 것을 요구받자, 피해자에게 '피해자가 근무하는 B의 사장에게 피해자가 동종업체인 A의 대표이사라는 사실 및 A에 투자한 사실을 알리겠다.'고 말하였다(사실 ①).

그리고 피고인은 2014. 4. 17. 01:30경 자신의 집에서 피해자가 A의 대표이사 변경 문제로 자신에게 인감도장을 달라고 하면서 자신의 가방에 있는 인감도장을 꺼내려 하자, 피해자의 손을 잡아 비틀고 손을 잡아끌어 벽에 부딪치게 하여 피해자에게 약 2주간의 치료가 필요한 손가락 염좌 등을 가하였다. 당시 피해자는 B의 사장인 X와 휴대전화통화를 마쳤지만 전화연결이 끊기지 않은 상태이었다(사실 ②).

그리고 피고인은 2014. 4. 17. 17:00경 ㅁㅁ 커피숍에서 X에게 '피해자가 피고인의 인감을 훔치려 하였고, A의 지분을 속여서 가지고 갔다.'고 말하였다(사실 ③).

위의 범죄사실로 기소된 피고인에게 제1심법원은 사실 ①에 대해서 협박죄를, 사실 ②에 대해서 상해죄를, 사실 ③에 대해서 명예훼손죄를 인정하여 경합범인 각 죄에 벌금형 선택하여 피고인에게 벌금 700만 원을 선고하였다(서울중앙지방법원 2016.8.11. 선고 2015고단6079 판결). 제1심판결에 대해서 피고인과 검사 모두 항소하였고, 항소심에서 중요하게 다루어진 점은 피고인이 사실 ②와 관련해서 주장한 법리오해의 부분이었다. 피고인은 이 사건 당시 휴대폰을 통해 '악' 소리와 '우당탕' 소리 등을 들었다는 X의 진술은 통신비밀보호법 제14조 제1항에서 금지하는 '공개되지 아니한 타인 간의 대화를 전자장치 또는 기계적 수단을 이용하여 청취'한 것이어서 위법수집증거로 증거능력이 없다고 주장하였다. 이에 대해서 항소심은 통신비밀보호법 제14조 제1항 및 제2항, 제4조에 의해 재판의 증거로 사용될 수 없는 것은 공개되지 아니한 타인 간의 '대화'이고 범행 당시의 발생한 음향이나 소리 등은 통신비밀보호법의 적용대상인 '타인간의 대화'에 포함되지 않는다고 보았다(서울중앙지방법원 2016.11.10. 선고 2016노3157 판결). 제2심판결에 대해서 피고인이 상고하였는데, 대법원은 상고를 기각하였다.

[재판요지]

1. 사물에서 발생하는 음향이나 사람의 비명소리 등이 통신비밀보호법에서 보호하는 타인 간의 '대화'에 해당하는지 여부

통신비밀보호법의 문언, 내용, 체계와 입법 취지 등에 비추어 보면, 통신비밀보호법에서 보호하는 타인 간의 '대화'는 원칙적으로 현장에 있는 당사자들이 육성으로 말을 주고받는 의사소통행위를 가리킨다. 사람의 육성이 아닌 사물에서 발생하는 음향은 타인 간의 '대화'에 해당하지 않는다. 또한 사람의 목소리라고 하더라도 상대방에게 의사를 전달하는 말이 아닌 단순한 비명소리나 탄식 등은 타인과 의사소통을 하기 위한 것이 아니라면 특별한 사정이 없는 한 타인 간의 '대화'에 해당하지 않는다.

2. 타인 간의 '대화'에 해당하지 않는 사람의 목소리를 녹음하거나 청취하여 형사절차에서 증거로 사용할 수 있는지 판단하는 기준

소리가 비록 통신비밀보호법에서 말하는 타인 간의 '대화'에는 해당하지 않더라도, 형사절차에서 그러한 증거를 사용할 수 있는지는 개별적인 사안에서 효과적인 형사소추와 형사절차상 진실발견이라는 공익과 사인의 인격적 이익 등의 보호이익을 비교형량하여 결정하여야 한다. 대화에 속하지 않는 사람의 목소리를 녹음하거나 청취하는 행위가 사인의 사생활의 비밀과 자유 또는 인격권을 중대하게 침해하여 사회통념상 허용되는 한도를 벗어난 것이라면, 단지 형사소추에 필요한 증거라는 사정만을 들어 곧바로 형사소송에서 진실발견이라는 공익이 사인의 인격적 이익 등 보호이익보다 우월한 것으로 섣불리 단정해서는 안 되지만, 그러한 한도를 벗어난 것이 아니라면 형사절차에서 증거로 사용할 수 있다.

[사안에의 적용] X가 들었다는 '우당탕' 소리는 사물에서 발생하는 음향일 뿐 사람의 목소리가 아니므로 통신비밀보호법에서 말하는 타인 간의 '대화'에 해당하지 않는다. 또한 '악' 소리도 사람의 목소리이기는 하나 단순한 비명소리에 지나지 않아 그것만으로 상대방에게 의사를 전달하는 말이라고 보기는 어려워 특별한 사정이 없는 한 타인 간의 '대화'에 해당한다고 볼 수 없다. 위와 같은 소리는 막연히 몸싸움이 있었다는 것 외에 사생활에 관한 다른 정보는 제공하지 않는 점, X가 소리를 들은 시간이 길지 않은 점, 소리를 듣게 된 동기와 상황, 공소외인과 피해자의 관계 등 여러 사정에 비추어 볼 때, 통신비밀보호법에서 보호하는 타인 간의 '대화'에 준하는 것으로 보아 증거능력을 부정할 만한 특별한 사정이 있다고 보기도 어렵다. 그리고 X의 청취행위가 피해자 등의 사생활의 영역에 관계된 것이라 하더라도, 위와 같은 청취 내용과 시간, 경위 등에 비추어 개인의 인격적 이익 등을 형사절차상의 공익과 비교형량하여 보면, 공소외인의 위 진술을 상해 부분에 관한 증거로 사용하는 것이 피해자 등의 사생활의 비밀과 자유 또는 인격권을 위법하게 침해한다고 볼 수 없어 그 증거능력은 인정된다.

[해설]

1. 통신비밀보호법위반과 증거능력

피고인의 상해죄를 인정함에 있어서 상해행위 당시 피해자와 통화 중이던 휴대전화연결이 끊기지 않은 상태에서 휴대전화를 통해 '악' 하는 소리와 '우당탕' 소리를 들었다는 제3자의 진술이 증거로 사용될 수 있는지 여부가 법리적으로 다투어졌다. 통신비밀보호법에 의하면 누구든지 공개되지 아니한 타인간의 대화를 녹음하거나 전자장치 또는 기계적 수단을 이용하여 청취할 수 없고(제14조 제1항) 이를 위반한 녹음이나 청취의 내용은 재판절차에서 증거로 사용할 수 없는데(제14조 제2항, 제4조), 위 제3자의 진술내용은 공개되지 아니한 타인간의 대화녹음을 금지한 통신비밀보호법에 위배된 위법수집증거로서 증거능력이 없다고 피고인이 주장했다. 이에 대해 대법원은 두 가지 쟁점에 대해서 판단하면서 피고인의 주장을 배척했다.

2. 통신비밀보호법의 적용대상

첫째, '악' 하는 소리와 '우당탕' 소리는 통신비밀보호법에서 보호하는 '타인 간의 대화'라고 볼 수 없으므로(즉 통신비밀보호법이 적용되지 않으므로) 통신비밀보호법에 위반되지 않는다고 대법원은 판단하였다. 대화(對話)란 한자표기에서 알 수 있듯이 상대방에 대한 말이고, 국어사전에서도 "마주 대하여 이야기를 주고받음"이라고 정의된다. 통신비밀보호법의 제정취지 및 법률체계를 보더라도 통신이외에 별도로 대화를 규정하고 있으므로, 대화란 모든 소리를 포함하는 것이 아니라 의사소통을 위한 사람의 육성이라고 보는 것은 타당하다.

둘째, 대법원은 국민의 사생활 영역에 관계된 증거의 사용여부를 판단하는 기준을 제시한 '대법원 2013.11.28. 선고 2010도12244 판결'을 참조판례로 들면서, 통신비밀보호법에 위반되어 수집된 증거가 아니더라도 형사절차에서 그러한 증거를 사용할 수 있는지는 개별적인 사안에서 효과적인 형사소추 및 형사절차상 진실발견이라는 공익과 사인의 인격적 이익 등의 보호이익을 비교형량하여 그 증거수집행위가 '사회통념상 허용되는 한도'를 벗어난 행위인지 여부에 의하여야 한다고 판단하였다. 그 결과 대법원은 휴대전화를 통해 '악' 하는 소리와 '우당탕' 소리를 들은 것은 사회통념상 허용되는 한도 내라고 판단하고 그 증거능력을 인정하였다.

[참고문헌]

김정환, 대화가 아닌 사람의 목소리를 청취한 내용의 진술에 대해서 비교형량을 통한 증거능력판단, 법조 730호, 2018.8.

[필자: 김정환 교수(연세대)]

4.2 대법원 2011.3.17. 선고 2006도8839 전원합의체 판결

불법 감청·녹음 결과물의 보도와 정당행위

[사안] 방송사 기자인 피고인은 구 국가안전기획부 내 정보수집팀이 대기업 고위관계자와 모 중앙일간지 사주 간의 사적 대화를 불법 녹음하여 생성한 녹음테이프와 녹취보고서를 입수하였다. 해당 도청자료에는 1997년 제15대 대통령 선거를 앞두고 위 대기업의 여야 후보 진영에 대한 정치자금 지원 및 정치인과 검찰 고위관계자에 대한 이른바 추석 떡값 지원 등을 논의한 대화가 담겨 있었다. 피고인은 위 녹취보고서와 녹음테이프의 내용을 자사의 방송프로그램을 통해 보도하였다.

통신비밀보호법 위반죄의 공소사실에 대해 제1심 재판부는 피고인의 행위가 동법 제16조 제1항 제2호의 구성요건에 해당하지만, 그 보도경위와 내용 등에 비추어 볼 때 보도 목적의 정당성, 법익의 균형성, 수단의 상당성 및 비례성의 요건을 모두 충족하여 위법성이 조각된다고 판단하였다. 이에 검사가 항소하였고, 항소심 재판부는 통신비밀보호법이 정한 요건과 절차에 따르지 않은 불법 도청의 경우에 그 내용을 열어 보니 결과적으로 국민이 꼭 알아야 할 것이라는 이유로 공개의 위법성을 쉽게 조각한다면 통신비밀 보호라는 취지가 제대로 구현될 수 없다는 문제를 지적하면서 피고인에게 통신비밀보호법 위반으로 징역 6월 및 자격정지 1년의 형을 부과하되, 여러 정상을 참작하여 형의 선고를 유예하였다. 이에 피고인은 원심이 정당행위에 관한 법리를 오해하였다는 등의 이유로 상고하였다.

[재판요지]

1. 통신비밀의 공개·누설 처벌 규정

통신비밀보호법이 통신비밀의 공개·누설행위를 불법 감청·녹음 등의 행위와 똑같이 처벌대상으로 하고 법정형도 동일하게 규정하고 있는 것은, 통신비밀의 침해로 수집된 정보의 내용에 관계없이 정보 자체의 사용을 금지함으로써 당초 존재하지 아니하였어야 할 불법의 결과를 용인하지 않겠다는 취지이고, 이는 불법의 결과를 이용하여 이익을 얻는 것을 금지함과 아울러 그러한 행위의 유인마저 없애겠다는 정책적 고려에 기인한 것이다.

2. 불법 감청·녹음 결과물의 보도가 형법 제20조 정당행위로 인정되기 위한 요건

불법 감청·녹음 등에 관여하지 아니한 언론기관이, 그 통신 또는 대화의 내용이 불법 감청·녹음 등에 의하여 수집된 것이라는 사정을 알면서도 이를 보도하여 공개하는 행위가 형법 제20조의 정당행위로서 위법성이 조각되기 위해서는 다음의 요건이 충족되어야 한다. 첫째 보도의 목적이 불법 감청·녹음 등의 범죄가 저질러졌다는 사실 자체를 고발하기 위한 것

으로 그 과정에서 불가피하게 통신 또는 대화의 내용을 공개할 수밖에 없는 경우이거나, 불법 감청·녹음 등에 의하여 수집된 통신 또는 대화의 내용이 이를 공개하지 아니하면 공중의 생명·신체·재산 기타 공익에 대한 중대한 침해가 발생할 가능성이 현저한 경우 등과 같이 비상한 공적 관심의 대상이 되는 경우에 해당하여야 한다. 둘째 언론기관이 불법 감청·녹음 등의 결과물을 취득할 때 위법한 방법을 사용하거나 적극적·주도적으로 관여하여서는 아니 된다. 셋째 보도가 불법 감청·녹음 등의 사실을 고발하거나 비상한 공적 관심사항을 알리기 위한 목적을 달성하는 데 필요한 부분에 한정되는 등 통신비밀의 침해를 최소화하는 방법으로 이루어져야 한다. 넷째 언론이 그 내용을 보도함으로써 얻어지는 이익 및 가치가 통신비밀의 보호에 의하여 달성되는 이익 및 가치를 초과하여야 한다. 여기서 이익의 비교·형량은, 불법 감청·녹음된 타인 간의 통신 또는 대화가 이루어진 경위와 목적, 통신 또는 대화의 내용, 통신 또는 대화 당사자의 지위 내지 공적 인물로서의 성격, 불법 감청·녹음 등의 주체와 그러한 행위의 동기 및 경위, 언론기관이 불법 감청·녹음 등의 결과물을 취득하게 된 경위와 보도의 목적, 보도의 내용 및 보도로 인하여 침해되는 이익 등 제반 사정을 종합적으로 고려하여 정하여야 한다.

[사안에의 적용] 방송사 기자인 피고인이 국가기관의 불법 녹음을 고발하기 위하여 불가피하게 위 도청자료에 담겨있던 대화 내용을 공개하였다고 보기 어렵고, 위 대화가 보도 시점으로부터 약 8년 전에 이루어져 그 내용이 보도 당시의 정치질서 전개에 직접적인 영향력을 미친다고 보기 어려운 사정 등을 고려할 때 위 대화 내용이 비상한 공적 관심의 대상이 되는 경우에 해당한다고 보기도 어려우며, 피고인이 위 도청자료의 취득에 적극적·주도적으로 관여하였다고 보는 것이 타당하고, 이를 보도하면서 대화 당사자들의 실명과 구체적인 대화 내용을 그대로 공개함으로써 수단이나 방법의 상당성을 결여하였으며, 위 보도와 관련된 모든 사정을 종합하여 볼 때 위 보도에 의하여 얻어지는 이익 및 가치가 통신비밀이 유지됨으로써 얻어지는 이익 및 가치보다 우월하다고 볼 수 없다는 이유로, 피고인의 위 공개행위가 형법 제20조의 정당행위에 해당하지 않는다.

[해설]

1. 불법 감청·녹음 결과물 보도를 정당행위로 인정하기 위한 요건

통신의 비밀과 언론의 자유가 충돌하는 이 사안에서 불법 감청·녹음으로 인한 결과물을 보도한 행위에 대해서 그 위법성이 인정된다고 본 법정의견과 정당행위로서 위법성이 조각된다고 본 반대의견을 대비시켜 검토할 것이 요청된다. 법정의견은 이 사건 보도행위가 형법 제20조의 정당행위로 인정되려면 보도의 목적이 불법 감청·녹음 등의 사실을 고발하거나 비상한 공적 관심사항을 알리기 위한 것이어야 하고, 불법 감청·녹음 자료를 취득할 때 적극적·주도적으로 관여하거나 위법한 방법을 사용하지 않아야 한다고 밝혔다. 또한 보도는 그 목적을 달성하는 데 필요한 최소한의 것이어야 하며, 보도로 얻어지는 이익이 보도로 인해 침해되는 이익을 초과해야 하는데, 이 사안에서 피고인의 행위는 정당행위의 요건을 충족하지 못한다고 보았다.

2. 정당행위로 인정한 대법관 5인의 반대의견

5명의 대법관이 제시한 반대의견은 도청자료에 담겨진 대화 내용이 매우 중대한 공공의 이익과 관련되어 있다는 점, 비록 위 대화가 보도 시점으로부터 약 8년 전에 이루어진 것이나 재계와 정치권 등의 유착관계를 근절할 법적·제도적 장치가 아직 확립되지 못했다는 점 등을 고려할 때 시의성을 부정할 수 없다고 보았다. 또한 피고인은 도청자료를 취득하는 과정에서 위법한 방법을 사용하지 않았고, 보도 내용도 중대한 공공의 이익과 직접적으로 관련된 것만을 대상으로 했으며, 보도 과정에서 대화 당사자 등의 실명이 공개되었지만 대화 내용의 중대성이나 대화 당사자 등의 공적 인물로서의 성격을 고려한다면 전체적으로 보도 방법은 상당성이 결여되지 않았다고 판단했다. 아울러 불법 녹음의 주체와 경위, 피고인이 도청자료를 취득하게 된 과정, 보도에 이르게 된 경위와 보도의 목적·방법 등 모든 사정을 종합하여 볼 때 위 보도로 인해 얻어지는 이익은 통신의 비밀을 유지함으로써 얻을 수 있는 이익보다 우월하다고 평가했다. 이에 반대의견은 피고인의 보도행위가 형법 제20조의 정당행위로 위법성이 조각된다고 판단하였다.

[참고문헌]

이희경, 통신비밀보호법위반죄와 정당행위 - 통신비밀 침해한 결과물의 언론보도와 정당행위를 중심으로 -, 형사판례연구 제20권, 한국형사판례연구회, 2012.

조 국, '삼성 X파일' 보도 및 공개사건 판결 비판, 형사법연구 제24권 제1호(통권 제50호), 한국형사법학회, 2012.

[필자: 윤지영 연구위원(한국형사정책연구원)]

제5장

정보통신망 이용촉진 및 정보보호 등에 관한 법률

5.1

대법원 2012.11.29. 선고 2012도10392 판결

정보통신망법위반(명예훼손)죄의 비방의 목적과 공공의 이익

[사안] 피고인은 2011. 12. 26.부터 같은 달 30일까지 9회에 걸쳐 임신, 육아 등과 관련한 유명 인터넷 카페에 피해자 운영의 *** 산후조리원 이용 후기를 게시하면서, "*** 산후조리원측의 막장대응"이라는 제목으로 온수 보일러 고장, 산후조리실 사이의 소음, 음식의 간 등 피고인이 13박 14일간 위 산후조리원에서 지내면서 직접 겪은 불편했던 내용, 환불을 요구하며 이용 후기에 올리겠다는 피고인의 항의에 피해자 측이 "막장으로 소리 지르고 난리도 아니었고, 이용 후기로 산후조리원에 피해가 생길 경우 피고인에게 손해배상을 청구하겠다는 취지로 대응했다는 내용, 피고인의 이용 후기가 거듭 삭제되는 것을 항의하는 내용 등을 게재하였고, 정보통신망법 제70조 제1항의 정보통신망을 통한 사실 적시 명예훼손죄로 기소되었다.

1심 및 항소심에서는 유죄를 선고하였다. 항소심은 ① 카페의 회원수가 20,000명이 넘는 점, ② 게시물 내용은 피해자가 운영하는 산후조리원에 대한 정보제공차원을 넘어 피고인의 불만제기에 대응하는 피해자의 태도와 언행을 인격적으로 비난하는 표현이 다수 포함되어 있는 점, ③ 피해자가 피고인의 환불요구를 거절한 직후 게시물 및 댓글을 계속적, 중복적으로 게재한 점 등 게시물을 게재하게 된 경위, 구체적인 표현내용과 표현방법 등에 비추어 보면, 피고인이 객관적으로 볼 때 주로 공공의 이익에 관하여 사실을 적시하였다고 볼 수 없다고 판단한 1심 판결을 그대로 받아들여 비방의 목적을 인정하였다.

이에 대하여 피고인이 상고하였고 대법원은 무죄를 선고하였다.

[재판요지]

1. 국가는 건전한 소비행위를 계도하고 생산품의 품질향상을 촉구하기 위한 소비자보호운동을 법률에 의하여 보장하여야 하며(헌법 제124조), 소비자는 물품 또는 용역을 선택하는 데 필요한 지식 및 정보를 제공받을 권리와 사업자의 사업활동 등에 대하여 소비자의 의견을 반영시킬 권리가 있고(소비자기본법 제4조), 공급자 중심의 시장 환경이 소비자 중심으로 이전되면서 사업자와 소비자의 정보 격차를 줄이기 위해 인터넷을 통한 물품 또는 용역에 대한 정보 및 의견 제공과 교환의 필요성이 증대되므로, 실제로 물품을 사용하거나 용역을 이용한 소비자가 인터넷에 자신이 겪은 객관적 사실을 바탕으로 사업자에게 불리한 내용의 글을 게시하는 행위에 비방의 목적이 있는지는 해당 적시 사실의 내용과 성질, 해당 사실의 공표가 이루어진 상대방의 범위, 표현의 방법 등 표현 자체에 관한 제반 사정을 두루 심사하여 더욱 신중하게 판단하여야 한다.

2. 피고인이 인터넷 카페 게시판 등에 올린 글은 자신이 산후조리원을 실제 이용하면서 겪은 일과 주관적 평가를 담은 이용 후기인 점, 위 글에 다소 과장된 표현이 사용되기도 하였으나 적시된 주요 내용은 객관적 사실에 부합하는 점, 게시글의 공표 상대방은 인터넷 카페 회원이나 산후조리원 정보를 검색하는 사용자들에 한정되고 그렇지 않은 인터넷 사용자들에게 무분별하게 노출되는 것이라고 보기 어려운 점 등의 제반 사정에 비추어 볼 때, 피고인이 적시한 사실은 산후조리원에 대한 정보를 구하고자 하는 임산부의 의사결정에 도움이 되는 정보 및 의견 제공이라는 공공의 이익에 관한 것이라고 봄이 타당하고, 이처럼 피고인의 주요한 동기나 목적이 공공의 이익을 위한 것이라면 부수적으로 산후조리원 이용대금 환불 등 사익적 목적이나 동기가 내포되어 있다는 사정만으로 피고인에게 비방할 목적이 있었다고 보기 어렵다.

[사안에의 적용] 피고인이 게시한 산후조리원 이용후기는 공공의 이익을 위한 내용 및 동기가 인정되므로 비방할 목적이 인정되지 않아 정보통신망법 제70조 제1항의 구성요건에 해당하지 않는다.

[해설]

1. 정보통신망법 제70조의 명예훼손죄

우리나라는 미국, 독일, 일본 등과 달리 정보통신망을 이용한 명예훼손죄에 대하여 형법과 별도로 정보통신망법 제70조에 규정되어 있다. 정보통신망법 제70조 제1항은 "비방할 목적으로 정보통신망을 통하여 공공연하게 사실을 드러내어 다른 사람의 명예를 훼손한 행위"를 처벌하고, 제2항은 "비방할 목적으로 정보통신망을 통하여 공공연하게 거짓의 사실을 드러내어 다른 사람의 명예를 훼손한 행위"를 처벌한다. 형법의 명예훼손죄와 그 구성요건이 거의 비슷하나 "비방할 목적"이 추가되었다는 점에서 상이하다. 정보통신망의 개념에 대하여는 정보통신망법 제2조 제1항 제1호에 "전기통신설비를 이용하거나 전기통신설비와 컴퓨터 및 컴퓨터의 이용기술을 활용하여 정보를 수집·가공·저장·검색·송신 또는 수신하는 정보통신체제"라고 정의되어 있다.

2. 비방할 목적과 공공의 이익과의 관계

"비방할 목적"의 의미에 대하여 대법원 판례는 "가해의 의사나 목적"이라고 하면서, 이는 해당 적시 사실의 내용과 성질, 해당 사실의 공표가 이루어진 상대방의 범위, 표현 방법, 표현으로 훼손되거나 훼손될 수 있는 명예의 침해 정도 등을 비교·고려하여 결정하여야 한다고 판시하고 있다. 또한 비방할 목적은 행위자의 주관적 의도의 방향에서 공공의 이익을 위한 것과는 상반되는 관계에 있으므로, 적시한 사실이 공공의 이익에 관한 것인 경우에는 특별한 사정이 없는 한 비방할 목적은 부인된다고 판시하고 있다. 형법 제310조는 명예훼손죄의 위법성조각사유 조문으로 진실한 사실 및 공익 관련성을 요건으로 하는데, 이 공익 관련성 요건이 인정되면 정보통신망법의 명예훼손죄 구성요건인 '비방의 목적'이 인정되지 않는다는 것이다. 대법원 판례(2006.8.25. 선고 2006도648 판결)도 정보통신망을 통한 명예훼손에는 형법 제310조가 적용될 수 없다고 판시한 바 있다.

대법원 판례는 공공의 이익 관련성에 대하여, 표현이 객관적으로 국민이 알아야 할 공공성·사회성을 갖춘 공적 관심 사안에 관한 것으로 사회의 여론 형성이나 공개토론에 기여하는 것인지 아니면 순수한 사적인 영역에 속하는 것인지 여부, 피해자가 명예훼손적 표현의 위험을 자초한 것인지 여부, 표현으로 훼손되는 명예의 성격과 그 침해의 정도, 표현의 방법과 동기 등 제반 사정을 고려하여 판단하여야 하고, 행위자의 주요한 동기나 목적이 공공의 이익을 위한 것이라면 부수적으로 다른 사익적 목적이나 동기가 내포되어 있더라도 비방할 목적이 있다고 보기는 어렵다고 판시하고 있다.

명예훼손죄를 어느 범위까지 인정할지 여부는 헌법 제10조의 인격권에 근거한 명예권과 헌법 제21조의 표현의 자유, 알권리의 중요한 기본권이 충돌한다는 점에서 가벼운 문제가 아니다. 특히 인터넷 시대인 오늘날 정보통신망은 헌법재판소 결정(헌법재판소 2002.6.27. 선고 99헌마480 전원재판부 결정)이 설시하였듯이 “가장 참여적인 시장이고 표현촉진적인 매체”라는 점에서 정보통신망법상 명예훼손죄 성부는 신중히 검토되어야 한다. 대상 판례사안의 경우 대법원 판결이유에 설명되어 있는 것처럼, 산후조리원에 관한 정보는 출산을 앞둔 임산부들의 관심과 이익에 관한 것으로, 영리 목적으로 산후조리 서비스를 제공하는 피해자로서는 불만이 있는 산모들의 자유로운 의사 표명을 어느 정도 수인하여야 하는 점, 산후조리원 이용에 불편을 겪었다는 내용의 글로 피해자의 사회적 평가가 저하한 정도는 인터넷 이용자들의 자유로운 정보 및 의견 교환에 따른 이익에 비해 더 크다고 보기 어려운 점 등이 고려되어 게시글의 공익 관련성이 인정됨과 동시에 비방의 목적이 부인된 것으로 판단된다.

[참고문헌]

모성준, 소비자의 권리행사로서의 표현과 정보통신망법상 명예훼손죄의 성립여부 - 대법원 2012.11.29. 선고 2012도10392 판결 -, 법학논총 제27권 제2호, 2014.10.

[필자: 박정난 교수(연세대)]

5.2 대법원 2007.10.25. 선고 2006도346 판결

정보통신망법위반(명예훼손)죄의 기수시기

[사안] 피고인들은 2001. 5. 말경 **대학교 관련 인터넷 사이트 홈페이지에 접속하여, 피해자를 비방할 목적으로 사실과 달리 피해자가 각종 언론사에 **대학교의 문제와 관련하여 진정하였고, 피해자가 위 대학교법인을 상대로 제기한 민사소송에서 전부 패소확정 판결을 받았다는 등의 취지의 글을 게재하고 이를 2002. 8. 말경까지 게재된 상태로 내버려 두어 정보통신망을 통하여 허위의 사실 및 사실을 적시하여 피해자의 명예를 훼손하였다는 혐의로 기소되었다.

1심에서는 첫째 2002. 8. 말경까지 방치행위에 대하여, 명예훼손죄는 사실 적시 즉시 성립하는 즉시범으로 피해상태의 방치가 범죄가 성립되는 계속범이 아니고, 방치행위의 부작위만으로는 명예훼손죄가 성립할 수 없고, 둘째 2001. 5. 말경 게재행위는 사실적시 부분은 공소시효가 도과하였고 허위사실 적시 부분은 피해자가 처벌불원의사를 표시하였다는 이유로 형사소송법 제327조 제2호 및 제6호에 따라 공소기각 판결을 하였다. 항소심도 1심과 같이 명예훼손죄는 사실적시의 종료로서 범행이 종료하고 구성요건적 행위가 위법상태 종료시까지 계속하는 계속범이 아니고, 방치행위만으로는 사실 적시라고 볼 수 없다고 판단하였다. 다만 게재행위와 관련하여, 1심과 달리 본건 범행시점이 정보통신망법 시행 이전의 행위로 정보통신망법이 적용될 수 없고 형법의 명예훼손죄가 적용되어야 하는데 피해자가 처벌불원의사를 표시하였으므로 형사소송법 제327호 제6호에 따른 공소기각 사유가 있으므로 검사의 항소를 기각하였다.

이에 대하여 검사가 상고하였고 대법원은 상고를 기각하였다.

[재판요지]

원심은, 정보통신망을 이용한 명예훼손의 경우에도 게재행위의 종료만으로 범죄행위가 종료하는 것이 아니고 원래 게시물이 삭제되어 정보의 송수신이 불가능해지는 시점을 범죄의 종료시기로 보아서 이 때부터 공소시효를 기산하여야 한다는 검사의 주장을 배척하고, 이 경우도 게재행위 즉시 범죄가 성립하고 종료한다고 판단하였다.

살피건대, 서적·신문 등 기존의 매체에 명예훼손적 내용의 글을 게시하는 경우에 그 게시행위로써 명예훼손의 범행은 종료하는 것이며 그 서적이나 신문을 회수하지 않는 동안 범행이 계속된다고 보지는 않는다는 점을 고려해 보면, 정보통신망을 이용한 명예훼손의 경우에, 게시행위 후에도 독자의 접근가능성이 기존의 매체에 비하여 좀 더 높다고 볼 여지가 있다

하더라도 그러한 정도의 차이만으로 정보통신망을 이용한 명예훼손의 경우에 범죄의 종료시기가 달라진다고 볼 수는 없다. 따라서 원심의 위와 같은 판단은 정당하다.

[사안에의 적용] 피고인이 정보통신망을 통하여 명예훼손성 글을 게재하고 일정 기간 게시글을 삭제하지 않고 방치한 경우, 글을 게재한 즉시 명예훼손죄가 기수에 이름과 동시에 범행이 종료하므로 그 시점부터 공소시효가 기산되는 것이고, 게시글을 삭제한 이후부터 공소시효가 기산되는 것이 아니다.

[해설]

1. 정보통신망을 통한 명예훼손죄의 기수시기

명예훼손죄는 추상적 위험범이고, 거동범이며, 즉시범이다. 즉 공연히 명예를 훼손할만한 사실을 적시하여 불특정 또는 다수인이 인식할 수 있는 상태에 이르면 범죄는 완성되고 상대방이 이를 인지할 것을 요하지 않는다. 따라서 사람의 명예가 현실적으로 침해될 것을 요하지 않고 단순히 명예를 해할 우려가 있는 행위를 하면 바로 기수에 이르고 범행은 종료한다. 우리 판례는 이러한 명예훼손의 법리를 정보통신망법의 명예훼손죄에도 그대로 적용된다고 판단하고 있다.

물론 정보통신망을 통한 명예훼손은 오프라인, 즉 현실세계에서의 명예훼손과 달리 시공간을 초월하는 전파성을 지닌 측면에서 차별화되는 특성이 있다. 현실세계에서는 명예훼손성 사실적시의 언행은 일회적이다. 그 후 이를 들은 사람들의 입에 의하여 전파될 수는 있으나 명예훼손성 언행 그 자체는 일회적이다. 그러나 온라인에서는 게재글을 삭제하지 않는 이상 계속 존재하고 누구든지 반복적으로 접할 수 있다. 또한 디지털 매체의 뛰어난 정보처리 및 보존능력으로 수십 년 전에 작성된 글도 손쉽게 검색할 수 있고, 1인이 특정 인터넷 게시판에 딱 한번 게시하였음에도 불구하고 '복사' 등 편집을 통하여 손쉽게 여러 인터넷 사이트에 퍼져나갈 수 있다. 즉 온라인에서는 게재글을 영구 삭제하지 않는 이상 명예훼손의 피해는 지속된다고 볼 수도 있다. 대상 판례 사안에서도, 검사는 이러한 정보통신망을 통한 명예훼손의 특수성을 이유로 일반 명예훼손죄와 달리 공소시효의 기산점을 게시글 삭제시점으로 주장한 것으로 판단된다.

그러나 대법원 판례는 서적, 신문 등과 같은 출판물에 의한 명예훼손죄의 경우도 정보통신망을 통한 명예훼손죄와 같이 그 서적, 신문 등이 지속적으로 유통될 수 있다는 점에서 차이점이 없는데 서적, 신문 등에 의한 명예훼손죄의 경우도 이를 모두 회수하여 폐기할 때까지 명예훼손죄가 계속되고 있다고 판단하지 않는 법리는 정보통신망을 통한 명예훼손죄에도 그대로 적용되어야 한다고 판시하고 있는 것이다. 서적, 신문 등 기존 매체의 전파성과 정보통신망을 통한 전파성의 정도가 현저히 차이가 있음에도 이를 동일선상에서 비교한 점은 문제가 있으나, 정보통신망을 통하여 게재된 명예훼손성 표현물의 경우 삭제될 때까지 무한정 처벌할 수 있다고 한다면 법적 안정성을 침해할 우려가 크다는 점에서 대법원 판결도 일견 수긍은 된다.

2. 인터넷서비스 제공자의 방치행위와 명예훼손죄 성부

한편 판례는 명예훼손성 글을 작성한 당사자의 게재물을 방치한 행위에 대하여는 '사실적시'로 볼 수 없어 명예훼손죄가 성립하지 않는다고 판단하나, 방치행위의 주체가 인터넷 서비스제공자인 경우에는 부작위에 의한 명예훼손을 인정하고 있다(다만 민사상 명예훼손을 인정한 판례임. 형사판례는 아직 없음). 네이버 및 다음 포털사이트에 명예훼손성 보도기사가 게재된 것에 대하여 피해자가 네이버 및 다음을 상대로 명예훼손으로 인한 불법행위 민사소송을 제기한 사안에서(대법원 2009.4.16. 선고 2008다53812 판결), 첫째 명예훼손적 게시물의 불법성이 명백하고, 둘째 인터넷 서비스제공자가 피해자로부터 게시물 삭제 등 조치요구를 받았거나 게시물의 존재를 인식할 수 있었던 사정이 있음이 외관상 명백하고, 셋째 기술적·경제적으로 게시물에 대한 관리 및 통제가 가능한 경우, 인터넷 서비스제공자는 게시물 삭제 등의 조치를 취할 의무가 있고 상당기간이 지나도록 아무런 조치를 취하지 않았다면 명예훼손성 게시물을 알면서도 적극적으로 전파한 행위에 해당하여 명예훼손으로 인한 손해배상 책임을 진다고 판단하였다. 인터넷 서비스제공자의 방치행위에 대한 형사상 명예훼손죄 성부에 대하여도 학계에서는 인터넷 서비스제공자는 정보통신망 서비스라는 위험원의 관리자로서 안전의무를 부담하고 조리상 삭제 등 조치를 취해야 할 작위의무를 부담하므로 보증인적 지위가 인정되어 명예훼손죄의 부작위범(방조범)이 성립한다는 것이 일반적인 견해이다. 대법원 판례(대법원 2006.4.28. 선고 2003도4128 판결)는 인터넷 포털 사이트 내 성인만화방에 유료로 음란한 만화를 게재한 사안에서, 인터넷 포털 사이트 업체에게 정보통신망을 통하여 음란물을 반포, 판매 등을 한 혐의에 대하여 부작위에 의한 방조죄를 인정한 바 있다. 인터넷 서비스제공자가 콘텐츠 제공업체에게 음란만화의 삭제 등을 요구할 조리상 의무가 있다고 판단한 것이다.

[참고문헌]

박정난, 사이버 명예훼손죄에 관한 인터넷서비스 제공자의 형사책임, 형사정책 제31권 제3호, 2019.11.

[필자: 박정난 교수(연세대)]

5.3

대법원 2010.7.22. 선고 2010도63 판결

정보통신망 침해행위에서 정당한 접근권한의 판단기준

[사안] 피고인은 OO주식회사에서 제공하는 인터넷 온라인 리니지1 게임의 회원인바, 누구든지 정보통신망에 의하여 처리·보관 또는 전송되는 타인의 정보를 훼손하거나 타인의 비밀을 침해·도용 또는 누설하여서는 아니 됨에도, 피고인 명의의 위 게임 bastjms 계정 린델서버 천사 루시퍼 캐릭터의 접속정보를 갑에게 양도하여, 이후 다시 피해자 을에게 양도 되어 피고인에게는 그 접속권한이 없음에도 계정의 최초명의자는 게임 운영 회사에 본인임을 인증 받을 경우 임시로 접속정보의 퀴즈와 비밀번호를 변경할 수 있다는 것에 착안하여 위 캐릭터를 회수할 목적으로 피고인의 신용카드를 이용하여 본인 인증을 하는 방법으로 마치 정당한 접속권한을 가지고 있는 것처럼 위 계정에 접속하여 정보를 변경하는 등 정당한 접속권한 없이 피해자 을의 접속정보를 훼손하였다.

제1심법원은 피고인에게 해당 범죄사실에 대하여 유죄의 선고를 하고, 피고인은 리니지 게임의 계정을 양도한 것은 사실이나 피해자 을이 어떤 경로를 통하여 이를 취득하였는지 알 수 없고, 피고인이 게임의 계정을 찾던 중 실수로 비밀번호를 변경한 것에 불과하므로, 정보통신망이용촉진및정보보호등에관한법률위반죄에서 정한 접속정보를 훼손하였다고 볼 수 없다고 항소하였다.

항소심법원은 정보통신망이용촉진 및 정보보호 등에 관한 법률 제49조는 '타인의 정보'를 훼손하여서는 아니된다고 규정하고 있는바, 위와 같이 자신이 사용하던 계정을 양도한 경우 그 계정에 포함된 정보는 '타인의 정보'에 해당하는지가 문제가 된다고 지적하였다. 오늘날 정보통신망에서 형성된 정보도 재산적 가치를 가지고 있고, 그 정보는 일정한 계정에서 관리되는 형태를 지닐 수밖에 없어 양도를 함에 있어서는 계정과 함께 양도되는 형태를 가질 수밖에 없다. 이 사건에서도 게임의 계정을 양도하는 방법으로 게임 캐릭터라는 정보를 양도하였으므로, 계정에 대한 권리 유무와 상관없이 그 정보에 대한 소유권은 피고인이 아닌 타인의 소유라고 보아야 한다. 또한, 피고인은 계정을 양도할 때 계정에 대한 포기각서를 작성하였으므로 양수인으로 하여금 계정에 접속하여 정보를 사용할 수 있도록 할 의무를 부담하는바, 비밀번호를 변경하는 방법으로 적법하게 양수한 피해자 을로 하여금 게임 캐릭터라는 정보에 접속을 불가능케 하였다면 이는 '타인의 정보를 훼손한 행위'에 해당하고, 신용카드를 이용하여 비밀번호를 변경한 정황에 비추어 '고의에 의한 행위'라고 봄이 타당하므로, 피고인에 대하여 위 법 위반죄를 인정한 원심판결은 정당하다고 보았다.

[재판요지]

1. 정보통신망 이용촉진 및 정보보호 등에 관한 법률 제48조 제1항은 이용자의 신뢰 내지 그의 이익을 보호하기 위한 규정이 아니라 정보통신망 자체의 안정성과 그 정보의 신뢰성을 보호하기 위한 것으로, 위 규정에서 접근권한을 부여하거나 허용되는 범위를 설정하는 주체는 정보통신서비스 제공자라 할 것이므로, 정보통신서비스 제공자로부터 권한을 부여받은 계정 명의자가 아닌 제3자가 정보통신망에 접속한 경우 그에게 위 접근권한이 있는지 여부는 정보통신서비스 제공자가 부여한 접근권한을 기준으로 판단하여야 한다.

2. 정보통신망 이용촉진 및 정보보호 등에 관한 법률 제48조 제1항, 제49조, 제62조 제6호의 규정 및 해석론에 따르면, '위 법 제49조의 규정을 위반하여 타인의 정보를 훼손한 행위'에 해당하는지 여부를 판단할 때 그 전제가 되는 정보의 귀속은 정보통신서비스 제공자에 의하여 그 접근권한이 부여되거나 허용된 자가 누구인지에 따라 정해져야 할 것이고, 이는 정보통신서비스 제공자가 정한 인터넷 온라인 게임 이용약관상 계정과 비밀번호 등의 관리책임 및 그 양도나 변경의 가부, 그에 필요한 절차와 방법 및 그 준수 여부, 이용약관에 따른 의무를 이행하지 않았을 경우 행해질 수 있는 조치내용, 캐릭터 및 아이템 등 게임정보에 관한 이용약관상 소유관계 등 여러 사정을 종합적으로 고려하여야 한다.

[사안에의 적용] 인터넷 온라인 게임인 '리니지'의 이용자이자 계정 개설자 겸 명의자인 피고인이 자신의 계정을 양도한 이후, 그 계정을 현재 사용 중인 전전양수인인 피해자가 설정해 둔 비밀번호를 피고인 자신이 이를 변경하여, 피해자로 하여금 접속을 불가능하게 하였다. 여기서 누가 해당 비밀번호에 접근할 정당한 권한이 있는가에 대하여는 정보통신서비스 제공자에 의하여 그 접근권한이 부여되거나 허용된 자가 누구인지에 따라 정해져야 할 것이고, 이 사건에서도 계정에 대한 정보통신망 이용촉진 및 정보보호 등에 관한 법률상 정당한 접근권한자가 누구인지를 밝혀 같은 법 제49조의 위반 여부를 판단하였어야 함에도 그 인정 사실만으로 유죄라고 판단한 원심판결에 법리오해 및 심리미진의 위법이 있다고 보았다.

[해설]

1. 정보통신망침입죄의 의미

정보통신망침입죄는 정당한 접근권한 없이 또는 허용된 접근권한을 넘어 정보통신망에 침입함으로써 성립한다. 정보통신망법상의 무단침입은 해당 정보통신망이나 시스템에 보호조치가 있는 것을 전제로 하지 않고, 해당 통신망에 접근할 권한이 있는지의 여부에 의하여 무단침입의 여부가 결정된다. 즉 보호조치가 없더라도 접근권한이 없는 자가 접근할 경우 침입행위에 해당한다. 여기서 정당한 접근권한의 존재여부를 누구를 기준으로 판단할 것인가에 대하여 해당 정보통신망을 이용하는 이용자를 기준으로 할 것인가, 아니면 정보통신망 서비스제공자(또는 관리자)를 기준으로 할 것인가에 대하여 논란이 될 수 있다.

2. '정당한 접근권한'의 판단기준

정보통신망법상 무단침입죄를 규정하여 이를 처벌하고 있는 한에는 그 입법취지가 권한 없이 정보통신망에 침입하는 것을 막아 정보통신망 자체의 안정성과 그 정보의 신뢰성을 확보하는 것이고, 이는 이용자에 의하여 결정될 것이 아니라 정보통신망의 관리자(서비스제공자)에 의하여 결정되어야 할 것이다. 즉 정보통신망침해죄의 구성요건상 접근권한을 부여하거나 허용되는 범위를 설정하는 주체는 정보통신서비스 제공자라 할 것이므로, 정보통신서비스 제공자로부터 권한을 부여받은 계정 명의자가 아닌 제3자가 정보통신망에 접속한 경우 그에게 위 접근권한이 있는지 여부는 정보통신서비스 제공자가 부여한 접근권한을 기준으로 판단하여야 한다.

따라서 행위자가 이동통신 판매대리점의 컴퓨터를 이용하여 사용이 정지되거나 사용할 수 없게 된 휴대전화를 '유심칩(USIM Chip) 읽기' 등을 통하여 다량의 문자메시지를 발송할 수 있는 상태로 조작하기 위한 목적으로 피해자 이동통신회사의 정보통신망에 접속한 경우, 피해자 회사의 위탁대리점 계약자가 피해자 회사의 전산망에 접속하여 '유심칩 읽기'를 할 수 있는 경우는 개통, 불통, 휴대폰 개설자의 유심칩 변경 등 세 가지 경우로 한정되어 있다. 이러한 의미에서 행위자의 접속행위는 허용된 접근권한을 초과하여 피해자 회사의 정보통신망에 침입한 것으로서 정보통신망침해죄에 해당한다. 또한 이용자가 자신의 아이디와 비밀번호를 알려주며 사용을 승낙하여 제3자로 하여금 정보통신망을 사용하도록 한 경우라고 하더라도, 그 제3자의 사용이 이용자의 사자(使者) 내지 사실행위를 대행하는 자에 불과할 뿐 이용자의 의도에 따라 이용자의 이익을 위하여 사용되는 경우와 같이 사회통념상 이용자가 직접 사용하는 것에 불과하거나, 서비스제공자가 이용자에게 제3자로 하여금 사용할 수 있도록 승낙하는 권한을 부여하였다고 볼 수 있거나 또는 서비스제공자에게 제3자로 하여금 사용하도록 한 사정을 고지하였다면 서비스제공자도 동의하였으리라고 추인되는 경우 등을 제외하고는, 원칙적으로 그 제3자에게는 정당한 접근권한이 없다.

3. 사안에서의 접근권한의 판단

이 사건의 경우에도 기본적인 정당한 접근권한있는 자는 서비스제공자인 OO주식회사이며, 피고인은 해당 서비스제공자로부터 정당하게 접근권한을 부여받은 자였다, 그러나 계정을 제3자에게 양도한 경우 제3자가 정당한 접근권한을 취득하는 경우에는 피고인의 접근권한은 부정될 것이다. 따라서 서비스제공자와 피고인 사이에 존재하는 접근권한의 부여와 관련한 구체적인 계약 내용 등을 확인하지 않은 채 단순히 계정을 양도하였다는 사실만을 기초로 피해자인 양수인이 정당한 접근권한을 취득하며 양도인인 피고인의 접근권한은 부인된다는 주장은 적절하다고 해석할 수 없다.

[참고문헌]

최호진, 온라인게임 계정거래와 정보훼손죄 성립여부, 형사판례연구[21], 2013.

[필자: 전지연 교수(연세대)]

5.4

대법원 2012.12.13. 선고 2010도10576 판결

정보통신망법상 개인정보누설

[사안] 피고인은 인터넷 사이트의 카페 운영자로서 카페 게시판에 'ㅇㅇㅇ교인명단'이라는 제목으로 ㅇㅇㅇ교인의 성명과 주소, 집, 전화번호, 휴대 전화번호 등 개인정보가 담겨 있는 교적부(수정완료)라는 압축파일을 업로드하여 놓았다. 이로써 피고인은 동 카페를 접속하는 다른 회원들로 하여금 해당 파일을 다운받아 볼 수 있게 하였다. 그리고 그 명단은 피고인이 대학교 동창으로부터 이메일로 전달받은 것이었다. 이와 관련하여 피고인은 정보통신망에 의하여 처리·보관 또는 전송되는 타인의 비밀을 침해, 도용 또는 누설하였다고 하여 정보통신망이용촉진및정보보호등에관한법률위반(개인정보누설등)으로 기소되었다.

제1심법원은 동죄를 인정하여 유죄의 선고를 하였다.

원심법원은 정보통신망 이용촉진 및 정보보호등에 관한 법률(이하 "정보통신망법"이라 한다) 제71조 제11호에서 규정하는 "제49조를 위반하여 타인의 비밀을 침해·도용 또는 누설한 자"라 함은 정보통신망을 침해하는 방법 등으로 정보통신망에 의하여 처리·보관 또는 전송되는 타인의 정보를 침해하거나 그렇게 침해된 정보를 도용 또는 누설한 자를 의미한다고 파악하였다. 따라서 피고인이 성명불상의 대학 동창으로부터 넘겨받은 명단이 타인의 비밀에 해당하여 보호를 받을 필요성이 인정된다 하더라도, 해당 명단이 원래 정보통신망에 의하여 처리·보관 또는 전송되던 것을 정보통신망을 침해하는 방법 등에 의하여 명단의 작성자나 관리자의 승낙 없이 취득한 것이라는 점을 인정할 증거가 없는 이상, 피고인의 위와 같은 행위가 정보통신망법 제71조 제11호상의 정보통신망에 의하여 처리·보관 또는 전송되는 타인의 비밀을 침해, 도용 또는 누설한 경우에 해당하는 것이라고 볼 수 없다는 이유로 피고인에게 무죄를 선고하였다.

[재판요지]

1. 정보통신망 이용촉진 및 정보보호 등에 관한 법률 제49조에 규정된 '정보통신망에 의하여 처리·보관 또는 전송되는 타인의 비밀 누설'이란 타인의 비밀에 관한 일체의 누설행위를 의미하는 것이 아니라, 정보통신망에 의하여 처리·보관 또는 전송되는 타인의 비밀을 정보통신망에 침입하는 등 부정한 수단 또는 방법으로 취득한 사람이나, 그 비밀이 위와 같은 방법으로 취득된 것을 알고 있는 사람이 그 비밀을 아직 알지 못하는 타인에게 이를 알려주는 행위만을 의미하는 것으로 제한하여 해석함이 타당하다. 이러한 해석이 형벌법규의 해석 법리, 정보통신망법의 입법 목적과 규정 체제, 정보통신망법 제49조의 입법 취지, 비밀 누설행위에

대한 형사법의 전반적 규율 체계와의 균형 및 개인정보 누설행위에 대한 정보통신망법 제28조의2 제1항과의 관계 등 여러 사정에 비추어 정보통신망법 제49조의 본질적 내용에 가장 근접한 체계적·합리적 해석이기 때문이다.

2. 피고인이 자신이 운영하는 인터넷 사이트 카페에 개인정보가 담겨 있는 '특정 종교 교인 명단' 파일을 업로드하여 이에 접속하는 다른 회원들로 하여금 이를 다운로드 받아 볼 수 있게 함으로써 정보통신망에 의하여 처리·보관 또는 전송되는 타인의 비밀을 침해·도용 또는 누설하였다는 내용으로 기소된 사안에서, 설령 위 명단이 타인의 비밀에 해당하여 보호받을 필요성이 인정된다 하더라도 원래 정보통신망에 의하여 처리·보관 또는 전송되던 것을 정보통신망을 침해하는 방법 등으로 명단의 작성자나 관리자의 승낙 없이 취득한 것이라는 점을 인정할 증거가 없는 이상, 피고인의 행위가 정보통신망 이용촉진 및 정보보호 등에 관한 법률 제49조에 규정된 정보통신망에 의하여 처리·보관 또는 전송되는 타인의 비밀을 침해·도용 또는 누설한 경우에 해당한다고 볼 수 없다.

[사안에의 적용] 정보통신망법 제71조 제11호는 정보통신망에 의하여 처리·보관 또는 전송되는 타인의 정보를 훼손하거나 타인의 비밀을 침해·도용 또는 누설하는 행위를 처벌하고 있다, 여기서 "타인의 비밀을 침해·도용 또는 누설한 자"라 함은 정보통신망을 침해하는 방법 등으로 정보통신망에 의하여 처리·보관 또는 전송되는 타인의 정보를 침해하거나 그렇게 침해된 정보를 도용 또는 누설한 자를 의미하는 것으로 이해한다. 따라서 피고인이 운영하는 인터넷 사이트 카페에 업로드한 '교인 명단' 파일은 개인정보에 해당하나, 이를 정보통신망에 의하여 처리·보관 또는 전송되는 타인의 정보나 비밀로 볼 수 없기 때문에 본죄의 성립을 부정하였다.

[해설]

1. 타인의 정보 또는 비밀

누구든지 정보통신망에 의하여 처리·보관 또는 전송되는 타인의 정보를 훼손하거나 타인의 비밀을 침해·도용 또는 누설하여서는 아니되며(정보통신망법 제49조), 이를 위반하여 타인의 정보를 훼손하거나 타인의 비밀을 침해·도용 또는 누설한 자는 처벌하도록 규정되어 있다(정보통신망법 제71조 제11호). 형법 제316조 제2항의 비밀침해죄는 행위객체가 전자기록 등 특수매체기록으로 제한되는 데 반해, 이 규정은 전송 중이거나 현재 처리 중인 정보까지도 포함하여 행위객체로 규정한 것이다. 여기서 '정보'는 "특정 목적을 위하여 광 또는 전자적 방식으로 처리되어 부호, 문자, 음성, 음향 및 영상 등으로 표현된 모든 종류의 자료 또는 지식" 말하며, '비밀'은 "일반적으로 알려져 있지 않은 사실로서 이를 다른 사람에게 알리지 않는 것이 본인에게 이익이 있는 것"을 의미한다. 그리고 이러한 정보나 비밀은 '타인'의 정보나 비밀을 의미하며, '타인'은 살아있는 자 뿐만 아니라 사망한 자도 포함된다. 이름, 집, 전화번호 등이 기재된 '교인명단' 파일은 개인정보에 해당하며, 피고인 자신이 아닌 타인의 정보에 해당한다. 따라서 피고인은 해당 교인명단을 업로드함으로써 타인의 정보(비밀)를 업로드함으로써 이를 누설한 것이다.

2. '정보통신망에 의하여 처리·보관 또는 전송되는' 타인의 정보 또는 비밀

문제는 피고인이 누설한 타인의 정보가 "정보통신망에 의하여 처리·보관 또는 전송되는" 개인의 정보인가이다. 정보통신망법 제49조의 '정보통신망에 의하여 처리·보관 또는 전송되는 타인의 비밀 침해'란 정보통신망에 의하여 처리·보관 또는 전송되는 타인의 비밀을 정보통신망에 침입하는 등 부정한 수단 또는 방법으로 취득하는 행위를 말하고, '정보통신망에 의하여 처리·보관 또는 전송되는 타인의 비밀 도용'이란 정보통신망에 의하여 처리·보관 또는 전송되는 타인의 비밀을 정보통신망에 침입하는 등 부정한 수단 또는 방법으로 취득한 사람이나 그 비밀이 위와 같은 방법으로 취득된 것을 알고 있는 사람이 그 비밀을 사용하는 행위를 의미한다. 그리고 '정보통신망에 의하여 처리·보관 또는 전송되는 타인의 비밀 누설'이란 타인의 비밀에 관한 일체의 누설행위를 의미하는 것이 아니라, 정보통신망에 의하여 처리·보관 또는 전송되는 타인의 비밀을 정보통신망에 침입하는 등 부정한 수단 또는 방법으로 취득한 사람이나, 그 비밀이 위와 같은 방법으로 취득된 것을 알고 있는 사람이 그 비밀을 아직 알지 못하는 사람에게 이를 알려주는 행위만을 의미하는 것이다. 이러한 점에서 피고인은 '교인명단'이라는 정보(비밀)를 정보통신망에 침입하는 등의 부정한 수단이나 방법을 통하여 취득하거나 취득되었다고 볼 수 없으므로 피고인을 본죄로 처벌할 수는 없다.

참고판례

대법원 2018.12.27. 선고 2017도15226 판결: 정보통신망법 제49조 위반행위의 객체인 '정보통신망에 의해 처리·보관 또는 전송되는 타인의 비밀'에는 정보통신망으로 실시간 처리·전송 중인 비밀, 나아가 정보통신망으로 처리·전송이 완료되어 원격지 서버에 저장·보관된 것으로 통신기능을 이용한 처리·전송을 거쳐야만 열람·검색이 가능한 비밀이 포함됨은 당연하다. 그러나 이에 한정되는 것은 아니다. 정보통신망으로 처리·전송이 완료된 다음 사용자의 개인용 컴퓨터(PC)에 저장·보관되어 있더라도, 그 처리·전송과 저장·보관이 서로 밀접하게 연계됨으로써 정보통신망과 관련된 컴퓨터 프로그램을 활용해서만 열람·검색이 가능한 경우 등 정보통신체제 내에서 저장·보관 중인 것으로 볼 수 있는 비밀도 여기서 말하는 '타인의 비밀'에 포함된다고 보아야 한다.

[참고문헌]

박진환, 정보통신망 이용촉진 및 정보보호 등에 관한 법률 제71조 제11호, 제49조에 규정된 '정보통신망에 의하여 처리·보관 또는 전송되는 타인의 비밀 누설'의 의미, 대법원판례해설, 제94호(2012년 하).

하태한, 정보통신망 이용촉진 및 정보보호 등에 관한 법률 제49 조에서 '정보통신망에 의하여 처리·보관 또는 전송되는 타인의 비밀 침해'의 의미, 대법원판례해설, 제118호(2018년 하).

[필자: 전지연 교수(연세대)]

5.5 대법원 2008.2.1. 선고 2007도8286 판결

음란사이트 링크행위의 공연전시 여부

[사안] 피고인은 PC방에 인터넷이 가능한 컴퓨터를 설치하여 운영하면서, 인터넷 상에서 성인 정보를 보려면 성인 인증을 받아야 함에도, 3대의 컴퓨터 바탕화면에 성인 음란사이트를 링크하여 놓고 그 바로가기 아이콘을 클릭하면 성인 인증 없이도 음란사이트에 자동접속할 수 있게 하는 방법으로, 불특정 다수의 손님들로 하여금 인터넷을 통하여 "엽기, 변태, 기타", "트랜스젠더", "못난이", "돼지", "임산부"라는 음란한 영상을 볼 수 있도록 함으로써 정보통신망을 통하여 음란한 영상을 공연히 전시하였다는 사실로 기소되었다.

[재판요지]

정보통신망 이용촉진 및 정보보호 등에 관한 법률 제74조 제1항 제2호는 정보통신망을 통하여 음란한 부호·문언·음향·화상 또는 영상을 배포·판매·임대하거나 공연히 전시한 자를 처벌하도록 규정하고 있는바, 이 사건 법률 규정은 초고속 정보통신망의 광범위한 구축과 그 이용촉진 등에 따른 음란물의 폐해를 막기 위하여 마련된 것이고, 여기서 '공연히 전시'한다고 함은 불특정·다수인이 실제로 음란한 부호·문언·음향 또는 영상을 인식할 수 있는 상태에 두는 것을 의미한다(대법원 2003.7.8. 선고 2001도1335 판결 참조).

[사안에의 적용] 피고인은 속칭 PC방을 운영하는 피고인이 자신의 PC방 컴퓨터 바탕화면 중앙에 음란한 영상을 전문적으로 제공하는 웹사이트로 연결되는 바로가기 아이콘들을 집중적으로 설치하는 한편, 미리 위 웹사이트의 접속에 필요한 성인 인증을 받아 두어 PC방 이용자가 위 아이콘을 클릭하기만 하면 별도의 성인 인증 절차 없이 위 웹사이트에 바로 들어가 그곳에 전시된 음란한 영상을 볼 수 있도록 하였다면, 그와 같이 바로가기 아이콘을 설치하는 등의 방법으로 위 웹사이트를 사실상 지배·이용한 셈이어서 이는 그 실질에 있어 위 웹사이트의 음란한 영상을 피고인이 직접 전시한 것과 다를 바 없고, 이에 따라 PC방을 이용하는 불특정·다수인이 이러한 바로가기 아이콘을 클릭함으로써 정보통신망을 통하여 아무런 제한 없이 위 웹사이트의 음란한 영상을 바로 접할 수 있는 상태가 실제 조성되었으므로, 피고인의 위와 같은 행위는 전체로 보아 음란한 영상을 공연히 전시한다는 이 사건 법률 규정의 구성요건을 충족한다고 봄이 상당하다.

[해설]

1. 정보통신망법상 음란물유포 등

정보통신망 이용촉진 및 정보보호 등에 관한 법률 제44조의7 제1항 제1호는 누구든지 정보통신망을 통하여 음란한 부호·문언·음향·화상 또는 영상을 배포·판매·임대하거나 공공연하게 전시하는 내용의 정보를 유통하여서는 아니되며, 이를 위반하여 음란한 부호·문언·음향·화상 또는 영상을 배포·판매·임대하거나 공공연하게 전시한 자를 처벌한다(제74조 제1항 제2호).

2. 음란의 개념

여기서 행위객체가 되는 것은 음란한 부호 등이며, '음란'개념에 대하여 대법원은 "사회통념상 일반 보통인의 성욕을 자극하여 성적 흥분을 유발하고 정상적인 성적 수치심을 해하여 성적 도의관념에 반하는 것으로서, 표현물을 전체적으로 관찰·평가해 볼 때 단순히 저속하다거나 문란한 느낌을 준다는 정도를 넘어서 존중·보호되어야 할 인격을 갖춘 존재인 사람의 존엄성과 가치를 심각하게 훼손·왜곡하였다고 평가할 수 있을 정도로 노골적인 방법에 의하여 성적 부위나 행위를 적나라하게 표현 또는 묘사한 것으로서, 사회통념에 비추어 전적으로 또는 지배적으로 성적 흥미에만 호소하고 하등의 문학적·예술적·사상적·과학적·의학적·교육적 가치를 지니지 아니하는 것"을 의미한다고 본다(양립설)(대법원 2012.10.25. 선고 2011도16580 판결). 그러므로 예술성이 인정되더라도 음란물이 될 수 있으며, 예술성이 없더라도 사회의 선량한 도덕관념을 해치는 정도가 미약할 경우에는 음란물이 아닐 수 있다. 표현물의 음란 여부를 판단함에 있어서는 표현물 제작자의 주관적 의도가 아니라 그 사회의 평균인의 입장에서 그 시대의 건전한 사회통념에 따라 객관적이고 규범적으로 평가하여야 한다.

3. 행위방법

본죄는 형법 제243조에 규정된 음화등 반포·판매·임대·전시·상영죄와 유사하다. 그러나 행위객체의 측면에서 음화등 반포·판매·임대·전시·상영죄는 음란물인 반면에 본죄는 음란한 부호·문언·음향·화상 또는 영상을 대상으로 한다.

본죄의 행위방법은 상영행위를 제외하고는 양 죄가 동일하다. 다만 행위객체가 다르기 때문에 본죄의 배포는 음란한 부호 등을 무상으로 다운로드 받을 수 있는 상태로 탑재(업로드)하는 것을 의미한다. 판매와 임대는 유상으로 양도하거나 대여하는 것을 말하며, 공공연하게 전시한다는 것은 불특정 또는 다수의 인터넷 이용자들이 본죄의 행위객체를 인식가능한 상태로 두는 것을 의미한다.

4. 링크행위의 공연전시성 인정

음란한 부호 등이 담겨져 있는 웹사이트를 인터넷에 직접 개설하는 행위는 당연히 본죄에 해당하고, 다만 이 사안에서는 음란한 부호 등이 담겨져 있는 다른 웹사이트나 웹페이지 또는 음란한 부호 등으로의 링크(link)를 포함한 일련의 연결수단 부여행위가 음란한 부호 등을 전시한 경우와 같게 볼 수 있는지 여부가 문제된다.

형식적으로 보면, 인터넷상의 링크는 링크된 웹사이트나 파일의 인터넷 주소 또는 경로를 나타내는 것에 불과하여 그 링크에 의하여 연결된 웹사이트나 파일의 음란한 부호 등을 전시하는 행위 자체에 해당하지 않는다고 볼 여지가 없지 아니하나, 인터넷상의 링크란 하나의 웹페이지 내의 여러 문서와 파일들을 상호 연결하거나 인터넷상에 존재하는 수많은 웹페이지들을 상호 연결해 주면서, 인터넷 이용자가 '마우스 클릭(mouse click)'이라는 간단한 방법만으로 다른 문서나 웹페이지에 손쉽게 접근 검색할 수 있게 해주는 것(다른 웹페이지의 정보를 검색하기 위하여 특별한 명령어를 키보드로 입력하는 것과 같은 조치를 별도로 취할 필요가 없게 해준다.)으로서, 초고속정보통신망의 발달에 따라 그 마우스 클릭행위에 의하여 다른 웹사이트로부터 정보가 전송되어 오는 데 걸리는 시간이 매우 짧기 때문에, 인터넷 이용자로서는 자신이 클릭함에 의하여 접하게 되는 정보가 링크를 설정해 놓은 웹페이지가 아니라 링크된 다른 웹사이트로부터 전송되는 것임을 인식하기조차 어렵고, 점점 더 초고속화하고 있는 인터넷의 사용환경에서 링크는 다른 문서나 웹페이지들을 단순히 연결하여 주는 기능을 넘어서 실질적으로 링크된 웹페이지의 내용을 이용자에게 직접 전달하는 것과 마찬가지의 기능을 수행하고 있다고 하지 않을 수 없다.

따라서 음란한 부호 등으로 링크를 해 놓는 행위자의 의사의 내용, 그 행위자가 운영하는 웹사이트의 성격 및 사용된 링크기술의 구체적인 방식, 음란한 부호 등이 담겨져 있는 다른 웹사이트의 성격 및 다른 웹사이트 등이 음란한 부호 등을 실제로 전시한 방법 등 모든 사정을 종합하여 볼 때, 링크를 포함한 일련의 행위 및 범의가 다른 웹사이트 등을 단순히 소개·연결할 뿐이거나 또는 다른 웹사이트 운영자의 실행행위를 방조하는 정도를 넘어, 이미 음란한 부호 등이 불특정·다수인에 의하여 인식될 수 있는 상태에 놓여 있는 다른 웹사이트를 링크의 수법으로 사실상 지배·이용함으로써 그 실질에 있어서 음란한 부호 등을 직접 전시하는 것과 다를 바 없다고 평가되고, 이에 따라 불특정·다수인이 이러한 링크를 이용하여 별다른 제한 없이 음란한 부호 등에 바로 접할 수 있는 상태가 실제로 조성되었다면, 그러한 행위는 전체로 보아 음란한 부호 등을 공연히 전시한다는 구성요건을 충족한다고 봄이 상당하다.

[참고문헌]

전지연, 하이퍼링크의 형사법적 책임, 법학연구, 제13권 제4호, 2003.12.
최호진, 연결수단부여행위를 통한 음란정보유포죄의 성립, 비교형사법연구 제10권 1호, 2008.

[필자: 전지연 교수(연세대)]

5.6

대법원 2018.11.15. 선고 2018도14610 판결

정보통신망을 통한 스토킹행위

[사안] 피해자가 피고인에게 연락하지 말라고 요청하였음에도 불구하고 피고인은 피해자가 근무하는 회사에 전화하여 피고인의 정보를 알아내려 하는 등 계속 접근을 시도하다가, 5일 동안 236회에 걸쳐 일방적으로 피해자에게 문자메시지를 보냈다. 문자메시지의 내용은 피해자의 의사와 상관없이 피해자와 교제하고 싶다고 조르다가, 피고인의 연락에 응하지 않는 피해자와 그 주변에 해를 끼치겠다는 내용이었다. 다만 피해자의 수신차단으로 위 문자메시지들이 피해자 휴대전화의 스팸보관함에 저장되어 있었다.

제1심법원은 피고인에게 정보통신망 이용촉진 및 정보보호 등에 관한 법률 제74조 제1항 제3호(불안감유발)의 범죄와 경범죄처벌법 제3조 제1항 제41호의 범죄를 인정하였고, 피고인은 자신이 보낸 문자는 전부 스팸 처리된 문자이기 때문에 수신인에게 송신하여 인식이 가능한 상태에 이르게 하는 것이 '도달'인데, 피해자가 스팸 처리하여 받아보지도 않은 문자메시지가 피해자에게 도달하여 불안감을 유발할 수는 없다고 주장하며 항소하였다.

항소심법원은 정보통신망 이용촉진 및 정보보호 등에 관한 법률 제74조 제1항 제3호는 "정보통신망을 통하여 공포심이나 불안감을 유발하는 문언을 반복적으로 상대방에게 도달하게 한 자"를 처벌하고 있으며, 여기서 '도달'이라 함은 사회통념상 상대방이 통지의 내용을 알 수 있는 객관적 상태에 놓여 있는 경우를 가리키는 것으로서, 상대방이 통지를 현실적으로 수령하거나 통지의 내용을 알 것까지는 필요로 하지 않는다고 파악한다. 또한 동 법률 위반죄의 고의는 피고인이 전자적 방식으로 문자메시지 등을 전송하는 것을 인식함으로써 인정되는 것이지 피해자가 그 내용을 실제로 인지할 것까지 인식하여야만 위 법률 위반죄의 고의가 인정된다고 할 수 없다고 하여 원심의 판결을 유지하였다.

[재판요지]

정보통신망 이용촉진 및 정보보호 등에 관한 법률 제74조 제1항 제3호, 제44조의7 제1항 제3호는 정보통신망을 통하여 공포심이나 불안감을 유발하는 부호·문언·음향·화상 또는 영상을 반복적으로 상대방에게 도달하게 하는 행위를 처벌하고 있다.

'공포심이나 불안감을 유발하는 문언을 반복적으로 상대방에게 도달하게 하는 행위'에 해당하는지는 피고인이 상대방에게 보낸 문언의 내용, 표현방법과 그 의미, 피고인과 상대방의 관계, 문언을 보낸 경위와 횟수, 그 전후의 사정, 상대방이 처한 상황 등을 종합적으로 고려해서 판단하여야 한다. '도달하게 한다'는 것은 '상대방이 공포심이나 불안감을 유발하는 문언 등을 직접 접하는 경우뿐만 아니라 상대방이 객관적으로 이를 인식할 수 있는 상태에 두

는 것'을 의미한다. 따라서 피고인이 상대방의 휴대전화로 공포심이나 불안감을 유발하는 문자메시지를 전송함으로써 상대방이 별다른 제한 없이 문자메시지를 바로 접할 수 있는 상태에 이르렀다면, 그러한 행위는 공포심이나 불안감을 유발하는 문언을 상대방에게 도달하게 한다는 구성요건을 충족한다고 보아야 하고, 상대방이 실제로 문자메시지를 확인하였는지 여부와는 상관없다.

[사안에의 적용] 피고인은 5일 동안 236회에 걸쳐 일방적으로 피해자에게 피해자의 의사와 상관없이 피해자와 교제하고 싶다고 조르다가 피고인의 연락에 응하지 않는 피해자와 그 주변에 해를 끼치겠다는 등의 내용으로 문자메시지를 보냈다. 이와 같이 피해자의 휴대전화로 문자메시지를 보낸 것은 여기에서 말하는 "정보통신망을 통하여 피해자에게 불안감을 유발하는 문언을 반복적으로 피해자에게" 보낸 것이다. 다만 피해자는 휴대폰에 피고인의 메시지를 수신차단하여 놓음으로써 피고인이 보낸 문자메시지들은 피해자 휴대전화의 스팸보관함에 저장되고, 피해자 자신이 해당 메시지들을 읽지는 아니하였다. 그러나 본조에서의 '상대방에게 도달'이라 함은 피해자가 통지의 내용을 알 수 있는 객관적 상태에 놓여 있는 경우를 가리키는 것으로서, 피해자가 통지를 현실적으로 수령하거나 통지의 내용을 알 것까지는 필요로 하지 않는 것이다. 따라서 메시지가 스팸보관함에 저장된 이상 피해자가 메시지의 내용을 알 수 있는 객관적 상태에 놓여 있는 때에 해당하므로 피해자에게 '도달'한 것으로 보아야 한다.

[해설]

1. 사이버스토킹의 의미와 처벌규정

정보통신망 이용촉진 및 정보보호 등에 관한 법률 제44조의7 제1항 제3호는 누구든지 정보통신망을 통하여 공포심이나 불안감을 유발하는 부호·문언·음향·화상 또는 영상을 반복적으로 상대방에게 도달하도록 하는 내용의 정보를 유통하여서는 아니되며, 이를 위반하여 공포심이나 불안감을 유발하는 부호·문언·음향·화상 또는 영상을 반복적으로 상대방에게 도달하게 한 자를 처벌하도록 규정하고 있다(정보통신망 이용촉진 및 정보보호 등에 관한 법률 제74조 제1항 제3호).

본죄는 소위 사이버스토킹을 처벌하는 것을 내용으로 하며, 반의사불벌죄에 해당한다. 일반적으로 스토킹이란 '일방적인 호감을 이유로 상대방은 반대함에도 불구하고 지속적으로 상대방에게 접근을 시도함으로써 정신적·신체적으로 괴롭히는 행위' 또는 '공포심이나 불안감을 유발하는 표현 또는 그러한 표현이 담긴 정보를 반복적으로 상대방에게 도달하게 하는 것'이라 할 수 있다. 따라서 사이버스토킹은 이러한 행위를 정보통신망을 통해서 행하는 것을 말한다.

2. '정보통신망을 통하여' 공포심이나 불안감을 유발

본죄는 '정보통신망을 통하여' 공포심이나 불안감을 유발하는 말, 음향, 글, 화상 또는 영상을 반복적으로 상대방에게 도달하게 한 자를 형사처벌하도록 규정하고 있는바, 여기의 '정보통신망'은 전기통신설비(전화시설)를 이용하여 음향을 송신 또는 수신하는 정보통신체계를 의미한다. 그리고 '정보통신망을 통하여 공포심이나 불안감을 유발하는 음향을 반복적으로 상대방에게 도달하게 한다는 것'은 상대방에게 전기통신설비인 전화를 걸어 반복적으로 음향을 보냄(송신)으로써 이를 받는(수신) 상대방으로 하여금 공포심이나 불안감을 유발케 하는 것으로 해석된다. 따라서 상대방에게 전화를 걸 때 상대방 전화기에서 울리는 '전화기의 벨소리'는 정보통신망을 통하여 상대방에게 송신된 음향이 아니므로, 반복된 전화기의 벨소리로 상대방에게 공포심이나 불안감을 유발케 하더라도 본죄에 해당한다고 볼 수 없다(대법원 2005.2.25. 선고 2004도7615 판결).

3. 공포심이나 불안감유발 행위의 반복성

본죄는 구성요건상 정보통신망을 이용하여 상대방의 불안감 등을 조성하는 일정 행위의 반복을 필수적인 요건으로 삼고 있다. 또한 입법취지에 비추어 보면 정보통신망을 이용한 일련의 불안감 조성행위가 이에 해당한다고 하기 위해서는 각 행위 상호 간에 일시·장소의 근접, 방법의 유사성, 기회의 동일, 범의의 계속 등 밀접한 관계가 있어 그 전체를 일련의 반복적인 행위로 평가할 수 있는 경우라야 한다. 따라서 이와 같이 평가될 수 없는 일회성 내지 비연속적인 단발성 행위가 수 차례 이루어진 것에 불과한 경우에는 그 문언의 구체적 내용 및 정도에 따라 협박죄나 경범죄처벌법상 불안감 조성행위 등 별개의 범죄로 처벌함은 별론으로 하더라도 본죄에는 해당하지 않는다. 이 사안의 경우 피고인이 피해자의 휴대전화로 263회에 걸쳐 전송한 문자메시지들은 그 내용, 경위, 기간과 횟수 등을 고려할 때 공포심이나 불안감을 유발하게 하는 문언에 해당하고 반복성도 인정된다.

4. 공포심이나 불안감유발 부호 등의 '상대방에게 도달'

본죄에서 '상대방에게 도달하게 한다'는 것은 '상대방이 공포심이나 불안감을 유발하는 문언 등을 직접 접하는 경우뿐만 아니라 상대방이 객관적으로 이를 인식할 수 있는 상태에 두는 것'을 의미한다. 따라서 피고인이 상대방의 휴대전화로 공포심이나 불안감을 유발하는 문자메시지를 전송함으로써 피해자인 상대방이 별다른 제한 없이 문자메시지를 바로 접할 수 있는 상태에 이르렀다면, 그러한 행위는 공포심이나 불안감을 유발하는 문언을 상대방에게 도달하게 한다는 구성요건을 충족한다고 보아야 하고, 상대방이 실제로 문자메시지를 확인하였는지 여부와는 상관없다. 따라서 피고인의 메시지 전송으로 이미 피해자에게 도달하였다고 보아야 한다.

참고판례

대법원 2009.4.23. 선고 2008도11595 판결: 투자금 반환과 관련하여 을로부터 지속적인 변제독촉을 받아오던 갑이 을의 핸드폰으로 하루 간격으로 2번 문자메시지를 발송한 행위는 일련의 반복적인 행위라고 단정할 수 없을 뿐만 아니라, 그 경위도 피해자의 불법적인 모욕행위에 격분하여 그러한 행위의 중단을 촉구하는 차원에서 일시적·충동적으로 다소 과격한 표현의 경고성 문구를 발송한 것이어서, '정보통신망 이용촉진 및 정보보호 등에 관한 법률' 제74조 제1항 제3호에 정한 '공포심이나 불안감을 유발하는 문언을 반복적으로 도달하게 한 행위'에 해당하지 않는다.

[필자: 전지연 교수(연세대)]

제6장

성폭력범죄의 처벌 등에 관한 특례법

6.1 대법원 2019.9.9. 선고 2019도2562 판결

업무상 위력에 의한 성폭력범죄와 성인지 감수성

[사안] 피고인은 2010.7.1.부터 2018.3.6.까지 충청남도 도지사로 근무하였고, 제19대 대통령선거에 출마하기 위해 치러진 당내 후보 경선에서 2위를 차지하는 등 정치적·사회적 지위가 있는 사람이다. 피해자는 피고인의 대선 경선캠프 홍보기획팀에서 일하다가 2017.7.3. 충남도청의 지방별정직 6급 상당에 임용되어 2017.12.20.경까지 수행비서로 근무하였고, 2017.12.20.경부터 2018.3.6.까지는 정무비서로서 도지사실로 오는 각종 외부 요청 관리 및 정책 자료 데이터베이스화 작업을 하면서 도지사 행사에 나가 보좌하는 역할을 담당하였다. 피고인은 2017.7.29.경부터 2018.2.25.경까지 약 7개월 동안 피해자를 5회 강제로 추행하였고, 4회 위력으로 간음, 1회 위력으로 추행하였다.

형법상 강제추행죄와 피감독자간음죄 및 성폭력처벌법상 업무상 위력 등에 의한 추행죄로 공소제기된 피고인에 대해 제1심 법원은 피고인의 정치적 지위나 권력과 도청 내에서의 사회적 지위나 직책 및 영향력은 피해자의 자유의사를 제압하기에 충분한 세력, 즉 업무상 위력에 의한 간음·추행죄에서의 '위력'에 해당한다고 할 것이나 피고인이 피해자의 자유의사를 제압할 정도의 위력을 행사하였다거나, 위력의 행사와 성관계 또는 신체접촉 사이에 인과관계가 있다거나, 나아가 이로 인해 피해자의 성적 자기결정권을 침해하였다고 인정할 수 있을 정도로 합리적인 의심이 없는 범죄사실 증명이 이루어졌다고 볼 수 없다는 이유로, 업무상 위력에 의한 간음·추행의 점을 모두 무죄로 판단하였다. 또한 이 사건 공소사실 중 각 강제추행의 점에 부합하는 듯한 피해자의 진술을 그대로 믿기 어렵고, 설령 피고인이 위와 같은 각 신체접촉행위의 전부 또는 일부를 하였다고 가정하더라도, 그것이 피해자의 의사에 반하는 신체접촉이라거나 객관적으로 피해자의 성적 자유가 침해되기에 이르렀다는 점이 합리적인 의심이 없을 정도로 증명되었다고 볼 수 없다는 이유로, 이 사건 공소사실 중 강제추행의 점을 모두 무죄로 판단하였다. 반면 항소심은 사실오인 및 법리오해 등을 이유로 하여 1심 판결 중 2017. 8. 중순 내지 말경 강제추행의 점을 제외한 나머지 부분을 파기하면서, 피고인을 징역 3년 6월에 처하였고, 40시간의 성폭력 치료프로그램 이수와 아동·청소년 관련 기관 등에 5년간 취업제한을 명하였다. 이에 피고인과 검사가 모두 상고하였다.

[재판요지]

1. 자유심증주의와 증거판단 문제

증거의 증명력은 법관의 자유판단에 맡겨져 있으나 그 판단은 논리와 경험칙에 합치하여야 하고, 형사재판에 있어서 유죄로 인정하기 위한 심증형성의 정도는 합리적인 의심을 할 여지가 없을 정도여야 하나, 이는 모든 가능한 의심을 배제할 정도에 이를 것까지 요구하지 않으며, 합리적인 근거가 없는 의심으로 인해 증명력이 있는 증거를 배척하는 것은 자유심증주의의 한계를 벗어나는 것으로 허용될 수 없다. 피해자 등의 진술은 그 주요 내용이 일관되고, 경험칙에 비추어 비합리적이거나 진술 자체로 모순되는 부분이 없다면 허위로 피고인에게 불리한 진술을 할 만한 동기나 이유가 분명하게 드러나지 않는 이상, 그 진술의 신빙성을 특별한 이유 없이 함부로 배척해서는 아니 된다.

2. 성폭력 사건 심리와 '성인지 감수성'

법원이 성폭행이나 성희롱 사건을 심리할 때에는 그 사건이 발생한 맥락에서 성차별 문제를 이해하고 양성평등을 실현하기 위해 '성인지 감수성'을 잃지 않도록 유의해야 한다(양성평등기본법 제5조 제1항 참조). 우리 사회에서는 가해자 중심적인 문화와 인식 및 구조 등으로 인하여 성폭행·성희롱 피해자가 그 피해사실을 알리고 문제를 제기하는 과정에서 부정적인 여론이나 불이익한 처우 및 신분 노출 등의 고통을 겪기도 했다. 이로 인해 성폭행 피해자의 대처 양상은 피해자의 성정이나 가해자와의 관계 및 구체적인 상황에 따라 다르게 나타날 수밖에 없다. 따라서 개별적·구체적인 사건에서 성폭행 등의 피해자가 처해 있는 특별한 사정을 충분히 고려하지 않은 채 피해자 진술의 증명력을 가볍게 배척하는 것은 정의와 형평의 이념에 입각하여 논리와 경험칙에 따른 증거판단이라고 볼 수 없다.

3. 피감독자간음죄나 업무상 위력에 의한 추행죄의 '위력'

피감독자간음죄 또는 성폭력처벌법 위반(업무상 위력 등에 의한 추행)죄에 있어서 '위력'이란 피해자의 자유의사를 제압하기에 충분한 세력을 말하고 유형적이든 무형적이든 묻지 않으므로, 폭행·협박뿐 아니라 행위자의 사회적·경제적·정치적인 지위나 권세를 이용하는 것도 가능하다. '위력'으로써 간음하였는지 여부는 행사한 유형력의 내용과 정도 내지 이용한 행위자의 지위나 권세의 종류, 피해자의 연령, 행위자와 피해자의 이전부터의 관계, 그 행위에 이르게 된 경위, 구체적인 행위 태양, 범행 당시의 정황 등 제반 사정을 종합적으로 고려하여 판단해야 한다.

[사안에의 적용] 원심 판단에는 피해자 진술의 신빙성 판단에 관한 법리, 피감독자간음죄나 업무상 위력 등에 의한 추행죄의 구성요건과 위력의 존부 및 행사에 관한 법리, 고의에 관한 법리를 오해하거나 필요한 심리를 다하지 아니하여 판단을 누락하고 공판중심주의, 직접심리주의, 논리와 경험의 법칙을 위반하여 자유심증주의의 한계를 벗어나거나 이유를 갖추지 못하는 등의 잘못이 없다. 이에 대법원은 상고를 모두 기각하고 피고인에게 3년 6월의 징역형을 선고한 원심 판결을 확정하였다.

[해설]

1. 성폭력범죄 피해자 진술의 신빙성 판단

이 사안에서 적용된 법리를 살펴보면 우선, 피해자의 진술은 그 주요 내용이 일관되고, 경험칙에 비추어 볼 때 비합리적이거나 진술 자체로 모순되는 부분이 없다면, 허위로 피고인에게 불리한 진술을 할 만한 동기나 이유가 분명하지 않는 이상, 그 진술의 신빙성을 함부로 배척할 수 없다는 것이다. 이는 비단 성폭력 사건만이 아니라 일반적인 형사사건에서 피해자 진술의 신빙성을 평가할 때 고려되어야 할 사항이다. 다음으로 법원은 성폭행·성희롱 사건을 심리할 때 '성인지 감수성'을 잃지 않도록 유의해야 한다. 성인지 감수성은 성폭력 사건 등을 심리하는 법원의 시각이나 태도에 영향을 미치는 것으로서 피해자의 진술에 대한 증명력을 판단할 때에는 개별적·구체적인 사건에서 피해자가 처해 있는 특별한 사정이 충분히 고려되도록 요구하고 있다.

2. 업무상 위력에 의한 성폭력범죄에서의 '위력'

업무상 위력에 의한 간음·추행죄에서 '위력'이란 피해자의 자유의사를 제압하기에 충분한 세력을 말하고, 이는 유형적·무형적이든 불문한다. 다만 업무상 위력에 의한 추행죄의 경우에는 위력행위 자체가 추행행위라고 인정될 수 있는데, 이때 위력은 현실적으로 피해자의 자유의사를 제압할 것을 요하지 않는다(대법원 1998.1.23. 선고 97도2506 판결). 이 사건에서 제1심 법원은 위력의 '존재'와 그 '행사'를 구분하면서, 행사된 위력과 간음·추행 행위 사이의 인과관계를 요구했던 반면, 항소심 법원은 무형적 위력의 경우에는 유형적인 행사가 없더라도 그것을 '이용'하면 족하고, 인과관계나 결과발생 등은 필요하지 않다고 보았다. 그러나 무형적 위력은 '유형적인 행사'가 요구되지 않을 뿐 위력의 '행사' 자체는 존재해야 하는바, 무형적 위력을 '이용'하면 '행사'가 있는 것으로 파악될 수 있다. 또한 동죄는 침해범이므로 위력의 행사와 그 결과로서의 간음·추행 사이에 인과관계가 인정되어야 한다. 다만 이러한 요건으로 인해 이 사건에서 대법원의 최종 판결과 배치되는 결론이 도출되지는 않을 것으로 사료된다.

[참고문헌]

김성돈, 형법상 위력개념의 해석과 업무상 위력간음죄의 위력, 형사정책연구 제30권 제1호, 한국형사정책연구원, 2019.

[필자: 윤지영 연구위원(한국형사정책연구원)]

6.2

대법원 2007.7.27. 선고 2005도2994 판결

성폭력처벌법상 '항거불능'의 의미

[사안] 피고인은 자신의 집 1층에 세 들어 살던 내연녀의 딸인 피해자(여, 1986년생)가 정신지체 2급 장애아로서 사물의 변별능력이 미약하다는 사실을 알고 이를 이용하여 피해자를 간음하기로 마음먹었다. 1999.10.일자불상 20:00경 피고인은 울산 중구 소재 고등학교 부근 야산으로 피해자를 데려가 강제로 바닥에 눕히고 바지와 팬티를 벗긴 다음, 피해자와 1회 성교하여 강간하였다. 이 범행으로 인해 임신한 피해자는 낙태를 한 후 자신의 모에게 피고인의 범행을 알렸으나 별다른 도움을 받지 못했다. 이후 피고인은 피해자가 혼자 있는 틈을 이용하여 수차례 간음하였는데, 2003.8.23. 낮 시간에도 피해자의 집에서 1회 성교하여 피해자를 강간하였다.

제1심 법원은 각 범행 당시 (구)「성폭력범죄의 처벌 및 피해자보호 등에 관한 법률」 제8조 소정의 정신상의 장애로 인하여 항거불능의 상태에 있었다는 점에 관하여 이를 인정할 만한 증거가 없다는 이유로 무죄를 선고하였다. 항소심 법원은 위 법률 제8조의 구성요건에 해당하기 위해서는 피해자가 신체장애 또는 정신상의 장애로 인하여 성적인 자기방어를 할 수 없는 항거불능의 상태에 있어야 한다고 보았는데, 이러한 요건은 형법 제302조가 미성년자 또는 심신미약자를 대상으로 위계·위력으로써 간음 또는 추행한 자를 처벌하는 별도의 규정을 두고 있다는 점에 비추어 볼 때 더욱 엄격하게 해석되어야 한다고 판단하였다. 항소심은 이 사건 피해자가 항거불능 상태에 있었다는 점을 인정할 증거가 없기 때문에 무죄를 선고한 제1심 판결을 유지한다고 밝혔다. 이에 검사는 (구)「성폭력범죄의 처벌 및 피해자보호 등에 관한 법률」 제8조에 관한 법리오해를 이유로 상고하였다.

[재판요지]

1. 장애인 대상 성폭력범죄 처벌 규정의 개정 취지

(구)「성폭력범죄의 처벌 및 피해자보호 등에 관한 법률」 제8조는 "신체장애 또는 정신상의 장애로 항거불능인 상태에 있음을 이용하여 여자를 간음하거나 사람에 대하여 추행한 자는 형법 제297조(강간) 또는 제298조(강제추행)에 정한 형으로 처벌한다"라고 규정하였다. 이는 장애인의 성적 자기결정권을 보호법익으로 하는 것으로서, 원래 1994.1.5. 법률 제4702호로 제정될 당시에는 단순히 "신체장애로 항거불능인 상태에 있음을 이용하여…"라고 규정하고 있던 것을 1997.8.22. 법률 제5343호로 개정하여 위와 같이 규정하기에 이른 것인데, 위와 같은 법률 개정은 장애인복지법에 명시된 신체장애 내지 정신장애 등을 가진 장애인을 망라함으로써 장애인의 범위를 확대하는 데에 그 취지가 있다.

2. '신체적인 또는 정신적인 장애로 항거불능인 상태'의 의미

위 규정의 "신체장애 또는 정신상의 장애로 항거불능인 상태에 있음"이라 함은, 신체장애 또는 정신상의 장애 그 자체로 항거불능의 상태에 있는 경우뿐 아니라 신체장애 또는 정신상의 장애가 주된 원인이 되어 심리적 또는 물리적으로 반항이 불가능하거나 현저히 곤란한 상태에 이른 경우를 포함하는 것으로 보아야 한다.

3. 정신적인 장애로 인한 항거불능 상태인지에 대한 판단 기준

정신상의 장애가 주된 원인이 되어 항거불능인 상태에 있었는지를 판단할 때에는 피해자의 정신상 장애의 정도뿐 아니라 피해자와 가해자의 신분이나 관계, 주변의 상황 내지는 환경, 가해자의 행위 내용과 방법, 피해자의 인식과 반응의 내용 등을 종합적으로 검토해야 한다.

[사안에의 적용] 앞에서 본 법리 및 위 사실관계에서 나타난 피해자의 지적능력이나 문제해결능력, 정신지체 장애를 가진 사람들의 특성, 피고인의 이 사건 각 간음행위 당시 피고인 및 피해자의 행위 내용과 태도, 그리고 이 사건 각 간음행위가 이루어질 무렵의 피해자를 둘러싼 제반 환경 등에 비추어 보면, 피해자는 정신상의 장애가 주된 원인이 되어 피고인에 대하여 그 거부 또는 저항의사를 실행하는 것이 불가능하거나 현저하게 곤란한 상태에 있었다고 할 것이어서 성폭법 제8조 소정의 '항거불능인 상태'에 있었던 것으로 보아야 할 것이다.

그럼에도 불구하고, 원심은 피해자가 정신상의 장애로 '항거불능인 상태'에 있었다고 볼 수 없다는 이유로 이 사건 각 공소사실에 대하여 피고인에게 무죄를 선고한 제1심판결을 그대로 유지하고 말았으니, 원심판결에는 성폭법 제8조에 관한 법리를 오해하여 판결에 영향을 미친 위법이 있다고 할 것이다. 이 점에 관한 상고이유의 주장은 이유 있다.

[해설]

1. '항거불능 상태'에 대한 종전 대법원 해석 및 문제

현행 성폭력처벌법 제6조는 장애인에 대한 강간이나 강제추행 등을 규정하고 있는데, 동조 제4항은 신체적·정신적 장애로 항거불능 또는 항거곤란 상태에 있음을 이용하여 사람을 간음하거나 추행한 사람은 강간이나 유사강간 및 강제추행의 예에 따라 처벌하도록 한다. 이때 '항거불능 상태'의 의미를 어떻게 해석할 것인지가 문제되는데, 동 규정의 전신인 (구)「성폭력범죄의 처벌 및 피해자보호 등에 관한 법률」 제8조 소정의 '항거불능인 상태'에 대한 대법원 해석의 변화 추이를 살펴볼 필요가 있다.

대상판례 이전에 대법원은 위 법률 제8조의 구성요건에 해당하기 위해서는 피해자가 신체장애 또는 정신상의 장애로 인하여 성적인 자기방어를 할 수 없는 항거불능의 상태에 있어야 하고, 이러한 요건은 형법 제302조에서 미성년자나 심신미약자를 대상으로 위계·위력으로써 간음·추행한 자를 처벌하는 규정을 따로 두고 있다는 점을 고려할 때 더욱 엄격하게 해석해야 한다고 보았다. 그 결과 정신지체 장애인에 대한 성폭력 사건에서 항거불능 상태가 인정되지 않아서 무죄 판결이 내려지는 경우가 많았다. 일례로 피고인이 정신분열병을 앓고 있는

피해자에게 험악한 인상을 지으며 주먹으로 때릴 듯한 태도를 보여 반항을 억압한 후 간음하려던 사건에서 대법원은 피해자가 정신상의 장애가 있기는 하지만 그로 인하여 항거불능 상태에 있었다고 볼 수는 없기 때문에 동법 제8조의 구성요건에 해당하지 않는다고 판단했다 (대법원 2003.10.24. 선고 2003도5322 판결).

2. '항거불능 상태'에 대한 해석 완화 및 고려 요소

종래 법원의 해석에 대해서는 정신지체 장애인의 특성을 도외시함으로써 장애인 성폭력에 대한 처벌의 공백을 남겨둔 것이라는 비판이 제기되었다. 대상사건의 항소심 법원도 형법 제302조와의 관계에 비추어 위 법률 제8조를 엄격히 해석해야 한다는 입장을 취하면서, 이 사건에서 피해자는 정신지체 장애가 있으나 항거불능 상태에 있었다는 점을 인정할 증거가 없어서 무죄라고 선고하였다. 그러나 대법원은 신체장애 또는 정신상의 장애 그 자체로 항거불능의 상태에 있는 경우뿐만 아니라 신체장애 또는 정신상의 장애가 주된 원인이 되어 심리적 또는 물리적으로 반항이 불가능하거나 현저히 곤란한 상태에 이른 경우도 항거불능 상태에 있는 것으로 해석했다는 점에서 진일보한 판결로 평가된다. 특히 대상판례는 장애의 정도에 따라서 그 자체만으로 항거불능 상태에 있었음을 인정할 수 있는 경우를 상정하고 있다는 점에서 주목된다. 또한 이 사건에서 대법원은 정신상의 장애가 주된 원인이 되어 항거불능인 상태에 있었는지 여부를 판단하기 위해서 피해자의 지적능력이나 문제해결능력, 정신지체 장애를 가진 사람들의 특성, 각 간음행위 당시 피고인과 피해자의 행위 내용과 태도, 그리고 각 간음행위가 이루어질 무렵의 피해자를 둘러싼 제반 환경 등을 종합적으로 검토하였다. 그 결과 피해자는 정신상의 장애가 주된 원인이 되어 피고인에게 거부나 저항의 의사를 내보이는 행위 실행이 불가능했거나 현저히 곤란한 상태에 있었다고 평가되었는바, 동법 제8조 소정의 '항거불능인 상태'에 있었다고 인정된 것이다.

[참고문헌]

김혜정, 성폭력범죄에 있어서 '항거불능인 상태'의 의미, 형사판례연구 제14권, 한국형사판례연구회, 2006.

박미숙, 성폭력처벌법 제8조의 입법취지와 장애인 성폭력피해자 보호, 형사판례연구 제17권, 한국형사판례연구회, 2009.

[필자: 윤지영 연구위원(한국형사정책연구원)]

6.3 대법원 2009.10.29. 선고 2009도5704 판결

공중밀집장소추행죄의 적용요건

[사안] "피고인은 2008. 7. 19. 05:30경 ○○ 찜질방 5층 수면실 내에서, 잠을 자고 있던 피해자(여, 24세)를 발견하고 갑자기 욕정을 일으켜 한 손으로는 피해자의 양쪽 가슴을 만지고, 다른 한 손으로는 음부와 엉덩이를 만지는 등으로 그녀를 추행한 것"이라는 혐의로 기소되었다. 제1심법원은 준강제추행죄(형법 제299조)를 인정하여 피고인에게 벌금 3,000,000원을 선고하였다(대구지방법원 2009.1.9. 선고 2008고합651 판결).

이에 대해서 피고인은, 당시 피해자는 숙면상태가 아니라 잠에서 깨어 이른바 비몽사몽 상태에 있어 심신상실 또는 항거불능상태에 있지 않았음에도 제1심법원은 사실을 오인하였다고 항소하였다. 제2심에서 검사는 죄명을 '성폭력처벌법(구 성폭력범죄의처벌및피해자보호등에관한법률)위반(공중밀집장소에서의추행)'으로, 공소사실을 "피고인은 2008. 7. 19. 05:30경 대구 동구 신암 3동에 있는 ○○ 찜질방 5층 수면실 내에서, 잠을 자고 있던 피해자(여, 24세)를 한 손으로는 피해자의 양쪽 가슴을 만지고, 다른 한 손으로는 음부와 엉덩이를 만지는 등으로 공중밀집장소인 찜질방에서 피해자를 추행하였다"로 변경하는 내용의 공소장변경허가신청을 하였고, 제2심에서 심판대상이 성폭력처벌법(구 성폭력범죄의처벌및피해자보호등에관한법률)위반(공중밀집장소에서의추행)으로 변경(이하 공중밀집장소추행죄)되었다.

제2심법원은 항소심에서의 공소장변경으로 심판대상이 변경돼 원심판결을 더 이상 유지할 수 없게 되었음을 이유로 원심판결을 파기한 다음 피고인에게 공중밀집장소추행죄를 인정하고 벌금형 3,000,000원을 선택한 후 선고를 유예하였다(대구고등법원 2009.6.11. 선고 2009노36 판결). 이에 대해서 피고인이 상고하였는데, 대법원에서는 피고인의 상고를 기각하였다.

[재판요지]

공중밀집장소추행죄의 입법취지 및 성폭력처벌법 제11조(구 성폭력범죄의처벌및피해자보호등에관한법률 제13조)에서 그 범행장소를 공중이 '밀집한' 장소로 한정하는 대신 공중이 '밀집하는' 장소로 달리 규정하고 있는 문언의 내용, 그 규정상 예시적으로 열거한 대중교통수단, 공연·집회장소 등의 가능한 다양한 형태 등에 비추어 보면, 여기서 말하는 '공중이 밀집하는 장소'에는 현실적으로 사람들이 빽빽이 들어서 있어 서로간의 신체적 접촉이 이루어지고 있는 곳만을 의미하는 것이 아니라 이 사건 찜질방 등과 같이 공중의 이용에 상시적으로 제공·개방된 상태에 놓여 있는 곳 일반을 의미한다 할 것이고, 위 공중밀집장소의 의미를 이와 같이 해석하는 한 그 장소의 성격과 이용현황, 피고인과 피해자 사이의 친분관계 등 구체적 사실관계에 비추어 공중밀집장소의 일반적 특성을 이용한 추행행위라고 보기 어려운 특별한 사정이 있는 경우에 해당하지 않는 한 그 행위 당시의 현실적인 밀집도 내지 혼잡도에 따라 그 규정의 적용 여부를 달리한다고 할 수는 없다.

[사안에의 적용] 찜질방 수면실에서 옆에 누워 있던 피해자의 가슴 등을 손으로 만진 행위는 성폭력처벌법 제11조에서 정한 공중밀집장소에서의 추행행위에 해당한다. 단 찜질방 수면실에서 옆에 누워 있던 피해자가 심신상실 또는 항거불능 상태의 수면 중이었다면 준강제추행죄에 해당한다.

[해설]

1. 공중밀집장소추행죄죄의 입법배경

성폭력처벌법(2010. 4. 15. 제정·시행)의 전신은 1994. 1. 5. 제정되어 동년 4. 1. 시행된 구 '성폭력범죄의처벌및피해자보호등에관한법률'이다. 동법은 새로운 유형의 성폭력범죄가 빈발하여 기존의 법체계로는 적절히 대처하기 어려우므로 성폭력범죄에 대한 처벌규정을 신설 또는 강화하고 성폭력범죄에 대하여는 수사·재판등 사법처리절차에 있어서 특례를 인정하도록 제정된 것인데(동법 제정이유 참조), 그 제정시부터 '공중밀집장소에서의 추행'에 대한 처벌규정이 존재하였다. 공중밀집장소추행죄는 폭행·협박을 이용하여 추행한 경우(강제추행죄) 또는 심신상실·항거불능을 이용하여 추행한 경우(준강제추행죄) 외에, 폭행·협박·위력 등의 수단을 사용하지 않고 공중이 밀집하는 장소에서 추행한 경우를 처벌하는 규정이다. 즉 강제추행죄나 준강제추행죄의 적용이 없을 때에 보충적으로 적용되는 구성요건이고, 제정당시부터 강제추행죄의 법정형(10년 이하의 징역 또는 1천500만원 이하의 벌금)에 비해서 경하게 규정되었다(제정시 1년 이하의 징역 또는 300만원 이하의 벌금이 2020. 4. 29. 1년 이하의 징역 또는 1천만원 이하의 벌금으로 개정).

2. 공중밀집장소추행죄의 적용범위

대상판결을 통해 공중밀집장소추행죄의 적용범위를 확인할 수 있다. 첫째, 공중밀집장소추행죄는 강제추행죄와 준강제추행죄가 성립되지 않는 추행행위에 대한 보충적 처벌규정이라는 점이다. 둘째, 공중밀집장소추행죄는 공중의 이용에 상시적으로 제공·개방된 상태에 놓여 있는 곳에서의 추행이라면 현실적으로 공중이 밀집되었는지 여부와 관계없이 적용된다는 점이다.

(찜질방 수면실 내에서) 잠을 자고 있던 피해자에게 추행을 한 것이라면 피해자의 심신상실 또는 항거불능의 상태를 이용하여 추행한 것이므로 준강제추행죄가 적용되는 경우이다. 따라서 검사는 피고인을 준강제추행죄로 기소하였고 제1심법원도 준강제추행죄를 인정하였다. 그러나 항소심에서 피해자가 잠에서 깨어 이른바 비몽사몽 상태에 있어 심신상실 내지 항거불능상태에 있지 않았다는 피고인의 주장으로 인하여 피해자의 심신상실 또는 항거불능의 상태가 논란이 되자, 검사는 공중밀집장소추행죄로 공소장의 변경을 신청하였고 항소심의 심판대상이 변경되었다.

항소심에서 심신상실 내지 항거불능상태의 인정여부에 대한 사실인정의 논의가 종결되자, 변호인은 공중밀집장소추행죄의 공중이 밀집하는 장소에는 단순히 사람들이 많이 모이는 곳이 아니라 사람들이 빽빽이 들어서서 사람과 사람 사이에 공간이 좁아 서로간의 신체적 접촉이 이루어지기 쉬운 곳만 해당한다고 해석하여야 하므로, 이 사건 찜질방 수면실은 공중밀집장소추행죄의 공중이 밀집하는 장소에 해당하지 아니한다고 주장하였다. 이에 대해서 항소심은, 공중밀집장소추행죄는 "범행장소를 공중이 '밀집한' 장소로 한정적으로 규정하고 있지 아니하고 공중이 '밀집하는' 장소라고 규정하고 있는 문언 내용, 공중이 밀집해 있음으로 인하여 피해자가 피할 수 없는 어려운 상황을 이용한 추행뿐만 아니라 도시화된 현대사회에서 인구집중으로 다중이 출입하는 공공연한 장소에서의 추행발생의 개연성이 과거보다 높아졌음에도 추행장소가 공개되어 있는 등의 사정으로 피해자가 명시적·적극적으로 저항하기 어려운 상황을 이용하여 폭행, 협박 등 강제력을 수반하지 않는 추행이 빈발하고 있으므로 그러한 추행에 대한 처벌의 필요성도 높은 점, 위 규정 후단부인 '공중이 밀집하는 장소'와 전단부인 '대중교통수단, 공연·집회장소'와의 법규범의 체계적 관련성을 토대로 할 때 '대중교통수단, 공연·집회장소'의 의미내용을 대중교통수단, 공연·집회장소에 추행범행 당시에 반드시 공중이 실제로 밀집해 있어야만 위 규정에 해당한다고 제한적으로 해석하는 것은 위 규정의 입법목적 내지 입법취지에 부합하는 것으로 보이지 아니하고 일반인의 건전한 상식과 통상적인 법감정에도 맞지 아니한 점 등"에 비추어 이 사건 찜질방 수면실과 같이 공중이 밀집할 수 있는 공개되어 있는 장소도 포함된다고 해석하는 것이 합리적이라고 판단하였다(대구고등법원 2009.6.11. 선고 2009노36 판결). 이러한 해석은 대법원판결에서도 확인되었다.

[필자: 김정환 교수(연세대)]

6.4

대법원 2018.8.30. 선고 2017도3443 판결

카메라등이용촬영죄의 '촬영물'의 의미

[사안] 피고인은 2016. 1. 21. 피해자와 성관계하면서 합의 하에 피해자가 촬영한 동영상 파일을 받아서 컴퓨터에 저장하여 놓았다가, 이후 이를 재생하여 성관계 장면을 피고인의 휴대전화로 촬영한 다음 사진 3장을 지인 명의 휴대전화의 문자메시지 기능을 이용하여 피해자의 처의 휴대전화로 발송하였다. 피고인은 카메라나 그밖에 이와 유사한 기능을 갖춘 기계장치로 촬영한 촬영물을 사후 촬영대상자의 의사에 반하여 반포 등을 한 혐의(성폭력처벌법 제14조 제2항, 제1항)로 기소되었다.

1심 및 항소심에서는 유죄를 선고하였다. 항소심은 "성폭력처벌법 제14조의 입법취지는 타인의 신체를 그 의사에 반하여 촬영하는 행위뿐만 아니라 의사에 반하여 촬영물을 유통하는 행위도 처벌하여 그 촬영물이 불특정 또는 다수인에게 유포되는 것을 방지하기 위한 것임을 고려할 때, '촬영물 반포 등 행위'에는 촬영물 자체를 직접 반포하는 등의 행위뿐만 아니라 그 촬영물을 그대로 복제하거나 그 밖에 동일성을 유지한 상태에서 다른 매체로 저장한 후 이를 반포 등을 하는 경우도 포함된다고 해석하는 것이 타당하다. 만일 다른 사람의 신체를 직접 촬영한 촬영물 자체를 반포하는 등의 경우만을 처벌하는 규정으로 좁게 해석한다면 촬영물을 복제하거나 저장매체를 바꾸는 손쉬운 방법을 통해 처벌을 회피할 수 있게 되어 그 입법목적을 달성할 수 없다"고 판단하여 1심 판결을 유지하였다.

이에 대하여 피고인이 상고하였고 대법원은 무죄를 선고하였다.

[재판요지]

1. 성폭력처벌법 제14조 제1항은 "카메라나 그 밖에 이와 유사한 기능을 갖춘 기계장치를 이용하여 성적 욕망 또는 수치심을 유발할 수 있는 다른 사람의 신체를 그 의사에 반하여 촬영하거나 그 촬영물을 반포·판매·임대·제공 또는 공공연하게 전시·상영한 자는 5년 이하의 징역 또는 1천만 원 이하의 벌금에 처한다"라고 규정하고 있다. 위 조항이 촬영의 대상을 '다른 사람의 신체'로 규정하고 있으므로, 다른 사람의 신체 그 자체를 직접 촬영하는 행위만이 위 조항에서 규정하고 있는 '다른 사람의 신체를 촬영하는 행위'에 해당하고, 다른 사람의 신체 이미지가 담긴 영상을 촬영하는 행위는 이에 해당하지 않는다.

2. 성폭력처벌법 제14조 제2항은 "제1항의 촬영이 촬영 당시에는 촬영대상자의 의사에 반하지 아니하는 경우에도 사후에 그 의사에 반하여 촬영물을 반포·판매·임대·제공 또는 공공

연하게 전시·상영한 자는 3년 이하의 징역 또는 500만 원 이하의 벌금에 처한다"라고 규정하고 있다. 위 제2항은 촬영대상자의 의사에 반하지 아니하여 촬영한 촬영물을 사후에 그 의사에 반하여 반포하는 행위 등을 규율 대상으로 하면서 그 촬영의 대상을 '제1항의 촬영'이라고 규정하고 있다. 성폭력처벌법 제14조 제1항이 촬영의 대상을 '다른 사람의 신체'로 규정하고 있으므로, 위 제2항의 촬영물 또한 '다른 사람의 신체'를 촬영한 촬영물을 의미한다고 해석하여야 하는데, '다른 사람의 신체에 대한 촬영'의 의미를 해석할 때 위 제1항과 제2항의 경우를 달리 볼 근거가 없다. 따라서 다른 사람의 신체 그 자체를 직접 촬영한 촬영물만이 위 제2항에서 규정하고 있는 촬영물에 해당한다.

[사안에의 적용] 피고인이 성관계 동영상 파일을 컴퓨터로 재생한 후 모니터에 나타난 영상을 휴대전화 카메라로 촬영하였기 때문에, 이는 다른 사람의 신체 그 자체를 직접 촬영한 행위에 해당하지 아니하여, 그 촬영물은 성폭력처벌법 제14조 제2항에서 규정한 촬영물에 해당하지 않는다.

[해설]

1. 신체 이미지를 촬영한 경우도 포함되는지 여부

대상 판결 당시 성폭력처벌법 제14조 제1항은 '촬영대상자의 의사에 반하여' 성적 욕망 또는 수치심을 유발할 수 있는 '다른 사람의' 신체를 '촬영'한 행위 및 그 촬영물을 반포 등을 한 행위를 처벌하고, 같은 조 제2항은 제1항의 촬영당시에는 촬영대상자의 동의가 있었으나 이후 촬영대상자의 의사에 반하여 반포 등을 한 행위를 처벌하도록 규정되어 있었다. 항소심과 대법원의 판단의 차이는 결국 '촬영물'의 의미를 어떻게 해석하느냐이고, 항소심은 신체를 직접 촬영한 것 뿐만 아니라 촬영물을 복제하거나 동일성을 유지하면서 다른 매체로 저장한 경우에도 촬영물에 해당한다고 해석한 반면 대법원은 신체를 직접 촬영한 것만이 촬영물에 해당한다고 해석한 것이다.

대법원의 태도는 이전 판결(대법원 2013.6.27. 선고 2013도4279 판결)을 따른 것으로, 피고인이 피해자와 화상채팅을 하면서 피해자에게 유방, 음부 등 신체부위를 보여달라고 한 뒤 그 장면을 피고인의 휴대전화 내장 카메라로 촬영한 사안에서, 대법원은 피고인이 촬영한 대상은 피해자의 '신체 이미지가 담긴 영상'일 뿐 피해자의 신체 자체가 아니므로 '다른 사람의 신체'라는 구성요건에 해당하지 않는다고 판단하였다.

마찬가지로 대상판결 전인 같은 해 3. 15. 선고된 2017도21656 대법원 판결에서도, 피고인이 휴대전화 채팅프로그램에 접속하여 피해자들과 영상통화를 하면서 자위행위를 하도록 유도하여 그 장면을 휴대전화로 캡쳐하여 저장한 후 이를 인터넷으로 판매한 사안에서, 첫째 피해자들이 자신의 신체를 촬영한 것이므로 '다른 사람의 신체'를 촬영한 것으로 볼 수 없고, 둘째 피고인은 휴대전화 화면에 나타난 피해자들의 '신체 이미지가 담긴 영상'을 촬영한 것으로 신체를 직접 촬영한 것이 아니므로, 이러한 경우 성폭력처벌법 제14조 제1항, 제2항에 포함한다고 해석하는 것은 법률문언의 통상적인 의미를 벗어나는 것으로 죄형법정주의의 원칙상 허용될 수 없다고 판시하였다.

법조문에는 분명히 '신체를 촬영한'이라고만 규정되어 있으므로 항소심과 같이 넓게 해석하는 것은 죄형법정주의의 유추해석의 금지에 반할 가능성이 크므로 대법원의 판단이 타당하다. 그러나 항소심 설시와 같이 신체를 직접 촬영한 경우만을 처벌하는 것으로 좁게 해석한다면 촬영물을 복제하거나 저장매체를 바꾸는 방법을 통해 얼마든지 처벌을 회피할 수 있는 문제점이 있다.

2. 개정법률에 따른 대상사안에 대한 판단

이러한 문제의식이 반영되어 2018. 12. 18. 개정된 법률(법률 제15977호) 제14조 제1항은 '다른 사람의 신체'를 '사람의' 신체로 변경하고, 제2항은 '촬영물' 뿐만 아니라 '복제물'의 반포 등을 한 행위도 처벌하도록 규정되었다. 즉 직접 촬영한 촬영물 뿐만 아니라 그에 대한 복제물을 반포 등을 하는 경우 처벌할 수 있도록 개정함으로써 항소심이 고민한 처벌의 공백을 막을 수 있게 된 것이다.

개정된 법률에 따르면 본건에서 피고인이 피해자의 처에게 발송한 사진은 복제물로 볼 수 있기 때문에 성폭력처벌법 제14조 제2항에 의하여 처벌할 수 있을 것으로 판단된다. 마찬가지로 비교판례에서와 같이 화상채팅 중 피해자가 자신의 신체를 찍어 보낸 것을 캡쳐 등으로 저장한 것은 복제물로 볼 수 있고 '다른 사람'이 '사람'으로 개정되었기 때문에 성폭력처벌법 제14조 제2항에 의하여 처벌할 수 있을 것으로 판단된다.

[참고문헌]

이근우, 성폭력처벌법(카메라등이용촬영죄)의 문제점과 개선방안, 법조 통권 제733권, 2019.2.

[필자: 박정난 교수(연세대)]

6.5

대법원 2018.8.1. 선고 2018도1481 판결

성폭력처벌법 제14조 제2항의 '제공'의 상대방

[사안] 피고인은 2016. 5. 2. 연인관계인 피해자의 의사에 반하여 피해자의 신체를 촬영한 사진 1장을 피해자의 휴대전화로 전송하여, 카메라나 그밖에 이와 유사한 기능을 갖춘 기계장치를 이용하여 성적 욕망 또는 수치심을 유발할 수 있는 다른 사람의 신체를 그 의사에 반하여 촬영하거나 촬영물을 반포 등을 한 혐의(성폭력처벌법 제14조 제1항)로 기소되었다.

1심에서는 유죄가 선고되었으나 항소심에서는 무죄가 선고되었다. 항소심 판결은 전제적으로, 카메라등이용촬영죄는 촬영대상자의 의사에 반하는 촬영과 반포 등의 행위를 처벌하기 위한 것으로서 일반적 인격권에 포함되는 '자신의 신체를 함부로 촬영당하지 않을 자유'와 '사회의 건전한 성풍속 확립'을 보호하기 위하여 마련된 것으로, '촬영' 뿐만 아니라 '반포' 등 행위까지 처벌하는 것은 자신의 신체에 관한 영상이 자신의 의사에 반하여 타인에게 유포되는 것을 막기 위한 일반적 인격권 중 '자기정보통제권'을 보호하기 위한 것이라고 판단하였다. 그리고 이러한 전제 하에서 '자기정보통제권'의 관점에서 보면, 피해자를 촬영한 사진이 피해자 본인에게 전송되는 것은 본인의 의사에 반하여 촬영된 사진이 있음을 인지하는 계기가 되고, 오히려 손해배상청구권, 형사고소 등의 법적조치를 취하여 자신의 정보를 통제의 기회를 보장하게 된다는 점에서 피해자를 촬영한 사진을 피해자 자신에게 전송하는 것까지 위 조항의 구성요건으로 포섭한 것으로 보기 어렵다고 판단하였다. 또한 '제공'의 구성요건이 개정법에 추가된 연혁을 보더라도 기존의 구성요건인 '반포, 판매, 임대, 공공연한 전시 및 상영'으로는 무상 또는 특정한 목적 없이 단순히 '타인에게' 제공하는 것을 처벌할 수 없었던 문제를 해결하기 위하여 '제공'의 구성요건이 추가된 점을 고려하더라도 '타인에게' 제공하는 것으로 해석하는 것이 타당하다고 설시하였다.

이에 대하여 피고인이 상고하였고 대법원은 상고를 기각하였다.

[재판요지]

1. 성폭력처벌법 제14조 제1항에서, 촬영행위뿐만 아니라 촬영물을 반포 등을 하는 행위까지 처벌하는 것은, 성적 욕망 또는 수치심을 유발할 수 있는 타인의 신체를 촬영한 촬영물이 인터넷 등 정보통신망을 통하여 급속도로 광범위하게 유포됨으로써 피해자에게 엄청난 피해와 고통을 초래하는 사회적 문제를 감안하여, 죄책이나 비난가능성이 촬영행위 못지않게 크다고 할 수 있는 촬영물의 유포행위를 한 자를 촬영자와 동일하게 처벌하기 위해서이다.

2. 성폭력처벌법 제14조 제1항에서 '반포'와 별도로 열거된 '제공'은, '반포'에 이르지 아니하는 무상 교부행위로서 '반포'할 의사 없이 '특정한 1인 또는 소수의 사람'에게 무상으로 교부하는 것을 의미하는데, 성폭력처벌법 제14조 제1항에서 촬영행위뿐만 아니라 촬영물을 반포 등을 하는 행위까지 처벌하는 것이 촬영물의 유포행위를 방지함으로써 피해자를 보호하기 위한 것임에 비추어 볼 때, 촬영의 대상이 된 피해자 본인은 성폭력처벌법 제14조 제1항에서 말하는 '제공'의 상대방인 '특정한 1인 또는 소수의 사람'에 포함되지 않는다고 봄이 타당하다. 따라서 피해자 본인에게 촬영물을 교부하는 행위는 다른 특별한 사정이 없는 한 성폭력처벌법 제14조 제1항의 '제공'에 해당한다고 할 수 없다.

[사안에의 적용] 피고인이 피해자의 의사에 반하여 그 신체를 촬영한 사진을 피해자에게 휴대전화로 전송한 행위는 피해자 본인에게 촬영물을 교부한 것이므로 성폭력처벌법 제14조 제1항의 '제공'에 해당하지 않는다.

[해설]

1. 피해자에게 제공하는 것이 제공행위에 포함되는지 여부

대법원은 본건 판결 이전부터 '반포'는 불특정 또는 다수의 사람에게 무상으로 교부하는 것이고, '제공'은 특정한 1인 또는 소수의 사람에게 무상으로 교부하는 것이라고 판시한 바 있다(대법원 2016.12.27. 선고 2016도16676 판결).

최초 카메라등이용촬영죄가 신설될 때에는 촬영행위만을 처벌하였다. 이후 2006. 10. 27. 법률 제8059호로 개정되면서 촬영행위 이외에 촬영물을 반포, 판매, 임대, 공연히 전시·상영하는 행위도 처벌하는 것으로 구성요건이 수정되었다. 이 때에는 제공행위가 구성요건에 포함되어 있지 않았다. 그러다가 2012. 12. 18. 법률 제11556호로 개정되면서 촬영물 제공행위도 처벌하는 것으로 추가되었는데 그 개정이유를 보면, "반포, 공공연한 전시, 상영이라는 행위는 촬영물을 불특정 다수가 알 수 있는 상태에 두는 것으로 피해자와 특별한 관계에 있는 특정인에게 촬영물을 제공하는 경우에도 처벌의 필요성이 있다"고 설명하고 있다.

제공행위에 피해자에게 제공하는 것도 포함되느냐에 대하여는 견해의 대립이 있다. 긍정설은, 첫째 구성요건에서 상대방을 타인으로 한정하고 있지 않은 점, 둘째 카메라등이용촬영죄의 보호법익에 대하여 헌법재판소(2017.6.29. 선고 2015헌바243 결정)가 '자신의 신체를 함부로 촬영당하지 않을 자유' 뿐만 아니라 '사회의 건전한 성풍속 확립'을 보호하기 위한 것이라고 판시하였듯이 피해자에게 제공했다고 하여 법익침해가 없다고 할 수 없는 점, 셋째 피해자에게 촬영물을 보내는 것이 공갈 등 중대범죄로 연결되어 처벌의 필요성이 있는 점 등을 이유로 제시한다.

한편 대법원 판례와 같은 부정설은, 첫째 카메라등이용촬영죄는 의사에 반한 촬영 및 촬영물의 제3자에 대한 유포를 금지하여 피해자를 보호하기 위한 것이므로 피해자에게만 제공한 것으로 법익 침해가 있다고 보기 어렵고, 둘째 제공행위가 추가된 개정이유를 살펴보더라도 타인에게 제공한 것만을 의미하는 것으로 해석해야 하고, 셋째 공갈 등 중대범죄로 연결되는 경우에는 공갈죄 등으로 처벌하면 된다고 이유로 제시한다.

대법원 판례는, 대상판례 사안과 같이 촬영물을 피해자에게 제공한 경우 성폭력처벌법 제13조의 자기 또는 다른 사람의 성적 욕망을 유발하거나 만족시킬 목적으로 통신매체를 이용하여 성적 수치심이나 혐오감을 일으키는 영상 등을 상대방에게 도달하는 행위로 처벌한 바 있고(대법원 2017.6.8. 선고 2016도21389 판결), 대상 판결 항소심에서도 성폭력처벌법 제13조로 처벌가능하다고 판시하였다.

2. 기수시기

카메라등이용촬영죄의 기수시기에 대하여 대법원 판례(대법원 2011.6.9. 선고 2010도10677 판결)는 카메라 기타 이와 유사한 기능을 갖춘 기계장치 속에 들어 있는 필름이나 저장장치에 피사체에 대한 영상정보가 입력된 상태에 도달한 때 기수에 이른다고 판시하고 있다. 그리고 디지털카메라나 동영상 기능이 탑재된 휴대전화 등으로 촬영하는 경우에는, 일단 촬영이 시작되면 곧바로 그 촬영된 피사체의 영상정보가 기계장치 내의 주기억장치에 입력되어 임시저장되었다가 이후 저장명령이 내려지면 기계장치 내의 보조기억장치 등에 저장되는 방식을 취하는 경우가 많기 때문에 피고인이 휴대전화의 동영상 기능을 이용하여 피해자의 치마 속 신체부위를 촬영하던 중 발각되자 저장버튼을 누르지 않고 촬영을 종료한 경우, 촬영 후 일정한 시간이 경과하여 그 영상정보가 그 기계장치 내의 주기억장치 등에 입력됨으로써 이미 기수에 이른다고 판단하였다.

[참고문헌]

민철기, 피해자 본인에게 촬영물을 교부하는 행위가 성폭력범죄의 처벌 등에 관한 특례법 제14조 제1항의 '제공'에 해당하는지 여부, 대법원 판례해설 제118호, 2019.

[필자: 박정난 교수(연세대)]

제7장

아동·청소년의 성보호에 관한 법률

7.1

대법원 2015.2.12. 선고 2014도11501, 2014전도197 판결

아동·청소년의 동의와 아동·청소년이용음란물제작죄 (현 아동·청소년성착취물)의 성부

[사안] 피고인 겸 피부착명령청구자(이하 '피고인'이라 한다)는 30대의 기혼인 초등학교 교사로서 성적 행위를 목적으로 스마트폰 채팅 애플리케이션을 통하여 피해자 A(여, 12세), 피해자 B(여, 12세) 등에게 접근하여 몇 차례 연락하고 만났으며 2010.7.27.경부터 2011.11.20.경까지 피해자들과 성교 및 유사성교행위를 하는 장면을 자신의 디지털카메라로 촬영하여 동영상 파일을 자신의 컴퓨터에 각각 저장하였다. 피고인은 수사기관에서 동영상 촬영 당시 피해자들의 동의 여부를 묻는 질문에 대하여 '동의를 구한 애들도 있고 그냥 촬영한 것도 있습니다'라고 진술하였는데 특히 피해자 A는 사진을 찍지 말라고 몇 번이나 만류하였음에도 이를 무시하고 계속 촬영한 것이 확인되었다.

이에 대하여 1심은 구 아청법 제8조 제1항 위반에 대하여 징역 6년, 공개·고지명령 6년, 부착명령 6년을 선고하였고 항소심도 이와 동일하게 선고하였다.

[재판요지]

구 아동·청소년의 성보호에 관한 법률(2012.12.18. 법률 제11572호로 전부 개정되기 전의 것, 이하 '구 아청법'이라 한다)은 제2조 제5호, 제4호에 '아동·청소년이용음란물'의 의미에 관한 별도의 규정을 두면서도, 제8조 제1항에서 아동·청소년이용음란물을 제작하는 등의 행위를 처벌하도록 규정하고 있을 뿐 범죄성립의 요건으로 제작 등의 의도나 음란물이 아동·청소년의 의사에 반하여 촬영되었는지 여부 등을 부가하고 있지 아니하다.

여기에다가 아동·청소년을 대상으로 성적 행위를 한 자를 엄중하게 처벌함으로써 성적 학대나 착취로부터 아동·청소년을 보호하는 한편 아동·청소년이 책임 있고 건강한 사회구성원으로 성장할 수 있도록 하려는 구 아청법의 입법 목적과 취지, 정신적으로 미성숙하고 충동적이며 경제적으로도 독립적이지 못한 아동·청소년의 특성, 아동·청소년이용음란물은 직접 피해자인 아동·청소년에게는 치유하기 어려운 정신적 상처를 안겨줄 뿐 아니라, 이를 시청하는 사람들에게까지 성에 대한 왜곡된 인식과 비정상적 가치관을 조장하므로 이를 제작 단계에서부터 원천적으로 차단함으로써 아동·청소년을 성적 대상으로 보는 데서 비롯되는 잠재적 성범죄로부터 아동·청소년을 보호할 필요가 있는 점, 인터넷 등 정보통신매체의 발달로 인하여 음란물이 일단 제작되면 제작 후 사정의 변경에 따라, 또는 제작자의 의도와 관계없이 언제라도 무분별하고 무차별적으로 유통에 제공될 가능성을 배제할 수 없는 점 등을 더하여 보면, 제작한 영상물이 객관적으로 아동·청소년이 등장하여 성적 행위를 하는 내용을 표

현한 영상물에 해당하는 한 대상이 된 아동·청소년의 동의하에 촬영한 것이라거나 사적인 소지·보관을 1차적 목적으로 제작한 것이라고 하여 구 아청법 제8조 제1항의 '아동·청소년이용음란물'에 해당하지 아니한다거나 이를 '제작'한 것이 아니라고 할 수 없다.

다만 아동·청소년인 행위자 본인이 사적인 소지를 위하여 자신을 대상으로 '아동·청소년이용음란물'에 해당하는 영상 등을 제작하거나 그 밖에 이에 준하는 경우로서, 영상의 제작 행위가 헌법상 보장되는 인격권, 행복추구권 또는 사생활의 자유 등을 이루는 사적인 생활 영역에서 사리분별력 있는 사람의 자기결정권의 정당한 행사에 해당한다고 볼 수 있는 예외적인 경우에는 위법성이 없다고 볼 수 있다. 아동·청소년은 성적 가치관과 판단능력이 충분히 형성되지 아니하여 성적 자기결정권을 행사하고 자신을 보호할 능력이 부족한 경우가 대부분이므로 영상의 제작행위가 이에 해당하는지 여부는 아동·청소년의 나이와 지적·사회적 능력, 제작의 목적과 동기 및 경위, 촬영 과정에서 강제력이나 위계 혹은 대가가 결부되었는지 여부, 아동·청소년의 동의나 관여가 자발적이고 진지하게 이루어졌는지 여부, 아동·청소년과 영상 등에 등장하는 다른 인물과의 관계, 영상 등에 표현된 성적 행위의 내용과 태양 등을 종합적으로 고려하여 신중하게 판단하여야 한다.

[사안에의 적용] 피고인이 아동·청소년이 등장하여 성적행위를 하는 내용의 동영상을 촬영한 행위는 피해자의 동의 여부와 무관하게 구 아청법 제8조 제1항에서 규정하는 '아동·청소년이용음란물'의 '제작'에 해당한다.

다만 이러한 촬영행위에 진지한 피해자의 동의 의사가 있는 경우 위법성이 조각될 수 있는 여지가 있다. 그러나 사안에서 피해자 A의 동의는 없었고 피해자 B의 경우 설령 동의가 있었더라도 정황상 사리분별력이 충분한 아동·청소년이 성적 행위에 관한 자기결정권을 자발적이고 진지하게 행사한 것이라고 보기 어려우므로 예외적으로 위법성이 조각되는 경우라고도 할 수 없으므로 피고인에게는 구 아청법 제8조 제1항 위반의 범죄가 성립한다.

[해설]

1. '아동·청소년이용음란물(현 아동·청소년성착취물) 제작'의 의미

아동·청소년이 스스로의 성적인 행위를 영상물로 촬영하거나 그러한 영상물의 촬영에 진지하게 동의한 경우, 해당 영상물을 만들어 내는 행위를 구 아청법 상의 아동·청소년이용음란물의 제작으로 보아 처벌할 수 있을 것인지 문제되었다.

이에 대하여 구성요건해당성의 단계에서 성적 학대의 요소가 없는 표현물은 '아동·청소년이용 음란물' 개념에 해당되지 않는다거나 아동·청소년을 성적으로 '이용'한 '제작' 행위에 해당하지 않는다고 보는 견해가 있었다.

반면 대법원은 아동·청소년 이용 음란물 또는 그 제작의 개념을 '성적 학대' 또는 '성적 이용'이라는 요소로 축소하는 해석론을 거부하였다. 아동·청소년의 자발적 동의 하에 성적 촬영물을 만드는 행위 전체를 일률적으로 '아동·청소년이용음란물'의 '제작'에서 배제한다면 아동·청소년의 성적 자기결정권을 성인보다 두텁게 보호하고자 하는 아청법의 취지가 몰각될 위험이 있다는 점을 고려한 것으로 평가된다.

한편 2020.6.2. 개정된 아청법은 제2조 제5호의 '아동·청소년이용음란물'을 '아동·청소년성착취물'이라는 용어로 변경하였다. 그런데 용어는 변경되었으나 정의 자체는 개정 전 법률과 동일한 내용이어서 여전히 논란의 여지는 있을 것으로 보인다. 즉, 아동·청소년의 진지한 동의가 있는 영상물에 대하여 착취나 학대의 요소가 없어 '아동·청소년성착취물'이 아니라고 보는 입장이 있을 수 있는 반면, 개정 이유와 같이 아동·청소년이용음란물은 곧 '성착취·성학대'를 의미하므로 이에 해당한다고 보는 입장이 있을 수 있기 때문이다.

2. 아동·청소년이용음란물(현 아동·청소년성착취물) 제작행위의 위법성

대상 판례에서 대법원은 아동·청소년의 자발적 동의 하에 성적 촬영물을 만드는 행위가 사적인 생활영역에서 사리분별력 있는 사람의 자기결정권의 정당한 행사로서 위법성이 조각될 수 있음을 인정하였다. 그리고 개별 사안마다 위법성조각사유를 판단하여 처벌 여부를 결정하되 아동·청소년은 성적 가치관과 판단능력이 충분히 형성되지 아니하여 성적 자기결정권을 행사하고 자신을 보호할 능력이 부족한 경우가 대부분이라고 전제함으로써 위법성조각은 예외적으로 신중하게 이루어져야 한다는 점을 분명히 하였다.

[참고문헌]

김슬기, 아동·청소년이 제작한 음란물에 관한 형사법적 검토, 법학논문집 제39집 제22호, 2015.
최준혁, 아동·청소년이용음란물의 '제작'의 해석, 형사법의 신동향 통권50호, 2016.

[필자: 김슬기 교수(대전대)]

7.2 대법원 2014.9.24. 선고 2013도4503 판결

아동·청소년이용음란물의 의미

[사안] 피고인은 2012. 8. 중순경 피고인의 주거지에서, 레드파일 사이트에 "국(NO) 욜라 귀여운데…… 빠는 것도…… 직스샷 참조요!!", "일(NO) 저 애처로운 눈빛 어쩔거야……직스샷 참조요!!"라는 제목의 동영상을 업로드하는 방법으로 아동·청소년이용음란물을 배포한 혐의(현재는 아청법 제11조 제2항 위반)로 기소되었다. 제1심은 유죄를 선고하였고, 항소심도 제1심이 채택한 증거를 종합하면, "① 외관상 청소년으로 인식될 수 있는 인물이 동영상에 등장하여 음란한 행위를 하는 장면이 묘사되었고, ② 교복으로 보이는 옷을 입고 학생으로 연출된 인물을 대상으로 음란한 행위를 하는 것을 내용으로 하고 있어 일반인으로서는 그 등장인물을 아동·청소년으로 인식할 수 있는 점" 등을 이유로, 이 사건 각 동영상은 구 아청법에서의 '아동·청소년이용음란물'에 해당한다고 판단하였다. 피고인이 "③ 이 사건 동영상에 등장하는 여배우들은 모두 성인 배우들로서 '아동·청소년'이 아닐 뿐만 아니라, ④ 배우들의 신체발육 상태, 촬영장소 등에 비추어 볼 때 '아동·청소년으로 인식될 수 있는 사람'에 해당하지도 아니하므로, 위 동영상은 '아동·청소년이용음란물'에 해당하지 않는다"고 주장하며 상고하였다.

이 사건 각 동영상은 일본에서 합법적으로 제작된 영상물로 ⑤ 등장인물이 성인일 가능성을 배제하지 못하고, 그중 하나는 다소 어려 보이는 여자가, 다른 하나는 교복과 유사한 형태의 옷을 입은 여자가 각각 등장하여 성적 행위를 하는 영상물로 보이기는 하나, ⑥ 피고인은 동영상을 업로드하면서 제목에 아동·청소년의 성적 행위를 나타내거나 암시하는 표현을 사용하지 않았으며, 위 각 등장인물은 그 외모나 신체발육의 상태로 볼 때 성인일 가능성을 배제할 수 없었다. 대법원은 원심판결을 파기하고 환송하였다.

[재판요지]

국가형벌권의 자의적인 행사로부터 개인의 자유와 권리를 보호하기 위하여 형벌법규는 엄격히 해석되어야 하고 명문의 형벌법규의 의미를 피고인에게 불리한 방향으로 지나치게 확장해석하거나 유추해석하는 것은 죄형법정주의 원칙에 어긋나는 것으로 허용되지 않는 점, 구 아청법 제2조 제5호의 아동·청소년이용음란물 정의 규정 중 '아동·청소년으로 인식될 수 있는 사람이나 표현물'이라는 문언이 다소 모호한 측면이 있고, 일선 수사기관의 자의적 판정으로 뜻하지 않게 처벌의 범위가 지나치게 넓어질 우려가 있게 되자, 그 의미를 분명히 하기 위해서 2012. 12. 18. 법률 제11572호로 구 아청법을 개정하면서 '명백하게'라는 문구를

추가하여 '아동·청소년으로 명백하게 인식될 수 있는 사람이나 표현물'이라고 규정한 점 등 구 아청법의 입법 목적과 개정 연혁, 그리고 법 규범의 체계적 구조 등에 비추어 보면, 구 아청법 제2조 제5호의 '아동·청소년으로 인식될 수 있는 사람이 등장하는 아동·청소년이용음란물'이라고 하기 위해서는 ⓐ 그 주된 내용이 아동·청소년의 성교행위 등을 표현하는 것이어야 할 뿐만 아니라, 그 ⓑ 등장인물의 외모나 신체발육 상태, 영상물의 출처나 제작 경위, 등장인물의 신원 등에 대하여 주어진 여러 정보 등을 종합적으로 고려하여 ⓒ 사회 평균인의 시각에서 객관적으로 관찰할 때 외관상 의심의 여지 없이 명백하게 아동·청소년으로 인식되는 경우라야 하고, ⓓ 등장인물이 다소 어려 보인다는 사정만으로 쉽사리 '아동·청소년으로 인식될 수 있는 사람이 등장하는 아동·청소년이용음란물'이라고 단정해서는 아니 된다.

[사안에의 적용] 앞서 본 법리에 비추어 보면, 위 각 등장인물을 구 아청법 제2조 제5호의 '아동·청소년으로 인식될 수 있는 사람'이라고 단정하기는 어렵다. (중략) 이러한 원심판결에는 구 아청법 제2조 제5호의 '아동·청소년이용음란물'에 관한 법리를 오해하여 판결에 영향을 미친 위법이 있다.

[해설]

1. 아동·청소년이용음란물의 범위(현행 아청법 제2조 제5호)

2011. 9. 15. 개정 아청법 제2조 제5호에 '아동·청소년으로 인식될 수 있는 사람이나 표현물이 등장하는'이라는 문구가 추가되어 아동·청소년이용음란물의 범위가 확대되었다가, 다시 2012. 12. 18. 아청법이 전부 개정(이하 '현행 아청법'으로 약칭함)되면서, 아동·청소년이용음란물의 범위는 '아동·청소년으로 명백하게 인식될 수 있는 사람이나 표현물'로 축소되었다. 이 사건 각 동영상은 ① 외관상 청소년으로 인식될 수 있는 인물이 동영상에 등장하여 음란한 행위를 하는 장면이 묘사되었고, ② 교복으로 보이는 옷을 입고 학생으로 연출된 인물을 대상으로 음란한 행위를 하는 것을 내용으로 하고 있기는 하지만, ③ 이 사건 동영상에 등장하는 여배우들은 모두 성인 배우들로서 '아동·청소년'이 아니고, ④ 배우들의 신체발육 상태, 촬영장소 등에 비추어 볼 때 '아동·청소년으로 인식될 수 있는 사람'에 해당하지도 아니하며, ⑤ 등장인물이 성인일 가능성을 배제하지 못하고, ⑥ 피고인이 동영상을 업로드하면서 제목에 아동·청소년의 성적 행위를 나타내거나 암시하는 표현을 사용하지 않았으므로 이 동영상에 '아동·청소년으로 명백하게 인식될 수 있는 사람이 등장한다.'고 말하기 어렵다는 것이 대법원판결의 취지였다.

2. 아청법 제2조 제5호의 존재의의

아청법 제2조 제5호는 실제로 아동·청소년이 등장하는 경우뿐만 아니라 '아동·청소년으로 인식될 수 있는 사람이나 표현물'이 등장하는 경우도 아동·청소년이용음란물에 포함시켰다. 이렇게 한 이유는 실제 아동·청소년이 등장하는지와 상관없이 아동·청소년이 성적 행위를 하는 것으로 묘사하는 각종 매체물의 시청이 아동·청소년을 상대로 한 성범죄를 유발할 수 있다는 점을 고려하여 잠재적 성범죄로부터 아동·청소년을 보호하려는 데 있다(헌법재판소 2015.6.25. 선고 2013헌가17, 24, 2013헌바85 전원재판부 결정 등 참조).

3. 아동·청소년으로 인식될 수 있는 사람이나 표현물의 예

첫째, 실재하는 아동·청소년이 음란한 행위를 하도록 시키는 행위가 본조의 구성요건해당성이 있음은 물론이고, 만화나 애니메이션, 동영상(대법원 2019.5.30. 선고 2015도863 판결) 형태의 표현물도 '아동·청소년으로 인식될 수 있는 표현물'이라면 본조의 구성요건해당성이 있다. 예를 들어 "㉠ 성인이 성적 행위를 연출한 다음 컴퓨터 조작(morphing)이나 디지털 기술을 이용하여 성인의 얼굴에 실존하는 아동의 사진을 합성하는 행위, ㉡ 컴퓨터 그래픽을 이용하여 실존하는 자연인인 아동에 가깝게 묘사하는 애니메이션의 창작행위, ㉢ 이 세상에 실재하지 아니하는 가상 아동을 창출하여 그 가상 아동의 성교행위나 음란한 행위를 묘사하는 영상물"(아래의 고제성의 대법원판례해설 502면)도 구성요건해당성이 있다.

둘째, "㉣ 성인이 교복 등을 입고 아동·청소년으로 등장하여 성적 행위 등을 하는 행위, ㉤ 아동으로 설정된 창작 캐릭터를 만들어 그의 성적 행위를 묘사한 애니메이션"(아래의 고제성의 대법원판례해설 502면), ㉥ 중학교 미술교사가 자신의 홈페이지에 만화 주인공을 모델로 한 청소년(가상아동)이 성기가 발기된 채 양 주먹을 불끈 쥐고 있는 작품을 게시하는 행위도 모두 아청법 제2조 제5호의 구성요건해당성이 있다.

[참고문헌]

심희기, 아동 포르노그라피와 한국의 청소년 성보호법, 비교형사법연구 5권 제2-1호, 2003.
고제성, (구)아동·청소년의 성보호에 관한 법률 제2조 제5호의 '아동·청소년으로 인식될 수 있는 사람이 등장하는 아동·청소년이용음란물'인지 판단하는 기준, 대법원판례해설 102호, 2015.

[필자: 심희기 교수(연세대)]

7.3

대법원 2018.2.8. 선고 2016도17733 판결

피해자의 신체를 이용한 추행

[사안] 피고인은 스마트폰 채팅 애플리케이션을 통하여 알게 된 피해자 A(여, 22세)와 B(여, 15세)로부터 은밀한 신체 부위가 드러난 사진을 전송받았고 피해자들의 개인정보나 피해자들의 지인에 대한 인적사항을 알게 된 것을 이용하여 피해자들에게 시키는대로 하지 않으면 기존에 전송받았던 신체 사진과 개인정보 등을 유포하겠다고 협박하였다.

피고인은 2014. 4.경 위와 같은 피고인의 협박으로 겁을 먹은 피해자 A로 하여금 회사 화장실에서 얼굴이 나오게 속옷만 입은 사진을 촬영하도록 한 다음, 그와 같이 촬영된 사진을 전송받은 것을 비롯하여 이때부터 2015. 12. 25.경까지 피해자 A로부터 나체사진, 속옷을 입고 있는 사진, 성기에 볼펜을 삽입하거나 자위하는 동영상 등을 촬영하도록 하여 이를 전송받았다.

또한 피고인은 2015. 5. 3.경 피고인의 협박으로 겁을 먹은 피해자 B로 하여금 스스로 가슴 사진, 성기 사진, 가슴을 만지는 동영상을 촬영하도록 한 다음, 그와 같이 촬영된 사진과 동영상을 전송받은 것을 비롯하여 이때부터 2015. 12. 22.경까지 피해자 B로부터 가슴 사진이나 나체사진, 속옷을 입고 다리를 벌린 모습의 사진, 가슴을 만지거나 성기에 볼펜을 삽입하여 자위하는 동영상 등을 촬영하도록 하여 이를 전송받았다.

이에 대하여 1심은 피고인에게 A에 대한 강제추행 및 협박을 인정하고 B에 대하여는 아청법 위반(강제추행)과 성폭법 위반(통신매체이용음란)을 인정하였다. 그러나 항소심은 피고인의 행위가 피해자의 신체에 대한 접촉이 있는 경우와 동등한 정도로 성적 수치심 내지 혐오감을 주거나 성적 자기결정권을 침해하는 것이라고 보기 어렵다는 이유를 들어 A에 대한 강제추행과 B에 대한 아청법 위반(강제추행) 부분을 모두 무죄로 판단하였다(항소심에서 A에 대한 강제추행과 B에 대한 아청법 위반(강제추행)에 관하여 강요의 공소사실을 예비적으로 추가하는 공소장 변경이 이루어졌다. 이에 항소심 법원은 주위적 공소사실 전부를 무죄로 판단하고 예비적 공소사실인 강요죄를 인정하였다).

[재판요지]

1. 강제추행죄에서 추행은 객관적으로 일반인에게 성적 수치심이나 혐오감을 일으키게 하고 선량한 성적 도덕관념에 반하는 행위로서 피해자의 성적 자유를 침해하는 것을 의미한다. 여기에 해당하는지 여부는 피해자의 의사, 성별, 나이, 행위자와 피해자의 이전부터의 관계, 그 행위에 이르게 된 경위, 구체적 행위태양, 주위의 객관적 상황과 그 시대의 성적 도덕관념 등을 종합적으로 고려하여 신중히 결정되어야 한다.

2. 강제추행죄는 사람의 성적 자유 내지 성적 자기결정의 자유를 보호하기 위한 죄로서 정범 자신이 직접 범죄를 실행하여야 성립하는 자수범이라고 볼 수 없으므로, 처벌되지 아니하는 타인을 도구로 삼아 피해자를 강제로 추행하는 간접정범의 형태로도 범할 수 있다. 여기서 강제추행에 관한 간접정범의 의사를 실현하는 도구로서의 타인에는 피해자도 포함될 수 있으므로, 피해자를 도구로 삼아 피해자의 신체를 이용하여 추행행위를 한 경우에도 강제추행죄의 간접정범에 해당할 수 있다.

[사안에의 적용] 피고인이 피해자들을 협박하여 겁을 먹은 피해자들로 하여금 어쩔 수 없이 나체나 속옷만 입은 상태가 되게 하여 스스로를 촬영하게 하거나, 성기에 이물질을 삽입하거나 자위를 하는 등의 행위를 하게 만든 행위는 피해자들을 도구로 삼아 피해자들의 신체를 이용하여 그 성적 자유를 침해한 행위이다. 그리고 그 행위의 내용과 경위에 비추어 일반적이고도 평균적인 사람으로 하여금 성적 수치심이나 혐오감을 일으키게 하고 선량한 성적 도덕 관념에 반하는 행위라고 볼 수 있다. 따라서 피고인에게는 피해자를 이용한 강제추행죄의 간접정범이 성립되며 이때 피해자들의 신체에 대한 직접적인 접촉이 없었다는 사실은 범죄의 성립에 영향을 미치지 못한다.

[해설]

1. 강제추행죄와 자수범

타인의 신체 접촉 없이 피해자의 신체를 이용한 간접정범(형법 제34조) 형태의 강제추행죄 성립을 인정할 수 있을지가 문제 된 사안이다.

자수범 인정 여부와 관련하여 자수범의 개념 자체를 부정하는 학설이 있으며 이를 인정하는 견해에서도 개념이나 유형, 범위에 대한 구체적인 입장은 나뉜다. 대체적으로는 구성요건의 속성상 행위자의 신체를 통한 직접적 행위만이 구성요건실현의 의미가 있는 범죄(예) 과거 간통죄 등), 행위자 스스로의 행위를 형법 이외의 법률이 요구하는 범죄(예) 위증죄 등), 행위자의 일신적인 행위나 인격적인 태도 표출이 구성요건실현의 핵심을 이루는 범죄(예) 업무상 비밀누설죄 등)와 같은 유형이 자수범에 해당한다고 본다.

그런데 강제추행죄는 피고인의 주관적 성적 욕구의 충족이 아닌 피해자의 성적 자기결정권 침해가 범죄성립의 본질적 요소인 만큼 행위자의 신체를 이용한 행위만을 구성요건적 행위로 보아야 할 이유는 없으며 대상 판례는 이 점을 명시적으로 확인하였다.

2. 신체접촉 없는 추행행위

피해자에 대한 타인의 신체 접촉이 전혀 없음에도 강제추행죄의 추행행위로 볼 수 있는지에 대하여 대법원은 원심과 다른 판단을 내렸다. 기존의 대법원 판시와 같이 추행을 “객관적으로 일반인에게 성적 수치심이나 혐오감을 일으키게 하고 선량한 성적 도덕관념에 반하는 행위로서 피해자의 성적 자유를 침해하는 행위”로 이해한다면 이러한 개념 요소를 충족시키는 한 직접적 신체 접촉이 없었다고 하여 추행으로 인정하지 않을 이유는 없어 보인다. 스스로 성적 자기결정권을 보호하기에 어렵다고 판단되는 좁은 엘리베이터 안에서 자위하는 것을 보게 만든 행위를 추행으로 인정한 판례(대법원 2010.2.25. 선고 2009도13716 판결)도 같은 맥락으로 이해된다.

해당 사안에서 15세, 22세라는 피해자의 연령이나 채팅 애플리케이션에서 만난 피고인과의 관계, 성관계 영상 유포라는 피고인이 가한 협박의 내용, 도구로 이용된 피해자들의 행위에 대한 우리 사회의 성적 인식 등을 종합적으로 고려하면 피고인의 행위는 평균적인 사람으로 하여금 성적 수치심과 혐오감을 일으키게 하고 선량한 성적 도덕관념에 반하는 것으로 피해자의 성적 자유를 침해하는 행위라고 인정하는 것이 타당하다.

3. 강제추행죄의 간접정범 성립 여부

해당 사안에서 간접정범의 의사를 실현하는 도구로서의 피해자와 의사지배 하에서의 이용행위라는 간접정범의 성립요건은 인정되는 것으로 판단된다. 피해자 스스로의 행위는 강제추행죄의 구성요건에 해당하지 않는 행위이며 성관계 영상 유출이라는 협박을 통하여 형성된 피고인의 우월적 지위가 인정되기 때문이다.

결국 신체 접촉 없이 피해자를 이용한 강제추행죄의 간접정범을 인정한 해당 판례는 간접정범의 논리 구성을 통하여 강제추행죄에 관한 최근 판례의 방향성에 부합하는 판시를 한 것으로 평가된다. 다만, 문제된 행위 중 성기에 볼펜을 삽입하게 한 행위에 대해서는 강제추행죄가 아닌 유사강간죄의 간접정범 성립을 인정했어야 한다고 보는 의견이 제시되는데 타당한 지적이라 생각된다.

[참고문헌]

이승준, 간접정범에 의한 강제추행죄의 성부, 법조 통권 제734호, 2019.

[필자: 김슬기 교수(대전대)]

7.4 대법원 2001.12.24. 선고 2001도5074 판결

미성년자·심신미약자 간음죄에서 위계의 의미

[사안] 피고인은 청소년의성보호에관한법률 제10조 제4항 위반 (미성년자를 위계로 간음한 혐의. 현재는 아청법 제7조 제5항 위반) 혐의로 기소되었다. 항소심은 "피해자가 이 사건 당시 16세 남짓된 상업고등학교 1학년 여학생으로 종전에 성경험이 있었고, 이 사건 당일 컴퓨터 채팅을 통하여 피고인으로부터 성관계를 가지면 '50만 원을 주겠다'는 제의를 받자 이를 승낙한 뒤 자신의 '집이 비어 있다.'면서 피고인으로 하여금 같은 날 23:00경 자신의 집으로 찾아오도록 하여 피고인과 1회 성교행위"를 한 사실을 인정하고, "그렇다면 피해자는 성교에 대한 사리 판단력이 있는 사람으로서 피고인으로부터 성교의 대가를 받기로 하고 스스로 성교행위에 나아간 것이고, 그러한 금품의 제공과 성교행위 사이에 불가분의 관련성이 인정되지 아니하는 만큼 이로 인하여 피해자가 간음행위 자체에 대한 착오에 빠졌다거나 이를 알지 못하였다고 할 수 없다"는 이유로 "피고인의 행위가 청소년의성보호에관한법률 제10조 제4항의 '위계'로 청소년인 피해자를 간음한 것에 해당하지 아니한다"고 판단하였다. 검사가 "청소년의성보호에관한법률 제10조 제4항에서 정하는 '위계'는 형법 제302조와 같은 개념이 아니라 형법 제302조, 제303조에서 정하는 '위계'의 개념을 포함하는 넓은 개념임에도 불구하고 형법 제302조와 같은 개념이라고 좁게 해석한 항소심판결에는 '위계'에 관한 법리를 오해한 위법이 있다"고 주장하며 상고하였다. 대법원은 상고를 기각하였다.

[재판요지]

ⓐ 청소년의성보호에관한법률 제10조는 형법 제297조, 제298조, 제299조 및 제302조의 죄에 대하여 피해자가 청소년인 경우에 이를 가중처벌하는 규정일 뿐이지 그 구성요건을 형법과 달리하는 규정은 아니다(대법원 2001.6.15. 선고 2001도1017 판결 참조). 한편, ⓑ 형법 제302조의 위계에 의한 미성년자간음죄에 있어서 위계라 함은 행위자가 간음의 목적으로 상대방에게 오인, 착각, 부지를 일으키고는 상대방의 그러한 심적 상태를 이용하여 간음의 목적을 달성하는 것을 말하는 것이고(대법원 1997.2.28. 선고 96도2825 판결 등 참조), 여기에서 오인, 착각, 부지란 간음행위 자체에 대한 오인, 착각, 부지를 말하는 것이지, 간음행위와 불가분적 관련성이 인정되지 않는 다른 조건에 관한 오인, 착각, 부지를 가리키는 것은 아니라고 보아야 한다.

[사안에의 적용] 원심의 판단은 위와 같은 법리에 따른 것으로 정당하고, 원심판결에 상

고이유로 주장하는 바와 같이 특별법 제10조 제4항의 '위계'에 관한 법리를 오해한 위법이 있다고 할 수 없다[피고인이 청소년에게 금품의 제공을 약속하고 성교행위를 한 것인 이상 그것이 청소년의성보호에관한법률 제2조 제2호에 규정된 '청소년의 성을 사는 행위'에 해당하여 청소년의성보호에관한법률 제5조(현재는 아청법 제13조 제1항)에 따른 처벌 대상이 되는 것은 별도의 문제일 것이다].

[해설]

1. 쟁점

청소년에게 성교의 대가를 지급하기로 한 거짓말이 구 청소년의성보호에관한법률 제10조 제4항(현재는 아청법 제7조 제5항과 형법 제302조)에서 정하는 '위계'에 해당하는지가 이 사건의 쟁점이다. 이 쟁점에 대하여 ⓑ의 입장에 서면 '위계'에 의한 미성년자간음죄와 심신미약자간음죄가 성립하는 범위가 비약적으로 좁아져 미성년자와 심신미약자의 성적자기결정권의 보호에 소홀함이 초래될 우려가 있어 문제이다(아래 조국의 논문). 예를 들어 피고인이 정신지체로 심신미약 상태인 피해자에게 '남자를 소개해 준다.'며 여관방까지 유인하여 피고인이 먼저 피해자와 1회 성교하고, 계속하여 다른 남성이 피해자와 성교하여 피고인이 심신미약자간음죄 혐의로 기소된 사안에서 항소심은 위계에 의한 심신미약자 간음의 유죄를 인정하였으나, 대법원은 바로 이 2001도5074 판결을 인용(引用)하여 항소심 판결을 파기(대법원 2002.7.12. 선고 2002도2029 판결)하였다.

2. 판례에 비판적인 견해들

한영수는 "여자 청소년을 대상으로 성교의 대가로 거금을 주겠다고 거짓말하는 행위가 '성의 사취(詐取)'가 아니라 '성의 매수(買受)'일 뿐이라는 논리는 설득력이 약하다"라고 비판하면서, "간음행위와 불가분적 관련성이 있는 조건에 대한 기망"이 있는 경우 '위계'를 인정해야 한다고 주장한다. 김성천도 미성년자 등에 대한 위계간음죄는 대법원판례가 상정하는 경우는 물론, "성관계가 이루어진다는 사실은 제대로 인식하지만, 성행위를 하겠다는 의사결정에 본질적으로 중요한 요소가 되는 행위자의 의도에 기망이 있는 경우"가 포함되어야 한다고 주장한다. 조국도 위 주장들을 지지한다.

3. 대법원의 논거

두 가지를 들고 있다. 첫째, 대법원은 청소년의성보호에관한법률(현재는 아청법) 제10조의 미성년자간음죄는 형법 제302조의 미성년자간음죄를 가중처벌하는 규정일 뿐 그 구성요건을 형법 규정과 달리하지 아니한다(대법원 2001.6.15. 선고 2001도1017 판결)고 보고 있으므로 형법 제302조에서의 '위계'의 개념과 청소년의성보호에관한법률 제10조 제4항에서의 '위계'의 개념을 동일하게 해석해야 한다고 주장한다. 둘째, 형법 제302조에 정한 죄(간음)를 범한 경우의 법정형은 5년 이하의 징역인데 반하여, 청소년의성보호에관한법률 제10조 제4항에서 정한 죄(간음)를 범한 경우의 법정형은 제1항에서 정한 죄(강간)를 범한 경우와 동일하게 5년 이상의 유기징역이다. 따라서 청소년의성보호에관한법률의 입법 취지를 감안한다고 하더라도, 그

법 제10조 제4항에서 정하는 '위계'는 형법 제302조에서 정하는 '위계'보다 넓은 개념으로 파악하여서는 아니 된다고 주장한다(아래 이상주의 대법원판례해설).

4. 성인지 감수성 개념의 도입과 최근의 형법개정에 따른 재판요지 수정의 필요성

두 가지를 들 수 있다. 첫째, 항소심은 "피해자가 종전에 성경험이 있었다"는 점을 행위 당시에 피해자에게 성교에 대한 사리 판단력이 있는 징표로 보았다. 그러나 이런 식의 논증은 성인지 감수성(gender sensitivity)에 둔감한 논변이므로 2020년대에 걸맞지 않는 논증이므로 향후에는 회피되어야 할 논증이다. 둘째 2020년 5월에 형법 제305조 제2항이 신설되어 "13세 이상 16세 미만의 사람에 대하여 간음 또는 추행을 한 19세 이상의 자는 제297조, 제297조의2, 제298조, 제301조 또는 제301조의2의 예에 의한다". 본 사안의 피해자가 피해당시 16세 미만이었다면 향후 피고인은 미성년자의제강간죄로 의율될 것이고, 16세의 아동·청소년에게 성교에 대한 사리 판단력이 있다고 볼 것인지 여부를 판단할 때는 신중한 판단이 요구된다.

[참고문헌]

이상주, 청소년의성보호에관한법률 제10조 제4항의 위계에 의한 여자 청소년 간음죄에 있어서 '위계'의 개념, 대법원판례해설 41호(2002년 상반기).

심갑보, '위계에 의한 미성년자 간음죄'에 있어서의 위계의 의미, 강의중교수 정년기념논문집(2002)

한영수, '청소년의 성을 사는 행위'와 '위계에 의한 청소년간음행위'의 구별, 형사판례연구 제11호, 2003.

조 국, 강간죄 및 미성년자 등에 대한 위계간음죄 재론, 형사법연구 제28권 제4호(2016 겨울)(통권 69호).

김성천, 청소년의 성보호, 중앙법학 제7집 제3호, 2005.

[필자: 심희기 교수(연세대)]

제8장

도로교통법

8.1

대법원 2017.12.28. 선고 2017도17762 판결

도로교통법상 도로의 의미

[사안] 피고인이 자동차운전면허를 받지 않고 2017. 5. 14. 07:00경 강릉시 (주소 생략)아파트 ○○○동 지하주차장에서부터 같은 아파트 △△△동 지하주차장에 이르기까지 약 50m 구간(이하 '이 사건 주차장'이라 한다)에서 (차량등록번호 생략) SM6 승용차를 운전하였다. 항소심은 피고인의 행위가 도로교통법 제152조 제1호, 제43조를 위반한 무면허운전에 해당한다고 보아, 위 공소사실에 대하여 유죄를 선고한 제1심판결을 그대로 유지하였다.

[재판요지]

1. 도로교통법 제43조는 '누구든지 제80조에 따라 지방경찰청장으로부터 운전면허를 받지 않거나 운전면허의 효력이 정지된 경우에는 자동차 등을 운전하여서는 안 된다'고 정하고, 이를 위반한 경우 처벌하고 있다(도로교통법 제152조 제1호).

도로교통법 제2조 제1호는 '도로'란 도로법에 따른 도로[(가)목], 유료도로법에 따른 유료도로[(나)목], 농어촌도로 정비법에 따른 농어촌도로[(다)목], 그 밖에 현실적으로 불특정 다수의 사람 또는 차마가 통행할 수 있도록 공개된 장소로서 안전하고 원활한 교통을 확보할 필요가 있는 장소[(라)목]를 말한다고 정하고 있다.

도로교통법 제2조 제26호는 '운전'이란 도로에서 차마를 그 본래의 사용방법에 따라 사용하는 것(조종을 포함한다)을 말한다고 정하되, 다음 세 경우에는 도로 외의 곳에서 운전한 경우를 포함한다고 정하고 있다. '술에 취한 상태에서의 운전'(도로교통법 제148조의2 제1항, 제44조), '약물(마약, 대마 및 향정신성의약품과 그 밖에 행정안전부령으로 정하는 것을 말한다)로 인하여 정상적으로 운전하지 못할 우려가 있는 상태에서의 운전'(제148조의2 제3항, 제45조), '차의 운전 등 교통으로 인하여 사람을 사상하거나 물건을 손괴하고 사상자를 구호하는 등 필요한 조치나 피해자에게 인적 사항(성명·전화번호·주소 등을 말한다) 제공을 하지 않은 경우(주·정차된 차만 손괴한 것이 분명한 경우에 제54조 제1항 제2호에 따라 피해자에게 인적 사항을 제공하지 아니한 사람은 제외한다)'(도로교통법 제148조, 제54조 제1항)가 그것이다.

개정 도로교통법(2017. 10. 24. 법률 제14911호로 개정되어 2018. 4. 25. 시행될 예정이다) 제2조 제26호는 차의 운전 등 교통으로 인하여 주·정차된 차만 손괴한 것이 분명한데, 제54조 제1항 제2호에 따라 피해자에게 인적 사항을 제공하지 않은 경우(도로교통법 제156조 제10호)에도 도로 외의 곳에서 한 운전을 운전 개념에 추가하고 있다.

위와 같이 도로교통법 제2조 제26호가 '술이 취한 상태에서의 운전' 등 일정한 경우에 한하여 예외적으로 도로 외의 곳에서 운전한 경우를 운전에 포함한다고 명시하고 있는 반면, 무면허운전에 관해서는 이러한 예외를 정하고 있지 않다. 따라서 도로교통법 제152조, 제43조를 위반한 무면허운전이 성립하기 위해서는 운전면허를 받지 않고 자동차 등을 운전한 곳이 도로교통법 제2조 제1호에서 정한 도로, 즉 '도로법에 따른 도로', '유료도로법에 따른 유료도로', '농어촌도로 정비법에 따른 농어촌도로', '그 밖에 현실적으로 불특정 다수의 사람 또는 차마가 통행할 수 있도록 공개된 장소로서 안전하고 원활한 교통을 확보할 필요가 있는 장소' 중 하나에 해당해야 한다.

위에서 본 도로가 아닌 곳에서 운전면허 없이 운전한 경우에는 무면허운전에 해당하지 않는다. 도로에서 운전하지 않았는데도 무면허운전으로 처벌하는 것은 유추해석이나 확장해석에 해당하여 죄형법정주의에 비추어 허용되지 않는다.

따라서 운전면허 없이 자동차 등을 운전한 곳이 위와 같이 일반교통경찰권이 미치는 공공성이 있는 장소가 아니라 특정인이나 그와 관련된 용건이 있는 사람만 사용할 수 있고 자체적으로 관리되는 곳이라면 도로교통법에서 정한 '도로에서 운전'한 것이 아니므로 무면허운전으로 처벌할 수 없다.

2. 아파트 단지 내 지하주차장은 아파트 단지와 주차장의 규모와 형태, 아파트 단지나 주차장에 차단 시설이 설치되어 있는지 여부, 경비원 등에 의한 출입 통제 여부, 아파트 단지 주민이 아닌 외부인이 주차장을 이용할 수 있는지 여부 등에 따라서 도로교통법 제2조 제1호에서 정한 도로에 해당하는지가 달라질 수 있다.

다. 피고인이 자동차운전면허를 받지 않고 아파트 단지 안에 있는 지하주차장 약 50m 구간에서 승용차를 운전하여 도로교통법 위반(무면허운전)으로 기소된 사안에서, 위 주차장이 아파트 주민이나 그와 관련된 용건이 있는 사람만 이용할 수 있고 경비원 등이 자체적으로 관리하는 곳이라면 도로에 해당하지 않을 수 있는데, 도로교통법 제2조 제1호에서 정한 도로에 해당하는지가 불분명하여 피고인의 자동차 운전행위가 도로교통법에서 금지하는 무면허운전에 해당하지 않는다고 볼 여지가 있는데도, 아파트 단지와 주차장의 규모와 형태, 아파트 단지와 주차장의 진·출입에 관한 구체적인 관리·이용 상황 등에 관하여 심리하지 아니한 채 피고인의 자동차 운전행위가 무면허운전에 해당한다고 보아 유죄를 인정한 원심판결에 심리미진 및 도로교통법에서 정한 도로와 무면허운전에 관한 법리오해의 잘못이 있다.

[사안에의 적용] 이 사건 주차장이 아파트 단지 안에 있는 지하주차장으로서, 아파트 주민이나 그와 관련된 용건이 있는 사람만 이용할 수 있고 경비원 등이 자체적으로 관리하는 곳이라면 도로에 해당하지 않을 수 있다. 그런데 이 사건 주차장이 도로교통법 제2조 제1호에서 정한 도로에 해당하는지 여부가 불분명하다. 따라서 피고인의 자동차 운전행위는 도교법에서 금지하는 무면허운전에 해당하지 않는다고 볼 여지가 있다.

[해설]

1. 교통사고와 관련된 구성요건 중에는 도교법상 도로에서만 성립가능한 것과 그렇지 않은 것으로 분류할 수 있다. 도교법상 무면허운전죄(제152조, 제154조, 제43조)와 업무상과실·중과실 재물손괴죄(제151조) 및 미신고죄(제164조 제4호, 제54조 제2항)는 전자에 해당하고 도교법상 음주운전죄(제148조의2 제1호, 제44조 제1항)와 음주측정불응죄(제148조의2 제2호, 제44조 제2항) 및 약물등운전죄(제154조 제3호, 제148조의2, 제45조)와 미조치죄(제148조, 제54조 제1항), 그리고 특가법상 도주차량죄(특가법 제5조의3)는 후자에 해당한다. 따라서 무면허운전죄가 성립되기 위해서는 도교법상의 도로성을 갖춘 장소인지 여부를 판단하는 것이 관건이 된다.

2. 판례에 의하면 "아파트 단지가 상당히 넓은 구역으로서 비록 여러 곳에 경비실이 설치되어 있고 경비원들이 아파트 주민 이외의 차량에 스티커를 발부해 왔다 하더라도 이는 주민들의 차량으로 하여금 우선 주차할 수 있도록 하기 위한 주차공간확보 차원에서 이루어진 것으로 보일 뿐이고, 그것만으로 아파트 단지 내의 통행로가 특정인들 또는 그들과 관련된 특별한 용건이 있는 자들만이 사용할 수 있는 장소로서 자주적으로 관리되는 장소라고 볼 수는 없고, 현실적으로 볼 때 불특정 다수의 사람이나 차량의 통행을 위하여 공개된 장소라면 교통질서유지 등을 목적으로 하는 일반교통경찰권이 미치는 공공성이 있는 곳으로 도로교통법 제2조 제1호 소정 도로에 해당한다(대법원 2002.9.24. 선고 2002도3190 판결). 이 판결은 아파트 주민이나 그와 관련된 용건이 있는 사람만 이용할 수 있고 경비원 등이 자체적으로 관리하는 곳이라면 도로에 해당하지 않을 수 있으므로 이 점에 대한 심리를 다해야 하는데 그렇지 않았으므로 무면허운전죄가 성립한다고 단정하기 어렵다는 취지이다.

[참고문헌]

주채광, 특정범죄가중처벌등에관한법률위반(도주차량)죄에 대하여 : 구호조치의무의 내용 및 도주의 개념을 중심으로, 판례와 실무, 2004.

김근수, 도로 및 교통사고의 개념 : 도로교통법 및 교통사고처리특례법의 적용범위 일치를 위한 방안 검토, 사법연수원 논문집 제1집, 2004.

[필자: 안성조 교수(제주대)]

8.2

대법원 1999.11.12. 선고 98다30834 판결

도로교통법상 운전의 의미

[사안] 소외 X는 1995. 10. 3. 04:04경 충남 (주소 생략) 소재 물량장 내에서 그의 형인 소외 Y, 여동생인 소외 Z, 소외 Z의 남편인 원고 A와 함께 낚시를 하던 중 소외 Z가 춥다고 하자 소외 Y로부터 소외 Y 소유의 (차량등록번호 생략) 승용차의 열쇠를 넘겨받아 위 물량장 내의 어선계류장 쪽으로 바다를 정면으로 향하여 주차되어 있던 위 승용차에 탑승한 후 시동을 걸어 스팀장치를 작동시키다가 위 승용차의 기기를 잘못 조작하여 위 승용차가 5%의 횡단경사면(길이 100m당 5m의 고저 차이)을 따라 약 14.3m 전진하여 바다에 추락함으로써 소외 X 및 조수석에 동승한 소외 Z가 사망하였다.

피고(보험회사)는 소외 2와 사이에 위 승용차의 운행중 발생한 사고로 인하여 제3자에게 부담하게 되는 모든 손해배상책임(책임보험금 포함)을 전보하기로 하되 책임보험금의 범위를 초과하는 부분에 관하여는 소외 2 또는 그 부모, 배우자 및 자녀 이외의 자의 운전에 의한 사고나 무면허운전에 의한 사고로 인하여 생긴 손해는 보상하지 아니하기로 하는 내용의 가족운전자 한정운전 자동차종합보험계약을 체결하였는데, 소외 X는 자동차 운전면허가 없었다.

항소심은 위와 같은 사실관계 아래에서 위 소외 Z의 사망을 위 승용차의 운행으로 인한 것으로 판단하면서 위 소외 X의 행위를 도로교통법상의 운전에는 해당하지 않는다고 보아 피고의 면책주장을 배척하였는바, 기록상 소외 X가 발진조작을 완료하여 원동기의 동력에 의하여 위 승용차를 진행시켰다는 점을 인정할 증거가 없는 이 사건에 있어 위와 같은 법리에 비추어 원심의 위와 같은 판단은 소외 X가 핸드 브레이크를 풀었는지의 여부와는 관계없이 정당하고, 거기에 위 운행과 운전에 대한 판단을 그르치거나 전후 모순되게 한 위법이 있다고 할 수 없다.

[재판요지]

1. 도교법 제2조 제19호는 '운전'이라 함은 도로에서 차를 그 본래의 사용 방법에 따라 사용하는 것을 말한다고 규정하고 같은 조 제14호는 '자동차'라 함은 철길 또는 가설된 선에 의하지 않고 원동기를 사용하여 운전되는 차를 말한다고 규정하고 있으므로, 자동차의 운전, 즉 자동차를 그 본래의 사용 방법에 따라 사용하는 것에 해당하기 위하여는 자동차의 원동기를 사용할 것을 요하고, 따라서 내리막길에 주차되어 있는 자동차의 핸드 브레이크를 풀어 타력주행을 하는 행위는 '운전'에 해당하지 않는다(다만 통상의 운전중에 내리막길에 이르러 원동기를 일시적으로 정지하여 타력으로 주행시키는 것은 별론으로 한다).

2. 자동차의 본래적 기능 및 도교법의 입법 취지에 비추어 볼 때, 주차중의 자동차를 새로 발진시키려고 하는 경우에 자동차를 그 본래의 사용 방법에 따라 사용하였다고 하기 위하여는 단지 엔진을 시동시켰다는 것만으로는 부족하고 이른바 발진조작의 완료를 요하며, 또한 그로써 족하다.

3. 구 자동차손해배상보장법(1999.2.5. 법률 제5793호로 전문 개정되기 전의 것) 제2조 제2호는 '운행'이라 함은 사람 또는 물건의 운송 여부에 관계없이 자동차를 당해 장치의 용법에 따라 사용하는 것이라고 정의하였는바, 여기에서 자동차를 당해 장치의 용법에 따라 사용한다는 것은 자동차의 용도에 따라 그 구조상 설비되어 있는 각종의 장치를 각각의 장치 목적에 따라 사용하는 것을 말하는 것으로서, 자동차가 반드시 주행 상태에 있지 않더라도 주행의 전후단계로서 주·정차 상태에서 문을 열고 닫는 등 각종 부수적인 장치를 사용하는 것도 포함하므로, 자동차손해배상보장법상의 '운행'은 도로교통법상의 '운전'보다 넓은 개념이지 동일한 개념이 아니라고 할 것이다.

[사안에의 적용] 도교법상 '운전'이라 함은 도로에서 차를 그 본래의 사용 방법에 따라 사용하는 것을 말하고, 주차중의 자동차를 새로 발진시키려고 하는 경우에 자동차를 그 본래의 사용 방법에 따라 사용하였다고 하기 위하여는 단지 엔진을 시동시켰다는 것만으로는 부족하고 이른바 발진조작의 완료를 요하며, 따라서 내리막길에 주차되어 있는 자동차의 핸드 브레이크를 풀어 타력주행을 하는 행위는 '운전'에 해당하지 않는다.

[해설]

1. 도교법상 운전의 의미와 운전의 개시시점

도교법상 운전의 의미는 매우 중요하다. 술을 마시고 자동차에 탔어도 운전에 해당하지 않으면 음주운전죄가 성립하지 않기 때문이다. 판례에 의하면 '운전'이라 함은 도로에서 차를 그 본래의 사용 방법에 따라 사용하는 것으로 여기에서 말하는 운전의 개념은 그 규정의 내용에 비추어 목적적 요소를 포함하는 것이므로 고의의 운전행위만을 의미하고 자동차 안에 있는 사람의 의지나 관여 없이 자동차가 움직인 경우에는 운전에 해당하지 않는다(대법원 2004.4.23. 선고 2004도1109 판결). 따라서 어떤 사람이 자동차를 움직이게 할 의도 없이 다른 목적을 위하여 자동차의 원동기(모터)의 시동을 걸었는데, 실수로 기어 등 자동차의 발진에 필요한 장치를 건드려 원동기의 추진력에 의하여 자동차가 움직이거나 또는 불안전한 주차 상태나 도로여건 등으로 인하여 자동차가 움직이게 된 경우, 그리고 조수석에 탄 자가 호기심에 시동키를 돌려 시동을 건 순간 후진하여 사고를 낸 때에는 자동차의 운전에 해당하지 아니한다. 그리고 운전의 개시시점은 '엔진을 시동하여 발진조작을 완료한 때(발진조작설)'이다(대법원 1999.11.12. 98다30834 판결). 물론 운전의 개시시점에 대하여 학설 중에는 엔진 시동설(엔진 시동시 운전개시)과 발진설(차체의 발진, 이동시 운전개시) 등도 있다. 판례의 입장인 발진조작설에 따르면 미시동 상태에서 핸드브레이크가 풀려 타력으로 자동차가 움직인 경우나 자동차를 인력이나 우마로 끌어 움직인 경우, 주차한 상태 등은 '운전'의 조건을 충족시키지 못하므로 도교법상 운전에 해당하지 않는다. 이 판결은 발진조작설의 입장에서 "자동차의 원동기를 사용할 것을 요하고, 따라서 내리막길에 주차되어 있는 자동차의 핸드 브레이크를 풀어 타력주행을 하는 행위는 '운전'에 해당하지 않는다"고 판단하고 있다. 다만 자배법상 '운행'은 도교법상 '운전'보다 넓은 개념으로 "사람 또는 물건의 운송 여부에 관계없이 자동차를 당해 장치의 용법에 따라 사용하는 것"이므로 위와 같은 사안에서 자동차가 움직인 것은 자배법상 '운행'에는 해당한다고 보고 있다.

2. 운전과 유사한 개념: 교통

참고로 도교법상 '운전'과 비교할 개념으로 '교통'의 개념이 있다. 판례에 의하면 교통이란 '차량을 운전하는 행위 및 그와 동일하게 평가할 수 있을 정도로 밀접하게 관련된 행위'를 뜻한다. 따라서 도교법상 '운전'은 '교통'의 개념에 당연히 포함되지만 '운전'에는 해당하지 않지만 '교통'에 해당하는 경우도 있다. 전술한 바 있는 인력에 의해 자동차를 끄는 행위나 시동을 걸지 않은 상태에서의 타력주행, 그리고 주차상태 등은 운전에는 해당하지 않지만 '운전과 동일하게 평가할 수 있을 정도의 밀접하게 관련된 행위'로서 교통에 해당하여 이와 같은 행위로 인하여 발생한 사고에는 교특법이 적용된다. 예컨대 트럭운전자가 야간에 편도 2차로상에 미등이나 차폭등을 켜지 않은 채 차를 주차시켜 놓았다가 후미에서 오토바이가 추돌하여 그 운전자가 사망한 경우 트럭운전자에게 교특법위반죄를 적용한 판례(대법원 1996.12.20. 선고 96도2030 판결)가 있다. 않는 교특법과 특가법상 교통개념도 도교법과 동일하게 해석된다.

[참고문헌]

김종수, 음주운전을 인한 운전면허취소·정지의 몇 가지 논점, 재판과 판례 제25집, 2016.

[필자: 안성조 교수(제주대)]

8.3

대법원 2002.5.24. 선고 2000도1731 판결

귀책사유 없는 사고차량의 운전자도 도로교통법 제50조 제1항, 제2항의 구호조치의무 및 신고의무가 있는지 여부

[사안] 피고인은 1997. 4. 14. 20:40경 5t 라이노 화물차량(이하 '5t 화물차'라고만 한다)을 운전하여 논산시 채운면 장화리 소재 부교 옆 농로에서 논산방면으로 진행하고자 역주행한 업무상과실로 논산방면에서 강경방면으로 자기 차선을 따라 진행하던 피해자 박종길 운전의 충남 84가 1485호 1t 포터 화물자동차(이하 '1t 화물차'라고만 한다)의 전면 좌측 코너 판넬부위를 5t 화물차의 좌측 뒤후미 적재함 부위로 들이받아 그 충격으로 1t 화물차가 급좌회전하여 미끄러지면서 도로를 가로질러 반대편 전봇대에 충돌하여 위 박종길이 사망하고, 1t 화물차에 동승한 피해자 김문수에게 약 4주간의 치료를 요하는 상해를 입게 하고도 즉시 정차하여 피해자들을 구호하는 등 필요한 조치를 취하지 않고 도주하였다. 이에 피고인은 특가법위반(도주차량)죄로 기소되었다.

항소심은 위 특가법위반(도주차량)죄를 인정할 증거로 검사가 내세우는 증거 중, ① 고두석의 검찰 2회 진술, 1심 및 원심에서의 진술은, 경찰, 검찰, 1심 및 원심에서의 진술이 일관되지 못하고, 그의 진술에 따랐을 때 5t 화물차가 나왔다는 부교 옆 농로는 5t 화물차가 화물을 가득 실은 상태에서 진입하는 것이 불가능해 보이고, 농로로 가야 할 특별한 사정을 찾아보기 어려우며, 1t 화물차가 진행하던 2차선에서 반대 차선쪽 갓길 부근까지 좌곡선 모양으로 급회전하면서 요마크와 스키드마크를 흐리게 내고 있는데, 오른쪽 앞바퀴에 의한 요마크가 5t 화물차가 진행하던 2차선 부근에서 순간적으로 진하게 나타나고, 왼쪽 앞바퀴의 스키드마크는 위 지점에서 단절되면서 튕긴 형태의 자국(스킵 스키드마크)이 나타나, 그 지점에서 충돌된 것으로 추정된다는 점에서 신빙성이 없고, ② 김창옥의 경찰 이래 진술 및 박용규의 경찰 및 검찰에서의 진술은, 이들이 사고를 목격한 것이 아니고, 고두석으로부터 들어 알거나 자신의 견해를 말하는 것에 불과하여 직접적 증거가 되지 못하는바, 고두석의 진술을 믿지 못하는 한 이들 역시 믿기 어려우며, ③ 이홍석의 1심 법정진술, 이홍석 작성의 감정서, 안승남 작성의 교통사고원인분석소견서는, 사고 현장의 도로상에 나타난 요마크 등을 토대로 충돌지점을 추정한 것인데, 앞서 본 바와 같이 피고인의 진행차선에서 충돌한 것으로 인정되므로, 이와 반대견해인 위 각 증거는 믿기 어렵다고 판단하여, 이 부분(도주차량죄)에 대하여 피고인에 대하여 유죄를 선고한 제1심판결을 파기하고, 무죄를 선고할 것이로되, 특가법위반(도주차량)죄와 상상적 경합 관계에 있는 재물손괴 후 조치불이행의 점에 관하여 유죄를 선고하므로 따로 주문에서 무죄선고는 하지 아니한다고 판단하였다.

[재판요지]

1. 도로교통법 제50조 제1항, 제2항이 규정한 교통사고발생시의 구호조치의무 및 신고의무는 차의 교통으로 인하여 사람을 사상하거나 물건을 손괴한 때에 운전자 등으로 하여금 교통사고로 인한 사상자를 구호하는 등 필요한 조치를 신속히 취하게 하고, 또 속히 경찰관에게 교통사고의 발생을 알려서 피해자의 구호, 교통질서의 회복 등에 관하여 적절한 조치를 취하게 하기 위한 방법으로 부과된 것이다.

2. 따라서 교통사고의 결과가 피해자의 구호 및 교통질서의 회복을 위한 조치가 필요한 상황인 이상 그 의무는 교통사고를 발생시킨 당해 차량의 운전자에게 그 사고발생에 있어서 고의·과실 혹은 유책·위법의 유무에 관계없이 부과된 의무라고 해석함이 상당할 것이므로, 당해 사고에 있어 귀책사유가 없는 경우에도 위 의무가 없다 할 수 없고, 또 위 의무는 신고의무에만 한정되는 것이 아니므로 타인에게 신고를 부탁하고 현장을 이탈하였다고 하여 위 의무를 다한 것이라고 말할 수는 없다.

[사안에의 적용] 교통사고시 피고인 운전의 5t 화물차와 위 1t 화물차가 충돌하여 1t 화물차가 폐차되도록 손괴되는 교통사고가 발생한 사실을 피고인이 알았음에도 불구하고 즉시 정차하여 필요한 조치를 취하지 아니한 사실이 인정된다면 설령 당해 사고에 있어 귀책사유가 없는 경우에도 사상자 구호 등 조치의무가 없다 할 수 없고, 또 그러한 의무가 신고의무에만 한정되는 것이 아니므로 타인에게 신고를 부탁하고 현장을 이탈하였다고 하여 위 의무를 다한 것이라고 말할 수는 없는바, 도교법상 (손괴후) 미조치죄가 성립한다.

[해설]

1. 미조치죄의 보호법익과 구성요건 및 처벌공간의 범위

도교법상 미조치죄(현행법 제54조 제1항)는 교통사고를 야기한 운전자등에게 긴급한 조치의무를 부과함으로써 도로에서 일어나는 교통상의 위험과 장해를 방지, 제거하여 안전하고 원활한 교통을 확보함을 목적으로 하는 규정으로서 보호법익은 사고장소에서의 추가사고의 위험방지와 안전하고 원활한 교통확보 및 피해자의 생명신체의 안전이다. 여기서 교통은 도교법상 도로에 한하지 않는다. 본죄의 주체는 '차 또는 노면전차의 교통으로 인하여 교통사고를 야기한 그 차 또는 노면전차의 운전자등'이다. 차에는 개념상 원동기장치잔전거는 물론 자전거도 포함된다. 운전자등이란 운전자나 그 밖의 승무원을 말한다. 즉 사고차의 직접적인 운전자는 물론 안전운행에 공동책임이 있는 조수나 안내원도 본죄의 주체가 되지만 단순동승자는 이에 해당하지 않는다. 이 점은 특가법상 도주차량죄의 주체가 사고차량 당해 운전자로만 국한되는 것과 구분된다. 법문상 사상 후 미조치죄와 손괴후 미조치죄를 모두 포함하지만, 실무상으로는 손괴후 도주한 운전자등을 처벌하는 기능을 한다. 사상후 도주의 경우에는 특가법상 도주차량죄가 별도로 성립하기 때문이다. 도주차량죄는 교통사고의 원인행위가 '업무상과실·중과실'로 제한되지만, 본죄는 원인행위에 대해 아무런 제한이 없으며, 따라서 동

판결은 증거에 의하면 피고인에게 '업무상과실'을 인정하기 어려워 도주차량죄는 성립하지 않지만, 도교법상 미조치죄에서 조치의무는 '고의·과실 혹은 유책·위법의 유무에 관계없이 부과된 의무'이기 때문에 도주차량죄와 상상적 경합관계에 있는 손괴후 미조치죄는 성립됨을 분명히 하고 있는 것이다.

2. 고의로 야기한 교통사고시 미조치죄의 성부

본죄의 성부와 관련해 고의로 교통사고를 야기한 경우에도 제54조 제1항의 조치의무가 부과되는지에 대하여 견해의 대립이 있다. 이와 관련해 그 사고가 교통의 전형적인 경과 및 위험과 연결된 경우에는 본죄의 성립을 긍정하고, 차를 오로지 교통사고 밖의 결과를 야기하기 위해 범행의 도구로만(상해나 살인 등) 이용한 경우에는 행위자에게 교통사고 해당성을 부정하여 본죄의 성립을 부정하는 견해도 있고, 미필적 고의의 경우에는 인식있는 과실과 비교하여 볼 때 의지적 요소에만 차이가 있고 인지적 요소에는 차이가 없으므로 본죄의 교통사고 해당성을 인정해야 한다는 견해 등이 제시되어 있다. 생각건대 고의범이라 하더라도 예컨대 도로주행 중 일시적으로 격분한 나머지 상대차량에 충격을 가해 인적, 물적 피해를 발생시킨 경우라면 추가적인 교통상의 위험과 장해를 방지, 제거함으로써 안전하고 원활한 교통을 확보하려는 본죄의 보호법익의 측면에서 보면 조치의무가 부과된다고 할 수 있으므로 조치의무 미이행시 본죄의 성립을 긍정할 수 있다고 할 수 있을 것이다. 따라서 고의범 사례를 유형화하여 일률적으로 본죄의 성부를 논단하는 것보다 구체적인 개별사례에서 본죄의 보호법익과 행위태양 및 기대가능성 등을 종합적으로 고려하여 본죄의 성립여부를 검토하는 것이 타당하다.

[참고문헌]

이수현, 사고후미조치죄에 대한 검토, 대한변협신문 제759호, 2019.11.

조상제, 도주차량운전자의 가중처벌(특가법 제5조의3) 소정의 도주의 의미해석과 그 한계, 형사판례연구 제5권, 박영사, 1997.

[필자: 안성조 교수(제주대)]

8.4 대법원 2018.11.15. 선고 2018도11378 판결

음주운전죄에서 '2회 이상 위반'의 의미

[사안] 피고인은 2008. 3. 12. 제주지방법원에서 도교법위반(음주운전)죄로 벌금 150만 원의 약식명령을 받았고, 2017. 2. 2. 23:30경 혈중알콜농도 0.125%로 술에 취한 상태로 차량을 운전하였다는 이유로 도교법위반(음주운전)으로 단속되었다. 피고인은 2017. 2. 27. 02:10경 제주시 한경면 저지리에 있는 상호를 알 수 없는 통닭집 앞부터 같은 시 용금로 562에 있는 저지치안센터 앞 도로까지 약 1㎞ 구간에서 혈중알콜농도 0.177%의 술에 취한 상태에서 승용차를 운전하였다. 피고인은 이미 약식명령이 확정된 도교법위반(음주운전) 전력 1회 외에도, 공소사실 기재 음주운전 행위 이전인 2017. 2. 2.자 음주운전 행위에 대하여 동시에 기소가 이루어져 함께 재판을 받게 되었다.

항소심은 이 사건에 적용된 도교법조항 제148조의2 제1항 제1호의 '제44조 제1항을 2회 이상 위반한 사람'을 제44조 제1항을 2회 이상 위반하여 유죄판결이 확정된 경우를 의미한다고 판단하면서 항소심판결 당시 유죄판결이 확정되지 않은 피고인의 2017. 2. 2.자 음주운전 행위를 제외하면, 이 부분 공소사실에 대해 상기 조항을 적용할 수 없어, 상기 조항을 적용한 이 부분 공소사실은 범죄의 증명이 없다고 보고, 따라서 이를 유죄로 인정한 제1심판결을 직권으로 파기하고 이유에서 무죄로 판단하였다.

[재판요지]

1. 도로교통법(이하 '법'이라 한다) 제44조 제1항은 술에 취한 상태에서 자동차 등의 운전을 금지하고, 법 제148조의2 제1항 제1호는 '제44조 제1항을 2회 이상 위반한 사람'으로서 다시 같은 조 제1항을 위반하여 술에 취한 상태에서 자동차 등을 운전한 사람을 1년 이상 3년 이하의 징역이나 500만 원 이상 1천만 원 이하의 벌금에 처한다고 정하고 있다.

2. 법 제148조의2 제1항 제1호는 행위주체를 단순히 2회 이상 음주운전 금지규정을 위반한 사람으로 정하고 있고, 이러한 음주운전 금지규정 위반으로 형을 선고받거나 유죄의 확정판결을 받은 경우 등으로 한정하고 있지 않다. 이것은 음주운전 금지규정을 반복적으로 위반하는 사람의 반규범적 속성, 즉 교통법규에 대한 준법정신이나 안전의식의 현저한 부족 등을 양형에 반영하여 반복된 음주운전에 대한 처벌을 강화하고, 음주운전으로 발생할 국민의 생명·신체에 대한 위험을 예방하며 교통질서를 확립하기 위한 것으로 볼 수 있다.

3. 위와 같은 법 제148조의2 제1항 제1호의 문언 내용과 입법 취지 등을 종합하면, 위 조항 중 '제44조 제1항을 2회 이상 위반한 사람'은 문언 그대로 2회 이상 음주운전 금지규정을 위반하여 음주운전을 하였던 사실이 인정되는 사람으로 해석해야 하고, 그에 대한 형의 선고나 유죄의 확정판결 등이 있어야만 하는 것은 아니다.

[사안에의 적용] 이 사안의 항소심은 도교법 제148조의2 제1항 제1호(현행 도교법 제148조의2 제1항)의 '제44조 제1항을 2회 이상 위반한 사람'을 '제44조 제1항을 2회 이상 위반하여 유죄판결이 확정된 경우'를 의미한다고 좁게 해석했지만, 해당 조문의 문언내용과 입법취지 등을 종합하면 '제44조 제1항을 2회 이상 위반한 사람'은 문언 그대로 2회 이상 음주운전 금지규정을 위반하여 음주운전을 하였던 사실이 인정되는 사람으로 해석해야 하고, 그에 대한 형의 선고나 유죄의 확정판결 등이 있어야만 하는 것은 아니다. 따라서 음주운전으로 기소된 피고인이 과거 저지른 다른 음주운전 행위에 대한 유죄판결이 선고되거나 확정되기 이전이더라도, 이 행위는 '제44조 제1항을 2회 이상 위반한 사람'이라는 문언이 2회 이상 음주운전 금지규정을 위반해 음주운전을 한 기왕의 전력이 인정되는 사람으로 해석되므로, 이미 2회 위반한 사실의 횟수계산에 포함된다.

[해설]

1. 윤창호법의 시행과 '2회 이상 위반한 사람'의 의미

도교법 제148조의2 제1항은 "제44조 제1항(음주운전) 또는 제2항(음주측정불응)을 2회 이상 위반한 사람(자동차등 또는 노면전차를 운전한 사람으로 한정함)은 2년 이상 5년 이하의 징역이나 1천만원 이상 2천만원 이하의 벌금에 처한다". 상습음주운전을 가중처벌하는 조항으로 2018.12.24. 개정 전의 도교법에서는 원래 '3회째' 음주운전을 가중처벌대상으로 하였으나, 소위 윤창호법이라는 이름으로 개정된 도교법에서는 그 기준을 '2회째'로 변경하고 그 법정형의 상한과 하한을 모두 상향하였다. 여기서 '2회 이상 위반한 사람'이란 법문표현 그대로 2회 이상 관련 규정을 위반해 음주운전을 한 전력이 인정되는 사람으로 해석되므로 그에 대한 형의 선고나 유죄의 확정판결이 있어야만 하는 것은 아니다. 따라서 유죄판결이나 약식명령이 확정된 경우는 물론 기소유예처분을 받은 전력도 횟수계산에 포함되며, 형의 실효 등에 관한 법률에 따라 이미 실효된 전과 또는 일반사면된 전과라 하더라도 여기에 포함된다(대법원 2012.11.29. 2012도10269 판결). 그러므로 '2회 이상 위반'의 계산에서는 형의실효 등에 관한 법률 제7조 제1항에 따라 형이 실효되거나 구 도교법 위반 음주운전의 전과도 포함된다. 법원은 공소장변경 없이 직권으로 본항을 적용할 수 없다. 피고인의 방어권 행사에 실질적인 불이익을 초래하기 때문이다(대법원 2019.6.13. 선고 2019도4603 판결).

2. 음주운전 관련 개정사항

일본은 도교법에서 '취기운전'(혈중알콜농도 0.03% 이상으로 우리나라의 기준과 동일)과 그보다 만취정도가 심하고 위험한 '주취운전'을 구분하고 있으나 우리나라의 도교법에는 음주운전에 그러한 개념구분이 없다. 본죄는 고의범이며, 음주운전행위 자체가 객관적 구성요건이므로 이에 대한 인식이 있어야 성립한다.

참고로 2018.12.24. 개정된 도교법에서는 혈중알콜농도의 기준도 기존의 0.05퍼센트에서 0.03퍼센트로 강화되었으며 노면전차(트램)나 자전거에 대한 음주운전 처벌의 근거도 새롭게 마련되었다(제44조 및 제148조의2). 다만, 노면전차는 자동차등과 동일하게 혈중알콜농도에 따라서 제148조의2에 의해 그와 동일한 법정형으로 처벌되나, 자전거는 혈중알콜농도와는 무관하게 별도의 경미한 처벌규정(제156조)에 의해 처벌된다(20만원 이하의 벌금이나 구류 또는 과료). 아울러 음주운전에 대한 엄벌주의적 대응의 취지 하에 2018.12.18. 개정된 특가법에서는 제5조의11 위반(위험운전치사상죄)죄의 법정형도 상향조정되었다.

[참고문헌]

정영호, 도로교통법 제148조의2 제1항 제1호에서 정한 "제44조 제1항(음주운전 금지규정)을 2회 이상 위반한 사람"을 판단하는 기준, 대법원판례해설 제118호, 2019.

권보원, 음주운전처벌법이 사회규범으로 작동하기 위한 조건: 통계와 행동경제학이 주는 교훈, 법경제학연구, 2020.

[필자: 안성조 교수(제주대)]

8.5

대법원 2006.10.26. 선고 2006도5683 판결

음주운전죄의 성부와 위드마크공식

[사안] 피고인은 2005. 8. 29. 21:00경부터 같은 날 22:30경까지 대전 유성구 궁동에 있는 상호불상의 호프집에서 소주 4~5잔을 마신 후 자신의 승용차를 운전하여 집으로 귀가하다가 음주단속에 적발되어 같은 날 23:26경 호흡식 음주측정기에 의하여 혈중알콜농도를 측정한 결과 그 수치가 0.053%로 나왔고, 이에 피고인이 혈액채취에 의한 혈중알콜농도측정을 요구하여 같은 날 23:57경 대전 소재 성심병원에서 혈액을 채취하여 혈중알콜농도를 측정한 결과 그 수치가 0.046%로 나온 사실이 인정된다.

항소심은 혈액채취결과를 가지고 위드마크공식에 따라 피고인의 음주운전 적발시점인 2005. 8. 29. 23:26경의 혈중알콜농도를 계산하면 0.05%로서 처벌기준치의 최소한도에 해당할 뿐만 아니라, 피고인의 이 사건 음주시각과 혈액채취시각과의 시간적 간격이 87분에 불과한 등의 사정으로 인하여 이 사건 음주운전 당시의 시각이 혈중알콜농도 상승기에 속하는지 아니면 하강기에 속하는지 확정할 수 없는 등의 사유로 위드마크공식에 의한 역추산 방식에도 상당 정도의 불확실성이 내재할 수밖에 없는 점 등을 고려할 때, 혈액채취방식으로 사후 측정된 혈중알콜농도에 그 사이의 감소치를 가산하여 나온 수치가 처벌기준치인 0.05%에 해당한다는 점만으로는 이 사건 공소사실을 유죄로 인정하기에 부족하다는 것은 제1심의 판단과 같다고 하면서도, 한편 이 사건의 경우에는 위 혈액채취 방식에 의한 측정수치 외에 음주단속 현장에서 호흡측정 방식에 의하여 측정된 혈중알콜농도 0.053%의 측정수치가 존재하는 사실, 이 사건 음주측정기는 주식회사 삼안전자의 SA-2000(일련번호 002485) 제품으로서 2005. 6. 22. 그 오차를 반영하여 0.100%의 알콜표준가스를 사용하여 그 프로그램의 교정이 이루어졌고 그 유효기간은 교정일로부터 4개월인 사실, 이에 따라 이 사건 음주측정기에서는 모든 경우에 실제 혈중알콜농도 수치보다 0.005% 정도 낮게 음주수치가 측정되게 된 사실, 2005. 8. 29. 이 사건 음주측정기로 측정된 피고인의 혈중알콜농도는 0.053%인 사실을 인정한 다음, 이러한 인정 사실과 혈액채취 방식에 의하여 측정된 혈중알콜농도에 피고인에게 가장 유리한 수치를 적용하여 위드마크공식에 의하여 산출된 혈중알콜농도가 위 수치에 근접한 0.050%인 점을 종합하여 보면, 피고인이 혈중알콜농도 0.053%의 술에 취한 상태에서 음주운전을 하였다는 취지로 원심에서 변경된 공소사실을 그대로 인정할 수 있다고 판단하여 피고인에 대하여 유죄를 선고하였다.

[재판요지]

음주시각과 혈액채취에 의한 혈중알콜농도를 측정한 시각과의 시간적 간격이 87분에 불과한 점 등을 고려할 때 처벌기준치를 겨우 0.003% 넘는 0.053%의 호흡측정결과 수치만으로는 합리적 의심을 넘는 충분한 정도로 음주운전의 증명이 있다고 볼 수 없다.

[사안에의 적용] 이 사건 음주시각과 혈액채취에 의한 혈중알콜농도를 측정한 시각과의 시간적 간격이 87분에 불과하여, 그 도중에 있는 적발시점과 혈액채취시점 사이에 혈중알콜농도가 상승기였는지 하강기였는지를 알 수 없는 등의 사유로 위드마크공식에 의한 역추산방식에 상당한 의문과 불확실성이 내재할 수밖에 없고, 위드마크공식에 의한 혈중알콜농도가 겨우 0.05%에 불과한 점 등을 고려할 때 혈액채취결과를 가지고 역산한 수치는 유죄의 증거가 될 수 없다면, 처벌기준치를 겨우 0.003% 넘는 0.053%의 호흡측정결과 수치만으로는 합리적 의심을 넘는 충분한 정도로 음주운전의 입증이 있다고 볼 수는 없다.

[해설]

1. 위드마크공식을 활용한 기존판례

위드마크공식은 음주량과 혈중알콜농도의 상관관계를 나타낸 수식으로 스웨덴의 과학자 위드마크가 고안한 것이다. 대법원 판례는 위드마크공식에 의한 혈중알콜농도 추정방식을 수용하고 있는데, 원래의 공식에 체내흡수율이라는 보정식을 도입하여 소위 '수정된 위드마크공식'을 활용하고 있다(대법원 2000.11.24. 선고 2000도2900 판결). 판례에 의하면 이 공식을 적용하기 위한 기초사실, 예컨대 음주량, 음주시각, 체중 등은 엄격한 증명을 요하며 원칙적으로 전문가에 의한 감정이 필요하며 음주시점과 운전시점 및 측정시점 간에 간격이 애매하여 혈중알콜농도가 상승국면에 있는지 하강국면에 있는지 판별하기 어려운 경우에는 그 혈중알콜농도가 처벌기준치를 약간 넘는다고 하여 운전시점의 혈중알콜농도가 처벌기준을 초과했다고 단정할 수 없다(대법원 2006.3.10. 선고 2005도7249 판결). 아울러 판례는 위드마크공식에 의한 추정치가 처벌기준을 근소하게 초과한 때(예컨대, 과거처벌기준 기준으로 0.051부터 0.054인 사례)에는 유죄로 단정할 수 없다는 입장이다(대법원 2005.7.14. 선고 2005도3298 판결; 대법원 2001.7.13. 선고 2001도1929 판결).

대상판결은 음주시각과 혈액채취에 의한 혈중알콜농도를 측정한 시각과의 시간적 간격이 87분에 불과하여 혈중알콜농도가 상승기였는지 하강기였는지를 알 수 없는 등의 사유로 위드마크공식에 의한 역추산 방식에 상당한 의문과 불확실성이 내재할 수밖에 없고, 비록 0.053%의 호흡측정결과가 나왔다고 하더라도 위드마크공식에 의한 혈중알콜농도가 겨우 0.05%에 불과한 점 등을 고려할 때 합리적 의심을 넘는 충분한 정도로 음주운전의 입증이 있다고 볼 수 없다는 취지이다.

2. 혈중알콜농도의 측정결과와 관련된 판례의 입장

이밖에도 판례에 의하면 물로 입안을 헹구지 아니한 상태에서 한 호흡측정기에 의한 혈중알콜농도의 측정결과만으로도, 그것이 실제 혈중알콜농도와 반드시 같다고 단정할 수 없거나, 실제 혈중알콜농도보다 높을 수 있다는 의심을 배제할 수 없지만(대법원 2006.11.23. 선고 2005도7034 판결) 시간당 알콜분해량에 관하여 알려져 있는 신빙성 있는 통계자료 중에서 피고인에게 가장 유리한 것을 대입하여 위드마크공식을 적용하여 운전시의 혈중알콜농도를 계산하는 것은 피고인에게 실질적인 불이익을 줄 염려가 없으므로 그 계산결과는 유죄의 인정자료로 사용할 수 있다(대법원 2001.6.26. 선고 99도5393 판결)고 한다.

[참고문헌]

이우룡, 피측정자가 물로 입 안을 헹구지 아니한 상태에서 호흡측정기로 측정한 혈중알콜농도 수치의 신빙성, 대법원판례해설 제66호, 2007.7.

[필자: 안성조 교수(제주대)]

8.6

대법원 2004.11.12. 선고 2004도5257 판결

음주운전죄와 음주측정거부죄의 죄수관계

[사안] 피고인은 2003. 7. 3. 21:15경 대구 61마 5126호 스타렉스 승합차를 운전하여 대구 달성군 유가면 상리 352의 7 소재 대덕공업사 앞길에서 같은 군 구지면 고봉리 소재 고봉네거리 앞길까지 2㎞ 가량 진행하다가, 그 곳에서 음주단속 중이던 대구 달성경찰서 구지파출소 소속 순경 장성해에 의하여 음주감지기로 음주사실이 감지되었고, 당시 피고인은 혈색이 붉고 입에서 술 냄새가 나고 있었던 사실, 피고인은 같은 날 21:27경 구지파출소에서 장성해로부터 음주측정 고지를 받았으나, 21:35경, 21:47경 및 21:57경 총 3차에 걸쳐 음주 측정을 거부한 사실, 피고인은 음주측정거부로 입건된 후, 혹시 채혈을 하여 음주수치가 나오지 않을지도 모른다는 생각에 채혈을 요구하여, 같은 날 23:02경 대구 달성군 현풍면 소재 현풍하나병원 응급실에서 채혈하였고, 국립과학연구소 남부 분소의 감정인 유재훈의 채혈감정결과 위 혈액의 혈중알콜농도는 0.130%로 판명되어, 음주측정거부와 주취운전의 각 도교법위반죄로 기소되었다.

항소심은 "음주측정거부죄의 입법 취지가 음주운전임을 입증하기 위하여 운전자의 자발적인 협조가 필요한 음주측정호흡기에 의한 측정을 실시하고 있으나 이를 거부하게 되면 운전자의 음주상태를 도저히 입증하기가 어렵게 되므로, 음주측정을 거부한 자에 대하여 음주측정요구에 불응하는 행위 자체를 주취운전과 동일한 법정형으로 처벌하도록 함으로써 음주측정을 간접적으로 강제하여 교통의 안전을 도모함과 아울러 음주운전에 대한 입증과 처벌을 용이하게 하려는 데에 있는 점, 동일한 음주운전에 대하여 음주측정거부와 주취운전의 각 도교법위반죄가 실체적 경합관계에 있다고 인정한다면 동일한 법익침해가 있을 뿐인 일련의 행위에 대해서 이중 처벌하는 결과가 될 뿐만 아니라, 음주측정거부 후에 음주수치가 확인되는 경우가 끝까지 음주측정을 거부하는 경우보다 비난가능성이 높다고 할 수 없음에도 불구하고 그 처단형이 경합범 가중으로 인하여 더 높아지게 되는 불합리성이 있는 점 등에 비추어 보면, 운전자가 호흡측정기에 의한 음주측정을 거부하여 음주측정거부죄가 기수에 도달한 경우에는 그 후 채혈 등을 통하여 음주수치가 밝혀졌다 하더라도 음주측정거부죄로만 처벌하여야 하고, 음주측정거부 외에 주취운전을 추가로 처벌할 수는 없다"고 판단하여, 이 사건 공소사실 중 음주측정거부의 점만을 유죄로 처단하고 주취운전의 점에 대하여는 무죄를 선고하였다.

[재판요지]

도교법 제107조의2 제2호 음주측정불응죄의 규정취지 및 입법 연혁 등을 종합하여 보면,

1. 주취운전은 이미 이루어진 도로교통안전침해만을 문제삼는 것인 반면 음주측정거부는 기왕의 도로교통안전침해는 물론 향후의 도로교통안전 확보와 위험 예방을 함께 문제삼는 것이다.

2. 주취운전은 도로교통법시행령이 정한 기준 이상으로 술에 '취한' 자가 행위의 주체인 반면, 음주측정거부는 술에 취한 상태에서 자동차 등을 운전하였다고 인정할 만한 상당한 이유가 있는 자가 행위의 주체인 것이다.

3. 결국 양자가 반드시 동일한 법익을 침해하는 것이라거나 주취운전의 불법과 책임내용이 일반적으로 음주측정거부의 그것에 포섭되는 것이라고는 단정할 수 없으므로, 결국 주취운전과 음주측정거부의 각 도교법위반죄는 실체적 경합관계에 있는 것으로 보아야 한다.

[사안에의 적용] 도교법 제107조의2 제2호의 음주측정불응죄는 술에 취한 상태에 있다고 인정할 만한 상당한 이유가 있는 사람이 같은 법 제41조 제2항의 규정에 의한 경찰공무원의 측정에 응하지 아니한 경우에 성립하는 것으로서, 동 조항의 규정 취지 및 입법 연혁 등을 종합하여 보면, 음주운전과 음주측정거부의 각 도교법위반죄는 실체적 경합관계에 있다.

[해설]

1. 음주측정불응죄의 구성요건

음주측정불응죄의 주체는 '술에 취한 상태에서 운전하였다고 인정할 만한 상당한 이유가 있는 사람'이다. 여기서 상당한 이유란 음주측정요구 당시 운전자가 반드시 2018. 12.24. 개정된 혈중알콜농도 기준치인 0.03% 이상의 상태에 있어야 하는 것은 아니지만 운전 당시 적어도 그 이상의 상태에 있다고 인정할 만한 상당한 이유를 의미한다. 따라서 혈중알콜농도가 실제로 0.03% 이상에 이르지 않더라도 승용차를 지그재그 운전하거나, 술냄새를 많이 풍기며 혀꼬부라진 소리로 답변하는 등 상당한 정도의 주취상태에 있다고 인정할 만한 경우라면 상당한 이유가 인정될 수 있다. 상당한 이유의 존재는 엄격한 증명의 대상이며 따라서 음주측정에 불응하였다는 사정만으로는 상당한 이유가 있다고 볼 수 없고, 호흡측정기에 의한 음주측정요구 전에 사용되는 음주감지기 시험에서 음주반응이 나왔다는 점만으로는 상당한 이유가 있다고 볼 수 없다(대법원 2003.1.24. 선고 2002도6632 판결). 그러나 음주측정요구를 받을 당시에 상당한 이유가 인정되는 이상, 사후적으로 혈액채취에 의한 음주측정결과가 기준치를 다소 못 미치더라도 본죄의 성립에 영향이 없다(대법원 2004.10.15. 선고 2004도4789 판결).

본죄가 성립하기 위해서는 경찰공무원의 음주측정요구가 적법해야 한다. 따라서 위법한 체포상태에서 음주측정요구가 이루어진 경우, 그에 불응하더라도 본죄가 성립하지 않는다(대법원 2012.12.13. 선고 2012도11162 판결). 즉 여기서 음주측정요구의 '적법성'은 본죄가 성립하기 위해 필요한 '기술되지 않은 구성요건요소'라고 말할 수 있다.

2. 음주측정불응죄의 성격과 음주운전죄와의 죄수관계

음주측정불응죄 조문이 도교법에 신설되기 전에는 음주측정불응행위는 음주운전죄에 대한 '가중적 양형인자'에 불과한 것이었다. 하지만 음주측정불응죄가 도교법에 신설된 이후 본죄의 성격을 어떻게 파악할 것인지 문제되었고, 항소심 판결처럼 본죄의 독자적 성격을 부인하고 여전히 이를 가중적 양형인자로 보는 견해도 있었으나, 이에 대법원은 음주측정불응죄의 보호법익이 음주운전죄의 그것과 다르고 양죄는 실체적 경합관계에 있다고 설시함으로써 음주측정불응죄의 독립된 구성요건으로서의 성격을 공인한 판결로 볼 수 있다. 이러한 판단에 이르는 논증 과정은 다음과 같다.

"항소심은 음주측정거부 후에 음주수치가 확인되는 경우가 끝까지 음주측정을 거부하는 경우보다 비난가능성이 높다고 할 수 없음에도 불구하고 그 처단형이 경합범 가중으로 인하여 더 높아지게 되어 불합리하다는 점을 그 논거의 하나로 내세우고 있다. 그러나 ① 우리 형사소송법에 의하더라도 음주측정을 거부한 사람에 대하여 법원의 감정처분허가장 등을 발부 받아 강제로 혈액을 채취한 다음 그 혈액을 의사로 하여금 감정하게 하는 방법으로 혈중알콜농도를 측정하지 못할 이유는 없으며, 교통경찰관들이 음주측정을 거부하는 운전자들에 대하여 강제채혈을 하지 않고 음주측정거부로만 의율하는 것은 어디까지나 우리 형사소송법이 강제채혈에 관련된 명시적 규정을 따로 두지 아니하고 있는 데서 오는, 절차적인 불명확함이나 번거로움, 시·공간적 제약 등에서 비롯되는 실무 관행일 뿐이므로, 원심이 지적하는 처단형의 불균형이란 결국 위와 같은 실무 여건으로 말미암아 생길 수 있는 극히 예외적인 현상으로서 이를 이유로 내세워 도로교통법위반(주취운전)죄의 성립 자체를 부인함은 사리에 맞지 않고, ② 오히려 음주측정거부의 주체는 술에 취한 상태에 있다고 인정할 만한 상당한 이유가 있는 사람일 뿐, 반드시 술에 취한 상태에 있는 사람이 아니므로, 예를 들어 술에 취한 상태에서 운전을 하였다고 인정할 만한 상당한 이유가 있는 두 사람의 운전자들이 각각 음주측정거부를 하였다가, 사후에 혈액을 채취하여 감정한 결과, 한 사람은 적발 당시의 혈중알콜농도가 기준(0.05%)에 미달하는 것으로 드러나고 다른 사람은 이를 초과하는 것으로 드러나더라도, 원심의 논리를 따르자면 두 사람 모두 음주측정거부로만 처벌할 수밖에 없어 오히려 비난가능성과 처단형이 균형을 이루지 못하게 되며, ③ 특히 이 사건의 경우 피고인은 일단 음주측정을 거부한 후 혹시 채혈 감정한 결과 혈중알콜농도가 0.05%에 미달하면 처벌이 감면될지도 모른다고 착각한 나머지 채혈검사를 요구하였는바, 이는 음주측정거부행위를 뉘우친 것이 아니어서 비난가능성의 경중에 관한 원심의 논리는 이 사건의 실제 내용과는 무관한 일반론에 근거한 것이고 구체적 타당성이 결여되어 있다. 결국, 위와 같은 원심의 견해는 범죄의 성립요건으로서의 책임과 양형의 기초로서의 책임을 혼동한 것이어서 받아들이기 어렵고, 원심이 지적한 문제점은 선고형량을 정하는 과정에서 충분히 해소될 수 있는 것이다".

[참고문헌]

심희기, 음주측정불응죄의 보호법익(법익의 창설)과 양평책임, 고시연구 제32권 제4호, 2005.4.

심희기, 음주측정불응죄의 성립요건과 계속운전의 의사-음주측정불응죄에 관한 종전의 대법원 판결과 최근의 헌법재판소 결정, 형사판례연구 제6권, 1998.7.

[필자: 안성조 교수(제주대)]

8.7

대법원 2002.10.22. 선고 2002도4203 판결

운전면허 취소전력과 무면허운전죄의 고의성부

[사안] 피고인은 운전면허를 받지 아니하고 2001. 2. 10. 12:15경 대구 수성구 지산동 751-3 앞길부터 대구 남구 봉덕동 소재 상동교 앞길까지 자동차를 운전하였다.

이에 항소심은 "피고인이 적성검사를 받지 아니하여 1996. 8. 28. 운전면허가 취소되고 그 취소사실이 공고되었으나, 운전면허 취소통지에 갈음하여 적법한 공고가 있어 운전면허 취소처분이 효력을 발생하게 되었다고 하더라도 그것만으로 피고인이 운전면허가 취소된 사실을 알게 되었다고 볼 수 없고, 피고인이 운전면허가 취소된 사실을 알고도 운전을 하였다는 점을 인정할 수 있는 증거가 없다. 따라서 이 사건 공소사실은 범죄사실의 증명이 없는 경우에 해당한다"고 판시하였다.

[재판요지]

1. 적성검사를 받지 아니하여 운전면허가 취소되고 그 취소 사실의 통지에 갈음하여 적법한 공고가 이루어졌다면 운전면허를 받은 사람이 면허가 취소된 사실을 모르고 자동차를 운전하였다고 하더라도 그 운전행위는 무면허운전에 해당한다.

2. 면허증에 그 유효기간과 적성검사를 받지 아니하면 면허가 취소된다는 사실이 기재되어 있고, 이미 적성검사 미필로 면허가 취소된 전력이 있는데도 면허증에 기재된 유효기간이 5년 이상 지나도록 적성검사를 받지 아니한 채 자동차를 운전하였다면 비록 적성검사 미필로 인한 운전면허 취소사실이 통지되지 아니하고 공고되었다 하더라도 면허취소사실을 알고 있었다고 보아야 하므로 무면허운전죄가 성립한다.

[사안에의 적용] 적성검사를 받지 아니하여 운전면허가 취소되었다가 운전면허를 다시 취득한 전력이 있고, 교부받은 운전면허증에 그 유효기간이 명시적으로로 기재되어 있고 "정기적성검사는 면허증의 유효기간 내에 하지 않으면 운전면허가 취소됩니다"라는 안내문도 기재되어 있는데, 그 기간 안에 적성검사를 받지 아니하여 운전면허가 다시 취소되었으며, 그 면허취소 사실이 주소지로 통지되었으나 소재불명으로 통지가 반송되자 면허증에 기재된 주소지를 관할하는 경찰관서에 면허취소사실이 10일간 공고되어 위 운전면허 취소처분의 효력이 발생했고 이와 같이 운전면허가 취소된 뒤 자동차를 운전한 것은 무면허운전에 해당할 뿐만 아니라, 소지하고 있던 면허증에 그 유효기간과 적성검사를 받지 아니하면 면허가 취소

된다는 사실이 분명하게 기재되어 있고 이미 적성검사를 받지 아니하여 면허가 취소된 전력이 있는데도 면허증에 기재된 유효기간이 5년 이상 지나도록 적성검사를 받지 아니한 경우라면 무면허 운전의 고의가 인정된다.

[해설]

1. 무면허운전죄의 객관적·주관적 구성요건

도교법상 무면허운전죄는 유효한 운전면허가 없음을 알면서도 자동차등을 운전할 때에만 성립하는 고의범이다(대법원 2004.12.10. 선고 2004도6480 판결). 미필적 고의로도 족하고 과실범 처벌규정은 없다. 우선 본죄의 객관적 성립요건으로서의 주체는 운전면허를 '받지 아니한 자' 또는 운전면허를 '받았으나 그 효력이 정지된 자'이다. 본죄의 성립여부가 주로 문제되는 것은 바로 '면허를 받았으나 그 효력이 정지된 자'이며 따라서 효력의 소멸여부가 객관적 구성요건의 충족을 판단하는 관건이 된다. 운전면허의 효력발생시기는 '운전면허증을 발급받은 때'이며, 이때의 문언의 해석과 관련해 현실적으로 면허증을 교부받은 때라는 견해와 본인 또는 대리인이 교부받을 수 있는 상태에 있을 때라는 견해의 대립이 있으나 판례는 후설을 채택하고 있다(대법원 1997.1.21. 선고 96다40127 판결). 운전면허의 효력소멸시기와 관련해 운전면허의 취소·정지처분은 그 대상자에게 통지하여야 효력이 발생하지만, 단지 적성검사기간 또는 유효기간 등이 경과하거나 면허의 취소·정지처분이 있더라도 이러한 사정만으로는 곧바로 운전면허의 효력이 소멸하지 않는다. 대상자에게 적법한 통지(또는 그에 갈음한 공고)가 없는 동안은 면허의 취소·정지처분의 효력이 생길 수 없어 면허의 효력이 소멸되지 않기 때문이다. 하지만 운전면허 취소·정지처분은 적법한 통지나 공고가 있을 경우에는 운전면허증의 반납여부를 불문하고 효력이 발생하며, 따라서 운전면허를 받은 사람이 면허가 취소된 사실을 모르고 운전하였다고 하더라도 그 운전행위는 무면허운전에 해당한다(대법원 1991.11.8. 선고 91누2588 판결). 다만, 운전면허취소처분을 받은 후 자동차를 운전하였으나 위 취소처분이 행정쟁송절차에 의하여 취소된 경우에는 소급하여 효력을 잃게 되므로 취소판결 확정시까지의 운전행위는 무면허운전으로 볼 수 없다(대법원 1999.2.5. 선고 98도4239 판결)

2. 취소나 정지처분의 공고와 무면허운전죄의 고의 인정여부

본죄의 주관적 구성요건과 관련해 운전면허의 취소·정지처분이 해당 면허증 소지자에게 적법하게 통지된 때에는 고의를 인정함에 문제가 없다. 하지만 취소나 정지처분이 통지에 갈음하여 공고된 경우에는, 적법한 공고를 거쳤다면 그러한 처분의 효력이 발생하지만, 그러한 공고가 있다고 하더라도 당사자가 면허취소 또는 정지 처분을 받은 사실을 인식하지 못한 경우에는 무면허운전죄의 고의를 인정할 수 없다. 따라서 관할 경찰당국이 운전면허취소처분의 통지에 갈음하는 적법한 공고를 거쳤다 하더라도, 그것만으로 운전자가 면허가 취소된 사실을 알게 되었다고 단정할 수는 없으며, 이 경우 운전자가 그러한 사정을 알았는지는 각각의 사안에서 면허취소의 사유와 취소사유가 된 위법행위의 경중, 같은 사유로 면허취소를 당한 전력의 유무, 면허취소처분 통지를 받지 못한 이유, 면허취소 후 문제된 운전행위까지의 기간의 장단, 운전자가 면허를 보유하는 동안 관련 법령이나 제도가 어떻게 변동하였는지 등을 두루 참작하여 구체적·개별적으로 판단하여야 한다. 그러므로 운전면허증 앞면에 적성검사 기간이 기재되어 있고, 뒷면 하단에 경고 문구가 있다는 점만으로 당사자가 정기적성검사 미필로 면허가 취소된 사실을 미필적으로나마 인식하였다고 추단하기 어렵다(대법원 2004.12.10. 선고 판결). 반면, 대상판결은 같은 사유로 면허취소를 당한 전력의 유무 등을 고려하여 "면허증에 그 유효기간과 적성검사를 받지 아니하면 면허가 취소된다는 사실이 기재되어 있고, 이미 적성검사 미필로 면허가 취소된 전력이 있는데도 면허증에 기재된 유효기간이 5년 이상 지나도록 적성검사를 받지 아니한 채 자동차를 운전하였다면 비록 적성검사 미필로 인한 운전면허 취소사실이 통지되지 아니하고 공고되었다 하더라도 면허취소사실을 알고 있었다고 보아야 한다"는 취지로 무면허운전의 고의를 인정할 수 있다는 판결이다.

[참고문헌]

여훈구, 적성검사 미필로 인한 운전면허 취소 공고와 도로교통법위반(무면허운전)죄의 성립 여부, 형사판례연구 제11호, 2003.

[필자: 안성조 교수(제주대)]

제9장

교통사고처리 특례법

9.1

대법원 2017.5.31. 선고 2016도21034 판결

교특법상 처벌 특례의 인적 적용범위

[사안] 피고인 甲은 OO주식회사의 작업팀장으로서 오리의 상하차 업무를 담당하는 사람이며 피고인 乙은 트럭의 운전업무에 종사하는 사람이다.

피고인 乙은 2015. 5. 12. 04:15경 트럭(교특법 제4조 제1항에서 정한 보험에 가입)을 운전하여 피해자가 운영하는 오리농장 축사 5동 앞에서 위 트럭 적재함에 고박된 케이지에 오리를 상차한 후 다시 추가로 오리를 상차하기 위하여 차량을 축사 4동 앞으로 10m 정도 이동하여 정차한 다음 아직 차량의 시동을 끄지 아니한 채 운전석에 앉아 있었는데, 차량의 좌우가 경사진 곳에 정차한 것이 원인이 되어 케이지의 고박이 풀려 넘어지면서 위 차량 앞으로 다가서던 피해자의 하반신 위로 떨어지게 하여 피해자에게 약 8주간의 치료가 필요한 다발성 갈비뼈 골절 등의 상해를 입게 하였다.

제1심은 (1) 이 사건 사고 당시 트럭이 완전히 정차되어 있었다 하더라도 이 사건 사고는 트럭의 이동과 정차 과정에서 발생한 것으로 교특법 제2조 제2호에서 정한 교통사고에 해당하며, 피고인 乙은 위 트럭의 운전자로서, 피고인 甲은 피고인 乙과 공동하여, 교통사고로 인하여 형법 제268조의 죄를 범하였다고 인정한 다음, (2) 결국 이 사건 공소사실은 교특법 제3조 제1항에 해당하는 죄로서 교특법 제4조 제1항에 의하여 교통사고를 일으킨 차가 같은 항에서 정한 보험에 가입한 경우에 공소를 제기할 수 없는데, 위 트럭이 특례법 제4조 제1항에서 정한 보험에 가입한 사실이 인정되므로 이 사건 공소는 공소제기의 절차가 법률의 규정에 따라 무효인 때에 해당한다고 보아 피고인들에 대한 공소를 모두 기각하는 판결을 선고하였다. 항소심 역시 제1심과 같은 이유로 해당 사고가 교특법의 '교통사고'라고 인정하면서 검사의 항소이유를 받아들이지 않았다.

[재판요지]

교특법 제1조는 업무상과실 또는 중대한 과실로 교통사고를 일으킨 운전자에 관한 형사처벌 등의 특례를 정함으로써 교통사고로 인한 피해의 신속한 회복을 촉진하고 국민생활의 편익을 증진함을 목적으로 한다고 규정하고 있고, 제4조 제1항 본문은 차의 교통으로 업무상과실치상죄 등을 범하였을 때 교통사고를 일으킨 차가 특례법 제4조 제1항에서 정한 보험 또는 공제에 가입된 경우에는 그 차의 운전자에 대하여 공소를 제기할 수 없다고 규정하고 있다. 따라서 교특법 제4조 제1항 본문은 차의 운전자에 대한 공소제기의 조건을 정한 것이다.

그리고 교특법 제2조 제2호는 '교통사고'란 차의 교통으로 인하여 사람을 사상하거나 물건

을 손괴하는 것을 말한다고 규정하고 있는데, 여기서 '차의 교통'은 차량을 운전하는 행위 및 그와 동일하게 평가할 수 있을 정도로 밀접하게 관련된 행위를 모두 포함한다.

[사안에의 적용] 트럭의 운전자인 피고인 乙은 사건 당시 차량을 정차한 후 시동을 끄지 않은 상태에서 차량의 문을 열고 밖으로도 나오지 않았기 때문에 아직 운전 중에 있거나 최소한 운전에 수반되고 밀접한 최종 정차 및 시동 소거의 과정에 있었다고 볼 수 있다. 따라서 이 단계에서 피고인 乙이 평탄한 지형에 정차하지 않은 과실로 차량의 무게 중심이 한쪽으로 쏠려서 발생한 사고는 '교통사고'로 인정된다. 결국 교특법 제4조 제1항에 따라 피고인 乙에 대한 이 사건 공소는 공소제기의 절차가 법률의 규정에 따라 무효인 때에 해당하므로 공소가 기각된다.

반면 피고인 甲은 트럭의 운전과 밀접한 행위는 하지 않고 다만 이 트럭의 이동, 정차와 오리의 상하차 업무 전반을 담당하는 사람이므로 상하차 작업 과정에서 사고가 발생하지 않도록 필요한 조치를 제대로 하지 아니한 업무상의 과실이 있다. 이 때 피고인 甲이 담당하는 업무 및 그에 따른 주의의무와 과실의 내용은 피고인 乙의 경우와 다르며 교특법이 적용되는 운전자라 할 수 없기 때문에 형법 제268조에서 정한 업무상과실치상의 죄책을 진다.

[해설]

1. 교특법 제3조 제1항의 공동정범

제1심 및 항소심은 甲과 乙에 대하여 교특법 제3조 제1항 위반(이하, 교특법위반죄)의 공동정범(형법 제30조)이 성립한다고 판시한 반면 대법원은 甲과 乙의 업무와 업무상 과실의 내용이 다르다는 이유로 양자의 공동정범 성립을 부정하였다. 과실범의 공동정범을 일관되게 인정하여 온 대법원의 입장에서 甲과 乙의 교특법위반죄의 공동정범 성립을 왜 부정하였는지 의문이 제기된다.

대법원은 그동안 공동의 목표와 의사의 연락이 있으면 과실범의 공동정범이 성립한다는 입장(대법원 1997.11.28. 선고 97도1740 판결)에 있었고 운전자와 비운전자의 교특법위반죄 공동정범 성립 가능성 역시 인정하는 입장(대법원 2007.7.26. 선고 2007도2919 판결)이었다. 사안의 경우도 甲과 乙이 함께 안전하게 오리의 상하차 작업을 한다는 공동의 의사와 연락이 있었다고 본다면 공동의 업무와 그에 따른 동일한 주의의무가 있었다고 볼 여지가 있다.

한편 교특법위반죄의 공동정범 성립과 관련하여 교특법위반죄의 '신분범'으로서의 성격과 형법 제33조의 적용에 대한 논의가 필요하다. 이에 대해서는 교특법위반죄를 형법상 과실치상죄의 가중적 구성요건으로 보아 부진정신분범으로 보는 견해가 설득력이 있다.

2. 교특법 처벌 특례의 인적 적용 범위

제1심 및 항소심은 트럭의 종합보험 가입을 이유로 교특법 제4조 제1항에 따라 교특법 위반죄의 공동정범인 甲과 乙 모두에 대한 공소를 기각하였다. 반면 대법원은 甲과 乙의 공동정범 성립을 부정하면서 甲은 운전자가 아니므로 종합보험가입에 따른 처벌 특례도 적용되지 않는다고 판시하였다.

설사 교특법의 공동정범이 인정된다 하더라도 종합보험 가입에 따른 처벌 특례의 적용 범위가 어디까지인지에 대해서는 의견이 나뉜다. 교특법위반죄의 공동정범인 비운전자에게도 특례의 적용을 인정하여야 한다는 입장은 자배법 제2조 제4호의 운전자에는 '운전을 보조하는 일에 종사하는 자'도 포함된다는 점, 다른 법 영역에서 사회적 갈등의 해결이 가능할 경우 형법의 개입을 자제하여야 한다는 점 등을 근거로 든다. 반면 특례의 인정은 운전자로만 제한되어야 한다는 입장은 종합보험가입 특례는 반의사불벌죄 처벌 특례의 적용 범위와 일관성을 유지할 필요가 있다는 점, 종합보험가입이 운전자에게 소극적 소송조건이 된다는 점에서 인적 처벌조각사유와 유사하다는 점 등을 근거로 든다.

생각건대 원칙적으로 처벌되는 업무상 과실치사상죄(형법 제268조)에 대하여 사적 종합보험 가입을 이유로 처벌을 조각하는 특례는 명문으로 규정된 피보험자동차의 운전자로만 제한하는 것이 타당하다고 판단된다. 이러한 측면에서 대상 판례는 비록 구체적인 논리를 제시하지는 않았지만 교특법상 종합보험가입 특례의 인적 적용 범위를 명시적으로 제한하였다는 점에서 그 의미를 찾을 수 있을 것이다.

[참고문헌]

이주원, 교통사고처리 특례법상 처벌특례의 인적 적용범위, 형사판례연구 제26호, 박영사, 2018.

최석윤, 교통사고처리 특례법에서 교통사고의 의미와 운전자의 범위, 비교형사법연구 제19권 제3호, 2017.

[필자: 김슬기 교수(대전대)]

9.2

대법원 1988.3.22. 선고 87도2171 판결

교특법상 중앙선 침범

[사안] 피고인이 택시를 시속 60킬로미터의 속력으로 운행하던 중 진행차선인 2차선상에 고여 있는 빗물을 피해가기 위하여 1차선으로 차선을 변경하다가 차가 빗길에 미끄러지면서 중앙선을 침범하게 되었고 그때 마침 반대차선 1차선상을 운행하여 오던 승용차와 충돌하고 그 충격으로 사고택시가 다시 반대차선 2차선으로 튕기면서 피해자의 영업용 택시와 충돌하였다.

이에 1심은 교특법 제3조 제2항 단서 제2호 전단의 중앙선 침범사고를 인정하여 교특법 제3조 제1항 및 형법 제268조 위반으로 금고 10월을 선고하였으나 항소심은 중앙선 침범을 부정하면서 자동차종합보험 가입을 이유로 교특법 제4조 제1항을 적용하여 형사소송법 제327조 제2호의 공소기각을 선고하였다.

[재판요지]

1. 교통사고처리특례법 제3조 제2항 단서 제2호 전단 소정의 도로교통법 제13조 제2항의 규정에 위반하여 차선이 설치된 도로의 중앙선을 침범하였을 때라 함은 교통사고의 발생지점이 중앙선을 넘어선 모든 경우를 가리키는 것이 아니라 부득이한 사유가 없이 중앙선을 침범하여 교통사고를 발생케한 경우를 뜻하며 이 때의 부득이한 사유라 함은 진행차선에 나타난 장애물을 피하기 위하여 다른 적절한 조치를 취할 겨를이 없었다거나 자기 차선을 지켜 운행하려고 하였으나 운전자가 지배할 수 없는 외부적 요건으로 말미암아 어쩔 수 없이 중앙선을 침범하게 되었다는 등 중앙선침범 자체에 대하여는 운전자를 비난할 수 없는 객관적 사정을 말한다.

2. 비오는 날 포장도로상을 운행하는 차량이 전방에 고인 빗물을 피하기 위하여 차선을 변경하다가 차가 빗길에 미끄러지면서 중앙선을 침범한 경우는 그 고인 빗물이 차량운행에 지장을 주는 장애물이라고 할 수 없고 가사 장애물이라 하더라도 이를 피하기 위하여 다른 적절한 조치를 취할 겨를이 없었다고도 할 수 없으며 또 빗길이라 하더라도 과속상태에서 핸들을 급히 꺽지 않는 한 단순한 차선변경에 의하여서는 차량이 운전자의 의사에 반하여 그 진로를 이탈할 정도로 미끄러질 수는 없는 것이어서 그 중앙선 침범이 운전자가 지배할 수 없는 외부적 여건으로 말미암아 어쩔 수 없었던 것이라고 할 수 없으므로 그 중앙선침범이 부득이한 사유에 기한 것이라고는 할 수 없다.

[사안에의 적용] 피고인에게 교특법상 중앙선 침범이 부정되기 위해서는 부득이한 사유가 없이 중앙선을 침범하여 교통사고를 발생하게 한 사정이 요구되고 이를 위해서는 중앙선 침범 자체에 대해서는 운전자를 비난할 수 없는 객관적 사정이 존재하여야 한다. 그런데 도로상 고인 빗물만으로는 차량운행에 지장을 주는 장애가 존재한다고 보기 어렵다. 또한 고인 빗물을 장애물로 보더라도 피고인이 어떠한 주의의무위반도 없이 운전을 했더라면 이와 같은 미끄러짐에 의한 진로 이탈은 야기되지 않았을 것이므로 피고인에게 중앙선 침범 자체에 대한 비난이 가능한 사안이다. 따라서 이 사안은 부득이한 사유가 없이 중앙선을 침범하여 교통사고를 발생케 한 경우라 할 수 없어 교특법 제3조 제2항 단서 제2호 전단에 해당하여 처벌 특례규정이 적용되지 않는다.

[해설]

1. 중앙선 침범의 의미

도교법 제13조 제3항을 위반하여 중앙선 침범으로 교통사고를 발생시킨 경우에는 교특법 제3조 제2항 단서 제2호 전단에 따라 처벌 특례 규정이 적용되지 못하므로 이를 판단하기 위하여 '중앙선 침범'의 의미에 대한 확인이 필요하다.

대법원은 교특법상 중앙선 침범이란 교통사고의 발생지점이 중앙선을 넘어선 모든 경우를 가리키는 것이 아니라 부득이한 사유 없이 중앙선을 침범한 경우를 뜻한다고 판시하였다. 이에 대하여 부득이한 사유를 판단하는 기준이 운전자의 주관적 입장인지 평균적 일반인의 객관적 입장인지가 문제될 수 있다. 대법원은 대상 판례에서 부득이한 사유란 중앙선 침범 자체에 대하여 운전자를 비난할 수 없는 '객관적 사정'이 있는 때라고 명시하여 평균적 일반인의 입장이 기준임을 확인해 주었다.

한편 중앙선 침범에 고의를 요하는지에 대하여 과거 "중앙선을 침범하였을 때라 함은 위 특례법의 입법취지에 비추어 고의로 중앙선을 침범하여 차량을 운전하는 경우를 말하는 것"이라고 판시한 판례도 있었다(대법원 1986.3.11. 선고 86도56 판결, 대법원 1985.3.12. 선고 84도2651 판결). 그러나 이후의 판례들은 과실로 중앙선을 넘은 경우에도 중앙선 침범을 인정하고 있으므로 과실조차 없이 불가항력적인 이유로 중앙선을 넘은 경우에만 횡단보도 침범이 부정된다고 할 수 있다.

2. 부득이한 사유에 관한 구체적 사례

중앙선 침범의 부득이한 사유가 문제되는 대표적인 사례군이 사안과 같이 눈길 또는 빗길에 미끄러지면 중앙선을 침범하는 경우 또는 도로 위의 장애물을 피하기 위한 행위의 결과로 중앙선을 넘게 되는 경우이다. 구체적 사안에 따라 다르지만 판례는 일반적으로 과속이나 신호 위반과 같은 특별한 과실 없이 정상운행을 하던 중 눈길이나 빗길에 미끄러지는 경우라면 부득이한 사유를 인정하는 편이다.

한편 장애물을 피하기 위하여 조치하다가 중앙선을 넘은 경우(이 때 위에서 본 눈길 또는 빗길로 미끄러운 상황이 겹치기도 함) 판례는 ① 피하고자 하는 대상을 운행상의 장애물로 볼 것인지 ② 장애물로 본다면 다른 적절한 조치를 취할 가능성이 없었는지를 검토한다. 대체로 판례는 진행차선 상에 주차된 차량(대법원 1991.1.15. 선고 90도1918 판결)이나 도로를 횡단하는 보행자(대법원 1991.10.11. 선고 91도1783 판결) 등은 운행에 지장을 주는 장애물이라고 보지만 대상 판례의 고인 빗물은 운행에 지장을 주는 장애물이 아니라고 보았다. 이와 같은 사례군에서 부득이한 사유를 인정한 판례의 대표적인 예는 다음과 같다.

- 편도 1차선의 아스팔트 포장도로에서 제한속도(시속 60킬로미터)의 범위 안에서 운행하였는데(시속 40 내지 50킬로미터) 비가 내려 노면이 미끄러운 상태에 우회전을 하다가 전방에 정차하고 있는 버스를 발견하고 급제동조치를 취하였으나 빗길 때문에 미끄러져 중앙선을 침범한 경우(대법원 1990.5.8. 선고 90도606 판결)
- 편도 2차선 도로 중 2차선으로 진행하다가 앞서 가던 대형화물차를 추월하기 위하여 1차선으로 진입하는데 승합차가 중앙선을 침범하여 피고인의 진행차선으로 돌진하여 오고, 우측에는 추월하려는 위 대형화물차가 진행 중이어서 그 진행차선에서는 이를 피할 다른 방법이 없어 불가피하게 조향장치를 좌측으로 틀고 진행하면서 중앙선을 넘은 경우(대법원 1994.9.27. 선고 94도1629 판결)
- 시속 약 30킬로미터의 속력으로 좌회전을 할 무렵 우측차선 중앙에 어린이 한 명이 도로를 횡단하고 있는 것을 발견하고 이 어린이를 피하기 위하여 핸들을 급좌회전 함으로써 중앙선을 침범한 경우(대법원 1985.3.12. 선고 84도2651 판결)
- 앞차가 급정차하자 충돌을 피하기 위하여 핸들을 좌측으로 틀면서 급제동을 하였으나 주행탄력으로 사고차량이 미끄러지면서 중앙선을 침범한 경우(대법원 1989.5.23. 선고 88도2010 판결)

[참고문헌]

심희기, 공소불가의 예외사유로서의 중앙선침범, 반의사불벌죄와 합의서, 고시계 41권 11호, 1996.
최교일, 교통사고처리특례법상의 중앙선침범사고(하), 법조 제40권 12호, 1993.

[필자: 김슬기 교수(대전대)]

9.3

대법원 2009.5.14. 선고 2007도9598 판결
대법원 2011.4.28. 선고 2009도12671 판결

횡단보도 보행자에 대한 보호의무

[사안]

사안①

피고인은 2007.4.13. 17:20경 서울 은평구 대조동 ○○마트 앞길에서 영업용 택시를 운전하여 역촌사거리 방면에서 연신내사거리 방면으로 우회전을 하던 중 횡단보도 보행신호등의 녹색등화가 점멸 중인 상태에서 갑자기 뛰어든 피해자를 뒤늦게 발견하여 택시 좌측 앞 범퍼 부분으로 피해자의 우측 다리 부분을 충격하고 그 충격으로 피해자가 도로에 넘어져 약 2주간의 치료를 요하는 우슬관절 염좌 및 찰과상을 입게 하였다.

이에 대하여 1심은 운전자의 보행자보호의무 위반을 인정하여 교특법 제3조 제2항 단서 제6호 보행자보호의무 위반사고로 보아 피고인에게 유죄판결을 내렸으나 항소심은 녹색등화 점멸신호에 위반하여 보행 중인 보행자는 횡단보도를 통행중인 보행자라고 보기 어렵다는 이유로 운전자의 보행자보호의무 위반을 부정하여 교특법 제3조 제2항 본문에 따라 피해자의 명시한 의사에 반한 공소를 기각하였다.

사안②

피고인은 2008.12.31. 13:15경 영동역 부근의 신호등 없는 횡단보도 앞 도로를 동정사거리 방면에서 중앙사거리 방면으로 시속 약 20km로 진행하면서 승용차 진행 방향 우측에서 좌측으로 횡단보도를 건너던 공소외인을 충격하고 그로 인하여 공소외인이 부축하여 동행하던 (횡단보도 밖 보행자인) 피해자를 넘어지게 하여 약 10주간의 치료를 요하는 대퇴골 외측과 골절 등의 상해를 입게 하였다.

이에 대하여 1심과 항소심 모두 피해자가 횡단보도 밖에서 통행하고 있었던 이상 피해자는 교특법 제3조 제2항 단서 제6호 및 도교법 제27조 제1항에 의한 보호대상이 될 수 없으므로 교특법 제3조 제2항 및 제4조 제1항 각 본문을 적용하여 공소를 기각하였다.

[재판요지]

사안①

교통사고처리 특례법 제3조 제2항 제6호, 도로교통법 제5조 제1항, 제27조 제1항 및 도로교통법 시행규칙 제6조 제2항 [별표 2] 등의 규정들을 종합하면, 보행신호등의 녹색등화 점멸신호는 보행자가 준수하여야 할 횡단보도의 통행에 관한 신호일 뿐이어서, 보행신호등의

수범자가 아닌 차의 운전자가 부담하는 보행자보호의무의 존부에 관하여 어떠한 영향을 미칠 수 없다. 이에 더하여 보행자보호의무에 관한 법률규정의 입법 취지가 차를 운전하여 횡단보도를 지나는 운전자의 보행자에 대한 주의의무를 강화하여 횡단보도를 통행하는 보행자의 생명·신체의 안전을 두텁게 보호하려는 데 있는 것임을 감안하면, 보행신호등의 녹색등화의 점멸신호 전에 횡단을 시작하였는지 여부를 가리지 아니하고 보행신호등의 녹색등화가 점멸하고 있는 동안에 횡단보도를 통행하는 모든 보행자는 도로교통법 제27조 제1항에서 정한 횡단보도에서의 보행자보호의무의 대상이 된다.

사안②

교통사고처리 특례법(이하 '특례법'이라고 한다) 제3조 제2항 단서 제6호, 제4조 제1항 단서 제1호는 '도로교통법 제27조 제1항의 규정에 의한 횡단보도에서의 보행자 보호의무를 위반하여 운전하는 행위로 인하여 업무상과실치상의 죄를 범한 때'를 특례법 제3조 제2항, 제4조 제1항 각 본문의 처벌 특례 조항이 적용되지 않는 경우로 규정하고, 도로교통법 제27조 제1항은 모든 차의 운전자는 "보행자가 횡단보도를 통행하고 있는 때에는 그 횡단보도 앞에서 일시 정지하여 보행자의 횡단을 방해하거나 위험을 주어서는 아니된다"라고 규정하고 있다. 따라서 차의 운전자가 도로교통법 제27조 제1항에 따른 횡단보도에서의 보행자에 대한 보호의무를 위반하고 이로 인하여 상해의 결과가 발생하면 그 운전자의 행위는 특례법 제3조 제2항 단서 제6호에 해당하게 되는데, 이때 횡단보도 보행자에 대한 운전자의 업무상 주의의무 위반행위와 상해의 결과 사이에 직접적인 원인관계가 존재하는 한 위 상해가 횡단보도 보행자 아닌 제3자에게 발생한 경우라도 위 단서 제6호에 해당하는 데에는 지장이 없다.

[사안에의 적용]

사안①

비록 피해자가 녹색등화 점멸신호 중에야 횡단을 시작하여 보행중에 있었다 하더라도 도교법 제27조 제1항이 규정한 횡단보도에서의 보행자보호의무 대상이 되는 데에 문제가 없다. 따라서 피고인에게는 횡단보도에서의 보행자보호의무를 위반한 업무상 과실이 인정되므로 이 사건 교통사고는 교특법 제3조 제2항 단서 제6호에 해당하여 피해자의 처벌 불원의 의사에도 불구하고 피고인에 대한 공소제기는 적법하다.

사안②

도교법 제27조 제1항이 규정한 횡단보도에서의 보행자보호의무 위반으로 사고가 야기되었고 이를 직접적인 원인으로 하여 피해자에게 상해가 발생하였다면 비록 피해자가 횡단보도 보행자가 아닌 제3자라 하더라도 이 사건 교통사고는 교특법 제3조 제2항 단서 제6호에 해당하므로 피고인에 대한 공소제기는 적법하다.

[해설]

1. '횡단보도'의 성격

도교법 제27조 제1항이 규정한 횡단보도에서의 보행자보호의무를 위반하여 교통사고를 발생시킨 경우에는 교특법 제3조 제2항 단서 제6호가 적용된다. 따라서 '횡단보도'와 '보행자'의 개념 및 범위를 설정하는 것은 빈번히 발생하는 횡단보도 교통사고에서 운전자의 형사책임 여부를 결정하는 의미를 갖는다.

판례는 기본적으로 보행신호등이 적색으로 바뀌면 그 공간은 횡단보도로서의 성격을 상실한다고 보는 입장이다(대법원 1997.10.10. 선고 97도1835 판결). 사안①에서는 녹색등화 점멸 역시 적색등화 점등과 같이 횡단보도로서의 성격에 영향을 미치는지가 문제된다.

이에 대하여 녹색등화 점멸 이후에야 횡단을 시작한 보행자는 보행자 의무를 위반한 것이므로 적색등화 점등과 같이 횡단보도로서의 성격을 상실시키는 것이라고 보는 견해가 있다. 그러나 대법원은 녹색등화 점멸은 보행자에게 일정한 의무 - 녹색등화 점멸신호시간이 지나도록 도로의 횡단을 마칠 수 없는 경우에 보행자는 도로의 횡단을 시작해서는 안 되고 또한 도로를 횡단하고 있는 보행자는 신속하게 횡단을 마치거나 횡단을 그만두고 돌아가야 한다는 의무 - 를 부여할 뿐 횡단보도로서의 성격에 영향을 미치는 것은 아니라고 보았다.

차량과 보행자의 관계에서 보행자의 경미한 의무 위반을 이유로 운전자의 보행자 보호의무 자체를 면제시켜 주는 것은 타당하지 않으며 해당 판례는 이러한 입장을 명백히 하였다는 점에서 의미가 있다.

2. '횡단보도 보행자'의 요건

사안②에서는 횡단보도 보행자가 운전자의 보호의무의 대상이기만 하면 되는 것인지 또는 '피해를 입은 주체'라는 요건도 충족하여야 하는지가 문제된다.

이에 대하여 피고인에게 불리한 유추해석은 금지되므로 피해를 입은 주체가 횡단보도의 보행자인 때에만 예외조항의 적용대상이 되는 것으로 엄격히 해석해야 한다는 입장이 있을 수 있다. 그러나 대법원은 예외조항을 적용하는 데에 '운전자의 보행자 보호의무 위반'과 '상해 결과 사이의 직접적 인과관계' 이외에 다른 요건은 필요하지 않다고 보았다.

교특법 단서 조항의 본질적 의미는 불가벌적 행위에 대한 예외적 처벌이 아니라 중대한 주의의무위반 행위에 대한 원칙적 처벌로 보는 것이 타당하다는 점에서 대법원의 태도는 입법 취지에 충실한 해석으로 판단된다.

[참고문헌]

유헌종, 횡단보도 보행신호등의 녹색등화 점멸과 보행자 보호의무, 대법원판례해설 80호, 2009.
천대엽, 교통사고처리특례법 제3조 제2항 단서 제6호의 적용범위, 대법원판례해설 88호, 2011.

[필자: 김슬기 교수(대전대)]

제10장

여신전문금융업법

10.1

대법원 2007.5.10. 선고 2007도1375 판결

여신전문금융업법 비적용대상인 현금카드의 사용

[사안] 甲은 2006. 3. 3. 14:59경 부산 동래구 소재 명장우체국 밖에서 망을 보고, 乙은 명장우체국에 설치되어 있는 현금자동지급기에 같은 날 A로부터 강취한 국민은행 현금카드를 집어넣고, A를 협박하여 알아낸 비밀번호를 입력하여 6회에 걸쳐 현금 420만 원을 인출하였다.

이에 대하여 제2심법원은, 甲과 乙이 피해자로부터 현금카드를 사용한 예금인출의 승낙을 받고 현금카드를 교부받은 행위와 이를 사용하여 현금자동지급기에서 예금을 인출한 행위는 모두 피해자의 예금을 강취하고자 하는 단일하고 계속된 범의 아래에서 이루어진 일련의 행위로서 포괄하여 하나의 강도죄를 구성하므로 현금카드 강취행위와 분리하여 따로 절도죄로 처단할 수는 없다고 보았다(부산고법 2007.1.25. 선고 2006노736 판결).

제2심판결에 대해서 검사가 상고하자, 대법원은 강취한 현금카드를 사용하여 현금자동지급기에서 예금을 인출한 행위는 피해자의 승낙에 기한 것이라고 할 수 없으므로 현금자동지급기 관리자의 의사에 반하여 그의 지배를 배제하고 그 현금을 자기의 지배하에 옮겨 놓는 것이 되어서 강도죄와는 별도로 절도죄를 구성한다는 이유로 원심판결을 파기하고 사건을 원심법원에 환송하였다.

[재판요지]

1. 갈취한 현금카드를 사용하여 현금자동지급기에서 예금을 인출한 행위가 공갈죄와 별도로 절도죄를 구성하는지 여부

예금주인 현금카드 소유자를 협박하여 그 카드를 갈취한 다음 피해자의 승낙에 의하여 현금카드를 사용할 권한을 부여받아 이를 이용하여 현금자동지급기에서 현금을 인출한 행위는 모두 피해자의 예금을 갈취하고자 하는 피고인의 단일하고 계속된 범의 아래에서 이루어진 일련의 행위로서 포괄하여 하나의 공갈죄를 구성하므로, 현금자동지급기에서 피해자의 예금을 인출한 행위를 현금카드 갈취행위와 분리하여 따로 절도죄로 처단할 수는 없다. 왜냐하면 위 예금 인출 행위는 하자 있는 의사표시이기는 하지만 피해자의 승낙에 기한 것이고, 피해자가 그 승낙의 의사표시를 취소하기까지는 현금카드를 적법, 유효하게 사용할 수 있으므로, 은행으로서도 피해자의 지급정지 신청이 없는 한 그의 의사에 따라 그의 계산으로 적법하게 예금을 지급할 수밖에 없기 때문이다.

2. 강취한 현금카드를 사용하여 현금자동지급기에서 예금을 인출한 행위가 강도죄와 별도로 절도죄를 구성하는지 여부

강도죄는 공갈죄와는 달리 피해자의 반항을 억압할 정도로 강력한 정도의 폭행·협박을 수단으로 재물을 탈취하여야 성립하므로, 피해자로부터 현금카드를 강취하였다고 인정되는 경우에는 피해자로부터 현금카드의 사용에 관한 승낙의 의사표시가 있었다고 볼 여지가 없다. 따라서 강취한 현금카드를 사용하여 현금자동지급기에서 예금을 인출한 행위는 피해자의 승낙에 기한 것이라고 할 수 없으므로, 현금자동지급기 관리자의 의사에 반하여 그의 지배를 배제하고 그 현금을 자기의 지배하에 옮겨 놓는 것이 되어서 강도죄와는 별도로 절도죄를 구성한다.

[사안에의 적용] 강취한 현금카드로 甲과 乙이 합동하여 6회에 걸쳐 현금 420만 원을 인출한 행위는 현금카드에 대한 강도죄 이외에 특수절도죄가 성립하고, 양 죄는 실체적 경합범의 관계이다.

[해설]

1. 여신전문금융업법의 적용대상

여신전문금융업법 제70조에서는 벌칙(형사처벌)을 규정하고 있는데, 그 적용대상을 '신용카드등'으로 규정하고 있다. '신용카드등'이란 신용카드, 직불카드 또는 선불카드를 의미하므로(제2조 제5호 가목), '현금카드'는 여신전문업법의 적용대상에 포함되지 않는다. 현금카드는 은행 현금자동입출금기에서 현금 입·출금과 송금 등의 작업을 할 수 있게 하는 카드로 자신의 계좌가 개설된 은행에서 발급하는데, 현금인출용도의 카드일 뿐이다. 사안에서는 강취한 현금카드로 예금을 인출한 행위이었으므로, 강도죄 이외에 절도죄의 성립여부가 문제되었고 여신전문금융업법위반죄의 성립여부는 문제되지 않았다.

2. 강취와 갈취의 구분

사안에서 대법원이 갈취한 현금카드를 이용하여 현금자동지급기에서 현금을 인출한 행위는 포괄하여 하나의 공갈죄가 성립하나 강취한 현금카드를 사용하여 현금자동지급기에서 예금을 인출한 행위는 강도죄와 별도로 절도죄가 성립한다고 본 것은 타당하다. 이러한 구별은 탈취죄의 일종인 강도죄와 달리 (타인의 하자 있는 의사에 기한 재산상의 처분행위를 통하여 재물을 취득하는) 편취죄의 일종인 공갈죄의 본질에 맞는 법리적 판단이다.

만약 사안과 달리 현금카드가 아니라 여신전문금융업법의 적용대상인 신용카드이고 예금의 인출이 아니라 현금서비스를 받은 경우라면, 여신전문금융업법이 적용될 것이고 강도죄 이외에 신용카드부정사용죄의 성립여부가 문제될 것이다. 그러나 이때는 신용카드가 갈취된 경우인지 강취된 경우인지에 따라 신용카드부정사용죄의 성립여부가 달라지지는 않는다. 여신전문금융업법 제70조 제1항 제4호에서는 "강취(强取)·횡령하거나, 사람을 기망(欺罔)하거나 공갈(恐喝)하여 취득한 신용카드나 직불카드를 판매하거나 사용한 자는 7년 이하의 징역 또는

5천만원 이하의 벌금에 처한다"고 규정하여, 편취(사취 및 갈취)된 신용카드나 직불카드가 사용된 경우에도 신용카드부정사용죄가 성립됨을 명시적으로 규정하고 있기 때문이다. 따라서 갈취한 신용카드로 현금서비스를 받은 경우에는 신용카드에 대한 공갈죄 이외에 신용카드부정사용죄가 성립하고 양 죄는 경합범으로 처벌될 것이다.

참고판례 1

회원권카드는 일반적으로 특정한 시설 이용을 목적으로 하여 고객이 그 시설 경영 기업과 체결한 회원계약상의 지위를 나타낸 카드를 의미하고, 현금카드는 은행에 예금계좌를 설정하여 둔 고객이 출납창구 이외에서 현금자동입출금기 등을 이용하여 자신의 예금계좌로부터 현금을 인출할 수 있도록 은행이 고객에게 발급하여 준 카드를 의미한다. 따라서 여신전문금융업법에서 그 위조행위를 처벌하고 있는 '신용카드 등'은 신용카드업자가 발행한 신용카드·직불카드 또는 선불카드만을 의미할 뿐, 회원권카드나 현금카드 등은 신용카드 기능을 겸하고 있다는 등의 특별한 사정이 없는 한 이에 해당할 여지가 없는 것이다(대법원 2010.6.10. 선고 2010도3409 판결).

참고판례 2

기업구매전용카드는 신용카드처럼 실물 형태의 증표가 발행되는 것이 아니라 단지 구매기업이 이용할 수 있는 카드번호만이 부여될 뿐이며, 거래방법도 구매기업이 판매기업에 기업구매전용카드를 제시할 것이 요구되지 않고, 구매기업이 카드회사에 인터넷 등을 통하여 구매 사실을 통보하면 카드회사가 판매기업에 물품대금을 지급하여 결제가 이루어지게 하는 온라인거래 수단을 지칭하는 데 지나지 않는다. 또한 구매기업은 카드회사와 가맹점가입계약을 체결한 모든 판매기업과 거래를 할 수 있는 것은 아니고 구매기업이 지정한 특정한 판매기업과 사이에서만 기업구매전용카드를 이용한 거래를 할 수 있을 뿐이므로, 판매기업을 일반 신용카드거래의 가맹점과 동일하게 보기 어려운 점 등을 종합할 때 기업구매전용카드에 의한 거래는 여신전문금융업법에서 정한 '신용카드에 의한 거래'에 해당하지 않는다(대법원 2013.7.25. 선고 2011도14687 판결).

[참고문헌]

김정환, 공갈죄의 본질과 공갈의 해석, 형사법연구 제20권 제2호, 2008.6.

[필자: 김정환 교수(연세대)]

10.2

대법원 1995.7.28. 선고 95도997 판결

신용카드 부정사용의 의미

[사안] 피고인은 1993. 12. 하순 일자불상 10:00경 자신이 세 들어 살던 A의 집 안방에 침입하여 그곳 장롱 서랍 속에 있던 A의 딸 B 소유의 신용카드 1매와 현금 2만 원을 가지고 나왔다(①). 이후 1993. 12. 21.경 서울 성북구 동선동 성신여대전철역 내 현금자동인출기에서 위 절취한 신용카드를 사용하여 현금서비스 50만 원을, 1994. 1. 9.경 서울 도봉구 창동 창동전철역 내 현금자동인출기에서 같은 방법으로 현금서비스 50만 원을 각 인출하였다(②).

검사는 ①의 사실에 대해서 주거침입죄와 절도죄, ②의 사실에 대해서 절도죄와 여신전문금융업법(구 신용카드업법)의 부정사용죄(이하 신용카드부정사용죄)의 상상적 경합범으로 각 기소하였고, 제1심법원에서는 모두 유죄로 인정되었다. 그러나 제2심법원은 ②의 사실에 있어서, 신용카드부정사용죄의 구성요건적 행위인 '사용'은 신용카드소지인이 신용카드의 본래 용도인 대금결제를 위하여 가맹점에 신용카드를 제시, 매출전표를 작성, 교부하는 것을 의미하므로 절취한 신용카드를 이용하여 현금자동인출기에서 현금서비스를 받는 것을 신용카드의 본래의 용도인 대금결제의 수단으로 사용한 것이라고 볼 수 없다고 판단하고, ①의 사실에 대해서 주거침입죄와 절도죄를, ②의 사실에 대해서는 절도죄만을 유죄로 인정하면서 제1심 판결을 파기하였다(서울지방법원 1995.4.6. 선고 95노683 판결).

제2심판결에 대해서 검사가 상고하자 대법원은 절취한 신용카드를 현금인출기에 주입하고 비밀번호를 조작하여 현금서비스를 제공받으려는 일련의 행위도 신용카드의 본래 용도에 따라 사용하는 경우에 해당하므로 여신전문금융업법(구 신용카드업법) 소정의 부정사용의 개념에 포함된다는 이유로 원심판결을 파기하고 환송하였다.

[재판요지]

1. 신용카드의 본래 용도

신용카드회원이 대금결제를 위하여 가맹점에 신용카드를 제시하고 매출표에 서명하는 일련의 행위뿐 아니라 신용카드를 현금인출기에 주입하고 비밀번호를 조작하여 현금서비스를 제공받는 일련의 행위도 신용카드의 본래 용도에 따라 사용하는 것으로 보아야 한다.

2. 신용카드의 부정사용

여신전문금융업법(구 신용카드업법) 소정의 부정사용이라 함은 도난·분실 또는 위조·변조된 신용카드를 진정한 카드로서 신용카드의 본래의 용법에 따라 사용하는 경우를 말하는 것이므로, 절취한 신용카드를 현금인출기에 주입하고 비밀번호를 조작하여 현금서비스를 제공받으려는 일련의 행위는 그 부정사용의 개념에 포함된다.

3. 절도죄와의 죄수

피해자 명의의 신용카드를 부정사용하여 현금자동인출기에서 현금을 인출하고 그 현금을 취득까지 한 행위는 신용카드부정사용죄에 해당할 뿐 아니라 그 현금을 취득함으로써 현금자동인출기 관리자의 의사에 반하여 그의 지배를 배제하고 그 현금을 자기의 지배하에 옮겨 놓는 것이 되므로 별도로 절도죄를 구성하고, 양 죄는 그 보호법익이나 행위태양이 전혀 달라 실체적 경합관계에 있는 것으로 보아야 한다.

[사안에의 적용] 피고인이 주간에 A의 주거에 침입하여 A의 딸 B 소유의 신용카드 1매와 현금 2만 원을 가지고 나온 행위는 주거침입죄와 절도죄가 성립한다. 양 죄는 보호법익과 행위태양이 다르므로 수죄에 해당하고, 별개의 행위로 볼 수 있으므로 실체적 경합의 관계이다. 피고인이 절취한 신용카드로 20일간 2차례 각 현금인출기에서 현금서비스를 받은 행위는 포괄하여 신용카드부정사용죄에 해당하고, 동시에 현금인출기 관리자의 의사에 반하여 그의 지배를 배제하고 현금을 자신의 지배하에 옮겨 놓는 것이므로 별도로 절도죄를 구성한다. 이때 대법원은 신용카드부정사용죄와 절도죄는 실체적 경합의 관계라고 본다.

[해설]

1. 여신전문금융업법의 입법배경

여신전문금융업은 예금 이외의 방법으로 자금을 조달하여 대출이나 보증 등의 여신서비스를 제공하는 금융업으로서, 전통적인 3대 금융업(은행, 증권, 보험) 이외의 제4의 금융업으로 성장하였다. 신용카드업·시설대여업·할부금융업·신기술사업금융업 등은 여신전문금융업이라는 유사한 성격임에도, 정부는 70년대 이후 특정한 정책목적의 달성을 위해 개별법을 제정하여 관리해 왔다. 이후 단일법을 제정하여 유사한 금융업을 종합적으로 영위할 수 있도록 하고 진입·영업에 관한 규제도 대폭 완화하여 자유롭게 영업할 수 있도록 하고자 1997. 8. 28. 여신전문금융업법을 제정하였으므로, 1987. 5. 30. 제정된 구 신용카드업법은 1998. 1. 1. 여신전문금융업법이 시행되면서 폐지되었다.

2. 여신전문금융업법의 적용대상

여신전문금융업법의 적용대상인 여신전문금융업에는 신용카드업, 시설대여업, 할부금융업 및 신기술사업금융업이 포함되는데(제2조 제1호), 신용카드업이란 신용카드 이용과 관련된 대금(代金)의 결제를 필요적으로 포함하고 신용카드의 발행·관리 또는 신용카드가맹점의 모집·관리를 업무로 하는 것을 말한다(제2조 제2호). 금융위원회의 허가를 받거나 등록을 한 신용카드업자는 신용카드업 외에 부대업무를 할 수 있는데, 신용카드업자의 부대업무에는 신용카드회원에 대한 자금의 융통, 직불카드의 발행 및 대금의 결제, 선불카드의 발행·판매 및 대금의 결제가 포함된다(제13조 제1항). 그리고 여신전문금융업법 제70조에서는 벌칙(형사처벌)을 규정하고 있는데, 그 적용대상을 '신용카드등'으로 규정하고 있다. '신용카드등'이란 신용카드, 직불카드 또는 선불카드를 말한다(제2조 제5호 가목). '신용카드'란 이를 제시함으로써 반복하여 신용카드가맹점에서 결제할 수 있는 증표로서 금융위원회의 허가를 받거나 등록한 신용카드업자(외국에서 신용카드업에 상당하는 영업을 영위하는 자를 포함)가 발행한 것이다(제2조 제3호). '직불카드'란 직불카드회원과 신용카드가맹점 간에 전자적 또는 자기적 방법으로 금융거래계좌에 이체하는 등의 방법으로 결제가 이루어질 수 있도록 신용카드업자가 발행한 증표(자금을 융통받을 수 있는 증표는 제외)를 말하는데(제2조 제6호), 일상생활에서 많이 사용되는 체크카드가 직불카드에 해당된다. 그리고 '선불카드'란 신용카드업자가 대금을 미리 받고 이에 해당하는 금액을 기록(전자적 또는 자기적 방법에 따른 기록)하여 발행한 증표로서 선불카드소지자가 신용카드가맹점에 제시하여 그 카드에 기록된 금액의 범위에서 결제할 수 있게 한 증표를 말하는데(제2조 제8호), 일상생활에서 많이 사용되는 기프트카드가 무기명 선불카드이다.

사안에서는 절취한 신용카드로 현금서비스를 받은 경우인데, 신용카드회원에 대한 자금의 융통은 신용카드업자의 부대업무로 여신전문금융업법에 규정되어 있다(제13조 제1항). 따라서 신용카드로 현금서비스를 받은 행위도 신용카드의 사용에 해당되고, 절취한 신용카드로 현금서비스를 받는 행위는 신용카드부정사용에 해당된다.

참고판례 1

여신전문금융업법 제70조 제1항 소정의 부정사용이라 함은 위조·변조 또는 도난·분실된 신용카드나 직불카드를 진정한 카드로서 신용카드나 직불카드의 본래의 용법에 따라 사용하는 경우를 말하는 것이므로, 절취한 직불카드를 온라인 현금자동지급기에 넣고 비밀번호 등을 입력하여 피해자의 예금을 인출한 행위는 여신전문금융업법 제70조 제1항 소정의 부정사용의 개념에 포함될 수 없다(대법원 2003.11.14. 선고 2003도3977 판결).

참고판례 2

절취한 타인의 신용카드를 이용하여 현금지급기에서 계좌이체를 한 행위는 컴퓨터등사용사기죄에서 컴퓨터 등 정보처리장치에 권한 없이 정보를 입력하여 정보처리를 하게 한 행위에 해당함은 별론으로 하고 이를 절취행위라고 볼 수는 없고, 한편 위 계좌이체 후 현금지급기에서 현금을 인출한 행위는 자신의 신용카드나 현금카드를 이용한 것이어서 이러한 현금인출이 현금지급기 관리자의 의사에 반한다고 볼 수 없어 절취행위에 해당하지 않으므로 절도죄를 구성하지 않는다(대법원 2008.6.12. 선고 2008도2440 판결).

[필자: 김정환 교수(연세대)]

10.3 대법원 1996.7.12. 선고 96도1181 판결

신용카드부정사용죄의 죄수

[사안] 피고인은 1995. 11. 2. 09:30경 서울 강동구 천호동 소재 A의 자취방에서 A가 보관하고 있던 B 소유의 비씨카드 1매를 절취하였다. 피고인은 절취한 신용카드에 대한 도난·분실신고가 될 것을 염려하여 신속하게 카드가맹점들을 계속 돌아다니며 위 신용카드를 사용하기로 결심하고, 같은 날 10:40경부터 약 2시간 20분 동안에 걸쳐 천호동에 있는 카드가맹점 7곳에서 합계 금 2,008,000원 상당의 물품을 구입한 후 마치 자신이 위 신용카드의 소유자인 것처럼 행세하여 그 대금을 절취한 비씨카드로 결제하였다.

제2심법원에서는 신용카드의 절취행위 및 각 신용카드의 부정사용행위를 별개의 범죄로 보고 각 죄를 실체적 경합범으로 처리하였다. 이에 피고인이 상고하자, 대법원은 신용카드의 각 부정사용행위를 별개의 범죄로 보고 경합범으로 처리한 원심판결에는 죄수 및 경합범의 법리를 오해한 위법이 있다고 보고 원심판결의 일부를 파기하고 사건을 환송하였다.

[재판요지]

1. 절취한 신용카드의 부정사용행위가 절도범행의 불가벌적 사후행위에 해당하는지 여부

신용카드를 절취한 후 이를 사용한 경우, 신용카드의 부정사용행위는 새로운 법익의 침해로 보아야 하고 그 법익침해가 절도범행보다 큰 것이 대부분이므로 부정사용행위가 절도범행의 불가벌적 사후행위가 되는 것은 아니다.

2. 신용카드 부정사용의 포괄일죄

피고인은 절취한 카드로 가맹점들로부터 물품을 구입하겠다는 단일한 범의를 가지고 그 범의가 계속된 가운데 동종의 범행인 신용카드 부정사용행위를 동일한 방법으로 반복하여 행하였고, 또 신용카드의 각 부정사용의 피해법익도 모두 신용카드를 사용한 거래의 안전 및 이에 대한 공중의 신뢰인 것으로 동일하므로, 피고인이 동일한 신용카드를 부정사용한 행위는 포괄하여 일죄에 해당한다.

3. 신용카드부정사용죄와 사기죄의 관계

신용카드를 부정사용한 결과가 사기죄의 구성요건에 해당하고 그 각 사기죄가 실체적 경합관계에 해당하여도, 신용카드부정사용죄와 사기죄는 그 보호법익이나 행위의 태양이 전혀 달라 실체적 경합관계에 있으므로 신용카드 부정사용행위를 포괄일죄로 취급하는데 아무런

지장이 없다.

[사안에의 적용] 피고인이 A가 보관하고 있던 B 소유의 비씨카드 1매를 절취한 행위는 절도죄가 성립한다. 피고인이 절취한 비씨카드로 짧은 시간 동안 카드가맹점 7곳에서 합계 금 2,008,000원 상당의 물품을 구입하면서 마치 자신이 위 신용카드의 소유자인 것처럼 행세하여 대금을 절취한 비씨카드로 결제한 행위는 포괄하여 신용카드부정사용죄가 성립하고, 동시에 각 카드가맹점(신용카드업자와 계약에 따라 신용카드회원에게 신용카드를 사용한 거래에 의하여 물품의 판매 또는 용역의 제공 등을 하는 자)에 대한 별개의 사기죄가 성립한다. 대법원의 입장에 따르면, 절도죄와 신용카드부정사용죄 및 각 사기죄의 실체적 경합범이 성립한다.

[해설]

1. 신용카드부정사용죄의 보호법익

여신전문금융업법의 입법목적 및 신용카드제도의 본질에 따르면, 동법 제70조에 규정된 신용카드부정사용죄는 개인적 법익을 보호하기 위한 것이 아니라 사회적 법익을 보호하기 위해 규정되었다. 즉 신용카드부정사용죄는 신용카드발행인의 재산을 보호하기 위한 규정이 아니라, '신용카드를 이용한 거래의 안전 및 신용카드거래에 대한 공중의 신뢰'를 보호법익으로 한다. 대법원도 본 판결에서 신용카드부정사용죄의 보호법익을 '신용카드를 사용한 거래의 안전 및 이에 대한 공중의 신뢰'라고 밝혔다.

2. 보호법익과 죄수관계

신용카드부정사용죄의 보호법익을 무엇으로 보는지에 따라서 다른 범죄와 죄수관계가 결정된다. 대표적으로 ① 신용카드부정사용죄의 보호법익을 개인적 이익이 아니라 사회적 이익으로 보면, 절취한 신용카드로 물건대금을 결제한 경우에 있어서 신용카드의 부정사용행위는 신용카드에 대한 절도죄의 불가벌적 사후행위가 아니라 별개의 범죄행위로 보게 되고 양 죄는 실체적 경합범의 관계에 있다. ② 범죄의사가 단일한 상태에서 동일한 방법으로 반복하여 동일한 신용카드로 다수의 부정사용행위를 한 경우, 신용카드를 사용한 거래의 안전 및 이에 대한 공중의 신뢰라는 하나의 보호법익이 침해된 것이어서 신용카드부정사용죄의 포괄일죄가 성립되는 것도 쉽게 설명된다. ③ 절취한 타인의 신용카드로 신용카드가맹점을 기망하여 물건을 구매한 경우에 신용카드부정사용죄가 성립하는 것 이외에 신용카드가맹점에 대한 사기죄가 별도로 성립하게 된다.

사안에서 절도죄, 신용카드부정사용죄, 사기죄는 보호법익이 다르고(사안에서 절도죄는 A·B의 재산, 신용카드부정사용죄는 신용카드를 이용한 거래의 안전 및 신용카드거래에 대한 공중의 신뢰, 사기죄는 각 카드가맹점의 재산) 행위태양이 다르므로, 별개의 죄로서 성립하게 된다.

그런데 대법원이 절도죄, 신용카드부정사용죄, 사기죄의 보호법익이나 행위의 태양이 전혀 다르다는 점으로부터 각 죄가 경합범이라고 판단한 것은 법리적으로 옳지 않다. 보호법익과 행위태양이 다른 것은 (수죄인 상상적 경합범과 실체적 경합범을 구별하는 기준이 아니라) 일죄와 수죄를 구별하는 기준일 뿐이며, 상상적 경합범과 실체적 경합범을 구별하는 기준은 단일의 행위인지 여부이기 때문이다(형법 제40조). 즉, 하나의 신용카드가맹점에서 기망하여 물건을 구입한 경우에 신용카드부정사용죄와 사기죄는 보호법익과 행위태양이 다르므로 수죄에 해당되고, 이때 하나의 행위에 의한 것이므로 양 죄는 상상적 경합의 관계로 보는 것이 옳다.

사안은 7개 신용카드가맹점에서 신용카드를 각 부정사용한 경우인바, 신용카드가맹점에서의 행위마다 신용카드부정사용죄와 사기죄의 상상적 경합범이 성립한다. 이때 7개 신용카드가맹점에서의 신용카드부정사용죄는 포괄일죄이므로 7개 신용카드가맹점에 대한 각 사기죄와 신용카드부정사용죄는 연결효과에 의한 상상적 경합의 관계로 보는 것이 타당하다. 따라서 피고인이 7개 신용카드가맹점에서 신용카드를 부정사용한 행위에 대해서는 신용카드부정사용죄와 사기죄의 상상적 경합범이 성립하고, 이 중 사기죄의 법정형이 중하므로 피고인을 사기죄와 절도죄의 경합범으로 처단하는 것이 타당하다.

참고판례 1

여신전문금융업법(구 신용카드업법)의 부정사용죄의 행위인 신용카드의 사용이라 함은 신용카드의 소지인이 신용카드의 본래 용도인 대금결제를 위하여 가맹점에 신용카드를 제시하고 매출표에 서명하여 이를 교부하는 일련의 행위를 가리키고 단순히 신용카드를 제시하는 행위만을 가리키는 것은 아니라고 할 것이므로, 매출표의 서명 및 교부가 별도로 사문서위조 및 동행사의 죄의 구성요건을 충족한다고 하여도 이 사문서위조 및 동행사의 죄는 위 신용카드부정사용죄에 흡수되어 신용카드부정사용죄의 1죄만이 성립하고 별도로 사문서위조 및 동행사의 죄는 성립하지 않는다(대법원 1992.6.9. 선고 92도77 판결).

참고판례 2

피고인이 강취한 신용카드를 가지고 자신이 그 신용카드의 정당한 소지인인양 가맹점의 점주를 속이고 그에 속은 점주로부터 주류 등을 제공받아 이를 취득한 것이라면 신용카드부정사용죄와 별도로 사기죄가 성립한다(대법원 1997.1.21. 선고 96도2715 판결).

[참고문헌]

강동범, 여신전문금융업법상 신용카드의 취득·사용·처분범죄처벌규정의 검토, 법조 제618호, 2008.3.

[필자: 김정환 교수(연세대)]

제11장

부정수표 단속법

11.1

대법원 2013.12.26. 선고 2011도7185 판결

백지수표 발행과 부수법 제2조 제2항 위반 여부

[사안] 피고인은 아파트와 상가 등을 주로 시공하는 공소외 X주식회사의 대표이사이다. 피고인은 2003.9.2. 피고인 명의로 Y은행과 수표계약을 체결하고 당좌수표 거래를 하였다. 피고인은 2006.7.21.경 전주시에 있는 자신의 사무실에서 피고인이 시공하는 ㅇㅇㅇㅇ주공1단지 재건축아파트의 보증시공에 대한 구상채무를 담보하기 위하여 대한주택보증보험에 수표번호를 생략하고, 액면금액 및 발행일이 백지인 피고인 명의의 은행 당좌수표 1장을 발행하였다. 공소외 X회사가 2007.9.경 부도가 나서 시공을 이행할 수 없는 상태가 되어 보증사고가 발생하자 대한주택보증은 조합주택시공보증계약에 따라 승계시공을 하여 2009.12.11.경 준공인가를 받았다. 이후 대한주택보증은 2010.3.30.경 위 백지보충권을 행사하여 발행일 “2010.3.30.”, 액면금액 “12,585,000,000원”을 보충하고 그 지급제시기간 내인 2010.4.2. 위 은행에 지급제시를 하였으나 거래정지처분으로 수표금을 지급받지 못하였다.

제1심 재판부는 피고인에게 부수법 제2조 제2항 위반죄로 징역 1년에 집행유예 2년을 부과하였다. 이에 피고인은 사실오인과 법리오해를 이유로, 검사는 양형부당을 이유로 항소하였다. 항소심 법원은 이 사건 수표 부도액이 약 125억 원에 이르는 거액인 점, 피고인이 피해자와 합의하지 않은 점, 그 밖에 피고인의 나이, 경력, 성행, 환경, 범행의 동기, 경위와 결과, 범행 후의 정황 등 양형의 조건이 되는 모든 정상을 종합하면 원심이 피고인에게 선고한 형은 너무 가벼워서 부당하다고 보았는바, 검사의 주장을 받아들여 피고인을 징역 1년 6월에 처하였다. 이에 다시 피고인은 법리오해 및 심리미진을 이유로 상고하였다.

[재판요지]

1. 백지수표 발행 당시 지급거절이 명백히 예견될 경우 부수법 제2조 제2항 위반 여부

금액과 발행일자의 기재가 없는 이른바 백지수표도 소지인이 보충권을 행사하여 금액과 날짜를 기입하면 완전무결한 유가증권인 수표가 되는 것이고, 특별한 사정이 없는 한 백지수표를 발행하는 그 자체로서 보충권을 소지인에게 부여하였다고 보아야 하며, 수표면이나 그 부전에 명시되어 있지 않는 한 보충권의 제한을 선의의 취득자에게 대항할 수 없으므로 백지수표도 유통증권에 해당하고, 따라서 백지수표의 발행도 부수법의 규제를 받아야 함은 물론이다. 다만 백지수표를 발행한 목적과 경위, 수표소지인 지위의 공공성, 발행인과의 계약관계 및 그 내용, 예정된 백지보충권 행사의 사유 등에 비추어 백지수표를 교부받은 수표소지인이 이를 제3자에게 유통시킬 가능성이 없을 뿐만 아니라 장차 백지보충권을 행사하여 지급

제시를 하게 될 때에는 이미 당좌거래가 정지된 상황에 있을 것임이 그 수표 발행 당시부터 명백하게 예견되는 등의 특별한 사정이 인정된다면 그 백지수표는 유통증권성을 가지지 아니한 단순한 증거증권에 지나지 아니하는 것으로서 그러한 백지수표를 발행한 행위에 대해서까지 부수법 제2조 제2항 위반죄로 처벌할 수는 없다.

2. 백지수표 금액란의 부당보충과 발행인의 부수법 위반죄 성부 및 범위

백지수표의 금액란이 부당보충된 경우, 적어도 보충권의 범위 내에서는 백지수표의 발행인이 그 금액을 보충한 것과 다를 바 없어 백지수표의 발행인은 그 범위 내에서는 부수법 위반죄의 죄책을 진다고 할 것이나, 이와 달리 보충권을 넘어서는 금액에 관하여는 발행인이 그와 같은 금액으로 보충한 것과 동일하게 볼 수는 없으므로, 그 발행인에게 보충권을 넘어서는 금액에 대하여까지 부수법 위반죄의 죄책을 물을 수는 없다.

[사안에의 적용] 대한주택보증은 이 사건 수표를 교부받을 당시부터 공소외 X회사의 파산, 부도 등 약관에 규정된 보증사고가 발생하여 승계시공에 의하여 아파트를 완공한 이후에야 비로소 백지보충권을 행사할 것을 예정하고 있었음이 명백하므로, 이 사건 백지수표는 그 발행 당시부터 유가증권으로서 유통될 가능성은 배제되어 있었고 단지 증거증권 또는 채무이행의 압박수단에 지나지 않는 것이어서 피고인이 이러한 백지수표를 발행한 행위에 대해서까지 부수법 제2조 제2항 위반죄로 처벌할 수 없는 것이라고 볼 여지가 충분하다. 또한 이 사건 백지수표의 유통증권성이 인정된다고 하더라도, 대한주택보증의 구상금 채권의 액수는 수분양자들의 분양대금 납입 등에 따라 계속 변동하는 상황이었으므로 백지보충을 한 시점에서 최소한 위 백지보충액인 12,585,000,000원을 초과해야만 피고인에게 그 금액 전부에 대한 부수법 위반의 죄책을 물을 수 있다. 그런데 이 사건의 경우 당시 수기로 계산된 위 채권액이 맞는 것인지를 제대로 심리했는지 알 수 있는 자료가 없다.

이에 상고심은 원심의 판단에는 부수법 제2조 제2항 위반죄에 관한 법리 등을 오해하고 필요한 심리를 다하지 아니한 잘못이 있다고 보아 원심판결을 파기환송하였다.

[해설]

1. 부수법 제2조 제2항 위반죄 성립 요건

부수법 제2조는 부정수표 발행인의 형사책임을 규정하고 있는데, 동조 제2항은 수표를 발행하거나 작성한 자가 수표를 발행한 후에 예금부족, 거래정지처분이나 수표계약의 해제 또는 해지로 인해 제시기일에 지급되지 아니하게 한 경우에 처벌하도록 한다. 본죄가 성립하기 위해서는 수표 발행이나 작성에 대한 고의가 있어야 하고, 예금부족 등으로 인해 제시기일에 지급되지 않을 것이라는 결과발생에 대한 예견이 요구되는데, 그 예견은 미필적이라도 된다. 또한 기타 지급제시를 하지 않는다는 특약이 있거나 수표를 발행하게 된 경위나 지급하지 못하게 된 경위에 대내적인 사유가 있다는 사정만으로는 그 책임을 면할 수 없다. 따라서 수표금액에 상당하는 예금이나 수표금 지급을 위한 당좌예금의 명확한 확보책도 없이 수표를 발행하여 제시기일에 지급되지 않는 결과를 발생시켰다면 부수법 제2조 제2항 위반죄에 해당

한다. 다만 발행 당시에 그와 같은 결과 발생을 예견하지 않았거나 특별한 사정이 있어서 수표가 지급제시되지 않으리라고 믿었고, 그렇게 믿은 데에 정당한 이유가 있으면 책임을 지지 않는다.

2. 백지수표에 대한 부수법 제2조 제2항 적용 여부 및 죄책의 범위

본 조항의 객체는 수표인데, 수표요건을 백지로 하여 발행했다가 나중에 보충권을 행사하여 지급제시되는 백지수표도 본 조항의 객체가 된다. 요컨대 백지수표도 유통증권에 해당하는바, 백지수표의 발행도 부수법의 규제를 받아야 한다. 그러나 백지수표를 발행한 목적과 경위, 수표소지인 지위의 공공성, 발행인과의 계약관계 및 그 내용, 예정된 백지보충권 행사의 사유 등에 비추어 백지수표를 교부받은 수표 소지인이 이를 제3자에게 유통시킬 가능성이 없을 뿐만 아니라 장차 백지보충권을 행사하여 지급제시할 때에는 이미 당좌거래가 정지된 상황에 있을 것임이 그 수표 발행 당시부터 명백하게 예견되는 등의 특별한 사정이 인정된다면 해당 백지수표는 유통증권성을 가지지 않는 단순한 증거증권으로 보아야 하므로 그 발행행위까지 부수법 제2조 제2항 위반죄로 처벌할 수 없다. 또한 백지수표의 금액란이 부당하게 보충된 경우 적어도 보충권의 범위 내에서는 백지수표의 발행인이 그 금액을 보충한 것과 다를 바 없으므로 부수법 위반죄의 죄책을 진다. 그러나 보충권을 넘어서는 금액에 대해서까지 백지수표 발행인에게 부수법 위반죄의 죄책을 물을 수는 없다.

[참고문헌]

우인성, 부정수표단속법 제2조 제2항 적용의 제한, 대법원판례해설 제98호, 법원도서관, 2014.

[필자: 윤지영 연구위원(한국형사정책연구원)]

11.2

대법원 1992.11.10. 선고 92도1342 판결

부수법 제4조 허위신고죄의 주체

[사안] 공소외 X는 A은행과 수표거래를 해오던 자이다. 피고인은 1989.7.4. X에게 금 700,000원을 대여하면서 담보조로 X가 발행한 백지가계수표 1매를 타처에 할인하지 않는다는 조건으로 교부받았다. 그럼에도 불구하고 피고인은 위 수표의 금액란에 "칠십만원정"이라고 기재하여 1개월간 은행에 제시하지 않는다는 조건으로 위 가계수표 1매를 할인 의뢰하였고, 그 의뢰를 받은 공소외 Y가 위 가계수표를 공소외 Z에게 할인 의뢰하였다. 그런데 이를 교부받은 Z가 1986.7.7. 위 가계수표를 A은행에 지급제시하였다. 은행 측으로부터 연락을 받은 X가 피고인에게 이를 추궁하자 피고인은 1989.7.7. 자신의 책임을 면하기 위해 X에게 위 가계수표를 분실했다고 거짓말을 하면서 분실신고를 하도록 했다. 이에 X는 같은 날 A은행에 가계수표 분실신고를 하였는바, 금융기관에 허위신고를 한 것이다.

정을 모르는 X를 이용하여 허위신고를 한 것으로 피고인에 대한 공소가 제기되었고, 제1심 법원은 피고인에게 유죄를 선고했다. 이에 피고인이 항소하였고, 항소심 법원은 간접정범의 형태로는 부수법 제4조를 범할 수 없다고 보아 피고인에게 무죄를 선고했다. 이후 검사는 부수법 제4조의 범행주체는 발행인에 한하지 않고, 설령 발행인에 한정된다고 하더라도 발행인이 아닌 자가 간접정범의 형태로 위 범죄를 저지를 수 있으므로 원심판결에는 부수법 제4조와 형법 제34조가 정한 간정정범에 대한 법리 오해가 있다는 이유로 상고하였다.

[재판요지]

부수법의 목적은 부정수표 등의 발행을 단속·처벌함에 있고, 허위신고죄를 규정한 위 법 제4조는 수표금액의 지급 또는 거래정지처분을 "면하게" 할 목적이 아니라 수표금액의 지급 또는 거래정지처분을 "면할" 목적을 요건으로 하고 있다. 수표금액의 지급책임을 부담하는 자 또는 거래정지처분을 당하는 자는 오로지 발행인에 국한된다는 점에 비추어 볼 때 발행인이 아닌 자는 위 법조가 정한 허위신고죄의 주체가 될 수 없고, 허위신고의 고의 없는 발행인을 이용하여 간접정범의 형태로 허위신고죄를 범할 수도 없다.

[사안에의 적용] 발행인이 아닌 자는 부수법 제4조가 정한 허위신고죄의 주체가 될 수 없을 뿐만 아니라 허위신고의 고의가 없는 발행인을 이용하여 간접정범의 형태로 동죄를 범할 수도 없으므로 피고인에게 무죄를 선고한 원심의 판단은 정당하고, 법리오해의 위법도 없다.

[해설]

1. 부수법 제4조의 의의와 주관적 구성요건

대상판결은 부수법 제4조가 정한 허위신고죄의 주체가 발행인에 한정되는지 여부와 함께 만약 발행인에 한정된다면 발행인이 아닌 자가 간접정범의 형태로 허위신고죄를 범할 수 있는지를 판단하고 있다. 부수법은 부정수표 등의 발행을 단속·처벌함으로써 국민의 경제생활의 안전과 유통증권인 수표의 기능을 보장함을 목적으로 1961.7.3. 법률 제645호로 제정되었다. 제정법이 시행되는 과정에서 결제자금 없이 수표를 발행한 자가 미결제로 인한 형사책임을 회피하기 위해서 분실이나 도난 및 사취를 당했다고 허위로 금융기관에 신고하는 사례가 많아졌다. 이 경우 예금부족 등으로 인하여 제시기일에 지급되지 않는 것이 아니어서 동법 제2조 제2항으로 처벌할 수 없었고, 사기죄로 처벌하는 것도 용이하지 않았다. 이에 1966.2.26. 법률 제1747호로 부수법이 개정되면서 수표금액의 지급이나 거래정지처분을 면할 목적으로 금융기관에 허위신고를 한 자를 처벌하는 규정이 부수법 제4조로 마련되었다.

본죄는 목적범인데, 이때 '지급을 면한다고 함'은 수표가 제시됨으로써 발행인의 당좌예금구좌나 가계종합예금구좌에서 수표금액이 지출되지 않는 것을 말하고, '거래정지처분을 면한다고 함'은 그 수표가 제시되었으나 예금부족으로 인해 부도가 나서 해당 은행으로부터의 거래정지처분을 면하는 것을 의미한다. 이러한 목적은 수표발행 당시나 제시기일의 발행인 구좌의 예금잔고나 재산상태를 조사하면 객관적으로 밝혀낼 수 있다. 또한 허위신고죄는 고의범이므로 신고가 허위라는 점을 인식해야 한다. 통상 허위신고의 사유로는 분실이나 도난 또는 사취 등이 제시된다.

2. 부수법 제4조의 주체

부수법 제4조는 행위의 주체를 특정하고 있지 않은바, 수표의 발행인이 이 범죄의 주체가 된다는 점에는 이론이 없으나, 허위신고의 주체가 발행인에 한정될 것인지에 대해서는 논란이 있다. 허위신고죄의 주체가 발행인에 한정된다면 동죄는 일종의 신분범으로 파악될 수 있다. 한편 발행인이 아닌 피고인이 분실신고가 허위임을 인식하지 못하고 있는 발행인 X를 이용하여 간접정범의 형태로 허위신고죄를 범할 수 있는지가 문제된다. 통설에 의할 때 간접정범은 정범성이 인정되고, 그 성질상 단독정범의 한 형태로 파악되므로, 정범 적격이 없는 비신분자는 단독으로 진정신분범의 정범이 될 수 없고, 간접정범도 될 수 없다. 다만 진정신분범에 있어서 비신분자가 신분자의 행위에 가공한 경우에는 형법 제33조 본문이 적용되므로 비신분자는 신분자와 함께 진정신분범의 교사범이나 종범은 물론이고 공동정범이 될 수 있다. 반면 신분자가 비신분자에게 가공한 경우에는 신분자는 간접정범으로, 비신분자는 그 정을 알고 있는 한 종범이 된다는 것이 통설이다. 즉 진정신분범에서 신분은 구성요건요소이므로 비신분자의 행위는 구성요건해당성이 없고, 설령 그 정을 알고 있었더라도 비신분자는 이른바 '신분 없는 고의 있는 도구'로서 종범에 해당하며, 이러한 도구를 이용한 신분자는 간접정범이 되는 것이다. 요컨대 대상 사건에서 발행인 X가 당해 분실신고가 허위임을 인식하고 있었다면 피고인은 허위신고죄의 공동정범이나 교사범, 또는 적어도 방조범으로 처벌될 수 있었을 것이다.

한편 수표거래의 현실을 보면, 발행인이 수표금의 지급을 면하고자 허위신고를 하는 경우도 있지만, 발행인이 아니면서 수표 유통에 관여한 자가 허위신고를 하는 경우가 있다. 특히 발행인이 은행에 한정되는 자기앞수표의 경우에는 허위신고를 하는 자가 발행인인 경우는 없고, 은행에 결제자금을 지급하고 자기앞수표의 발행을 의뢰하여 수표를 발행받은 자가 해당 수표를 유통시킨 후 그 수표금의 지급을 막을 목적으로 허위로 분실이나 도난 등의 신고를 하는 경우가 대부분이다. 또한 정당하게 수표를 지급제시한 자가 수표금을 지급받지 못하여 법적 분쟁이 발생하는 경우가 많은데, 허위사실을 신고하였음에도 불구하고 발행인이 아니라는 이유로 처벌을 받지 않는 법적 공백이 바로 그 원인 중 하나로 거론된다.

이에 대법원 판례와는 다르게 부수법 제4조상의 행위주체를 발행인으로 한정하지 않는 해석 방안이 모색되고 있다. 이러한 입장은 다음과 같은 근거들을 제시하고 있는데, 우선 동조의 문언이 허위신고죄의 행위주체를 명시적으로 발행인에 한정시키고 있지 않다는 점이다. 또한 흠이 있는 수표의 위조·변조나 부도수표의 발행과 달리 정상적인 수표를 대상으로 하여 성립될 수 있는 허위신고죄의 경우에는 부정수표 발행의 처벌이라는 부수법의 입법목적이 그대로 적용되기 어렵다는 것이다. 나아가 유통증권인 수표의 기능 보장이라는 부수법의 입법목적이나 발행인이 아니더라도 허위신고를 하여 유통증권인 수표의 기능을 저해한 자를 처벌해야 할 정책적 필요성 등을 고려한다면 허위신고죄의 주체를 비단 발행인에 한정시킬 필요가 없다는 주장이 제기된다.

[참고문헌]

김이수, 부정수표단속법 제4조의 허위신고죄의 주체, 법조 제42권 제3호, 법조협회, 1993.

[필자: 윤지영 연구위원(한국형사정책연구원)]

제12장

변호사법

12.1

대법원 2000.6.15. 선고 98도3697 판결

변호사법 제109조 제1호의 '이러한 행위를 알선한 자'의 의미

[사안] 피고인은 ① 사무장인 공소외 X와 사이에 남양주경찰서 경찰관들로부터 수사사건의 알선을 받고 그 대가로 선임료의 30%를 지급하는 방법으로 사건을 유치하기로 공모하여, 총 62회에 걸쳐 소개비 합계 금 8,814만 원을 지급하면서 수사사건을 알선받았으며, ② 사무장인 공소외 Y와 사이에 법원·검찰의 직원과 법무사 등으로부터 사건을 소개받고 그 대가로 선임료의 20%를 지급하는 방법으로 사건을 유치하기로 공모하여, 총 48회에 걸쳐 소개비 합계 금 5,070만 원을 지급하면서 수사 또는 소송사건을 알선받았다. 이에 대하여 검사는 변호사법(2000. 1. 28. 법률 제6207호로 개정되기 전의 것) 제90조 제3호, 제2호, 제27조 제2항 위반으로 기소하였다.

1심에서는 변호사에게 사건을 알선하고 그로부터 금품을 받는 행위에 대하여 변호사법 제90조 제3호, 제27조 제1항에서 따로 처벌하고 있는 이상, 변호사법 제90조 제2호에 규정된 '이러한 행위를 알선한 자'의 의미는 변호사 아닌 자가 소송사건의 대리 등 법률사무를 취급하는 경우에 그러한 행위를 할 수 있도록 사건을 알선한 자라는 의미로 풀이하여야 하고 이를 확대 해석하여서는 아니되며, 또한 그렇게 해석하는 것이 비변호사의 법률사무 취급을 금지하는 법조문의 취지에도 부합하고, 따라서 변호사가 비변호사로부터 법률사건의 수임을 알선받고 그 대가로서 금품을 제공하는 행위는 변호사법 제27조 제2항, 제90조 제2호에 포함되지 아니하여 죄가 되지 아니한다는 이유로 무죄가 선고되었고, 항소심도 같은 취지로 항소를 기각하였다.

이에 대하여 검사가 상고하였고 대법원은 원심판결을 파기환송하였다.

[재판요지]

다수의견

변호사법 제90조 제2호 후단에서 말하는 알선이라 함은 법률사건의 당사자와 그 사건에 관하여 대리 등의 법률사무를 취급하는 상대방 사이에서 양자간에 법률사건이나 법률사무에 관한 위임계약 등의 체결을 중개하거나 그 편의를 도모하는 행위를 말한다. 위임계약 등이 성립하지 않아도 무방하며, 그 대가로서의 보수를 알선을 의뢰하는 자뿐만 아니라 그 상대방 또는 쌍방으로부터 지급받는 경우도 포함하고, 비변호사가 법률사건의 대리를 다른 비변호사에게 알선하는 경우는 물론 변호사에게 알선하는 경우도 이에 해당하는바 이러한 법리는 변호사에게 법률사건의 수임을 알선하고 그 대가로 금품을 받는 행위에 대하여 같은 법 제90조 제3호, 제27조 제1항에서 따로 처벌하고 있다고 하여 달리 볼 것이 아니다. 따라서 변호사인 피고인이 비변호사들로부터 법률사건의 수임을 알선받은 행위는 같은 법 제90조 제3호, 제27조 제2항, 제90조 제2호 위반죄를 구성한다.

다수의견에 대한 보충의견

1993. 3. 10. 법률 제4544호로 개정된 구 변호사법에 제27조 제1항이 신설되고 그 위반행위를 같은 법 제90조 제3호에서 따로 처벌하고 있다고 하더라도 이를 들어 같은 법 제90조 제2호 후단에서 말하는 알선의 의미를 종전과 달리 보아 여기에는 비변호사에 대한 법률사건의 알선만이 해당되고, 변호사에 대한 법률사건의 알선에 대하여는 같은 법 제27조 제1항만이 적용되어야 한다고 해석할 근거가 된다고 볼 수는 없고, 이는 변호사에 대한 법률사건의 알선을 포괄적으로 금지하는 제27조 제1항을 신설하면서 그 적용 범위의 일부가 기존의 제90조 제2호 후단과 중복됨에도 이를 배려하지 않은 부적절한 입법에서 비롯된 것이다. 따라서 변호사 아닌 자가 금품을 수수하고 변호사에게 법률사건을 알선하는 행위에 대하여는 같은 법 제90조 제2호와 같은 법 제90조 제3호, 제27조 제1항이 중첩적으로 적용되어 동일한 법률에서 하나의 행위에 대하여 2개의 처벌규정이 병존하는 셈이고, 이를 법조경합의 특별관계 또는 상상적 경합관계로 볼 것은 아니다.

반대의견

구 변호사법 제90조 제2호 후단의 알선의 대상에 변호사를 포함시키는 데에 찬성하기 어려운바, 첫째 법규정의 문언이나 조문의 배열, 형식 등에 비추어 볼 때 변호사의 고유업무인 법률사건 등의 알선을 금지하는 규정으로는 같은 법 제27조 제1항과 제90조 제2호 후단의 규정이 있는데 전자는 정규 변호사에 대하여 알선하는 행위를 금지하는 것인 반면 후자는 변호사가 아닌 자에 대하여 알선하는 행위를 금지하는 것으로 보이는데, 이와 달리 제90조 제2호 후단의 '알선'의 개념에 '변호사에 대한 알선'까지도 포함되는 것으로 해석하면 변호사에게 사건을 알선한 경우에는 제90조 제2호와 제27조 제1항의 2개의 조문에 위반되게 되어 처벌규정이 2중으로 존재하게 되는 셈이 되고, 이 경우 위 2개의 처벌조항의 관계를 어떻게 볼 것인지(상상적 경합관계인지, 특별관계인지, 그냥 중첩적 관계인지)가 문제가 되는데 어느 견해에 의하여도 그 관계가 제대로 설명이 되지 않으며, 그래서 입법상의 실수라거나 부적절한 입법으로 보는 견해까지 나오고 있지만 이것을 반드시 실수 등으로 돌릴 수 있는지도 의문이며, 둘째 형사사법에 있어 죄형법정주의 또는 엄격해석의 원칙에 비추어 보더라도 제90조 제2호의 '알선'의 상대방에는 '변호사'는 포함되지 아니한 것으로 해석함이 상당하다.

[사안에의 적용] 본 사건에서 변호사인 피고인이 비변호사인 경찰관, 법원·검찰의 직원 등으로부터 법률사건의 수임을 알선받고 그 대가로 금품을 교부한 행위는 변호사법 제90조 제2호 후단의 알선에 해당하고, 또한 같은 법 제90조 제3호, 제27조 제2항 위반죄도 해당된다.

[해설]

변호사에게 알선하는 것이 포함되는지 여부

대상 판결에서 의율된 변호사법 제90조 제2호는 현행 변호사법 제109조 제1호에 해당한다. 위 법 제109조 제1호는 '변호사가 아닌 자'가 금품 등을 대가로 법률사무를 취급하거나 이러한 행위를 알선하는 경우 처벌하고 있다.

대상 판결에서는 '이러한 행위를 알선'하는 것에 비변호사 뿐만 아니라 변호사에게 법률사무를 알선하는 것도 포함되는지가 쟁점이 되었다. 그 이유는 구변호사법 제27조 제1항(현행 변호사법 제34조 제1항)에서 변호사에 대한 알선행위를 처벌하는 규정을 따로 두고 있기 때문이다. 다수의견은 처벌규정이 중첩될 수 있다하더라도 변호사에게 법률사무를 알선하는 행위도 '이러한 행위를 알선'하는 것에 포함된다고 하였고 지금도 그 입장을 유지하고 있다. 다수의견의 근거 중 중요한 이유 하나는 알선을 받은 변호사를 처벌하는 근거조문이 구변호사법 제90조 제3호, 제27조 제2항인데, 이 조문에 의하면 변호사가 같은 법 제90조 제2호를 위반한 자로부터 알선을 받는 것을 전제로 하므로 만일 제90조 제2호의 '알선'에 변호사에 대한 알선을 제외하면 변호사가 부당하게 면책될 수 있다는 것이다. 그런데 이에 대하여는 현행 변호사법 제34조 제2항에서 변호사 등이 법률사건 수임에 관하여 알선 등 대가로 금품 등을 제공하거나 제공하기로 약속해서는 안된다는 규정을 신설(2000. 1. 28. 법률 제6207호)하여 더 이상 변호사가 처벌을 면하는 부당한 상황이 발생하지 않기 때문에 기존 판례를 유지하는 것은 타당하지 않다는 지적도 존재한다.

참고판례

알선행위를 한 사람이 소송사건의 대리행위를 수임한 변호사의 사무원이라거나 그와 같은 약정이 보수의 일부를 보충하여 지급받는 방법으로 이루어져도 본조 위반에 해당된다는 것이 판례(대법원 2001.7.24. 선고 2000도5069 판결)의 태도이다.

[참고문헌]

최상욱, 변호사법 제109조 제1호 후단의 '이러한 행위를 알선한 자'의 의미, 형사법연구 제28권 제4호, 2016.12.

[필자: 박정난 교수(연세대)]

12.2

대법원 2007.6.28. 선고 2002도3600 판결

특가법상 알선수재죄와 유사 구성요건의 알선죄의 비교

[사안] 학교법인의 설립자의 장손녀인 공소외 X는 교육부가 위 학교법인 임원들 전원에 대하여 취임승인취소처분을 하고 새로 임시이사들을 선임한 처분에 대하여 취소소송을 하여 패소판결을 받았고 대법원에 상고를 제기한 상황이었고, 변호사인 피고인은 위 사건을 수임하였다. 공소외 X는 공소외 Y를 통하여 피고인이 대통령 비서실장인 공소외 Z에게 부탁하여 교육부장관에게 압력을 넣어 학교법인의 임시이사체제를 철회하고 기존 설립자에 의한 체제로 복귀시켜 달라고 청탁하면서 공소외 Z에게 전달할 5,000만원을 교부하였다. 또한 피고인은 공소외 X로부터 국민고충처리위원들 및 공소외 Z에게 청탁, 알선하여 국민고충처리위원회에서 학교법인의 문제에 대하여 공소외 X 등에게 유리한 결정을 받아내고 공소외 Z를 통하여 교육부가 국민고충처리위원회의 결정을 받아들여 학교법인의 운영권을 되찾을 수 있도록 해달라는 취지의 부탁을 받고 5억원을 수수하였다. 검사는 이에 대하여 주위적 공소사실로 특가법 제3조의 알선수재죄, 예비적 공소사실로 변호사법 제90조 제1호 위반죄(현행 변호사법 제111조 위반죄)로 기소하였다.

1심에서는 5,000만원과 관련하여, 피고인에게 5,000만원을 교부하였지만 공소외 Z에게 전달하여 교육부장관에게 압력을 행사하여 달라는 취지로 지급하였을 뿐 피고인의 알선 명목으로 지급하였음을 인정할 증거가 없고, 5억원과 관련하여, 당시 대통령 정치담당 특별보좌관이었던 공소외 Z의 직위와 직무상 학교법인 이사선임 취소와 임시이사 선임에 대한 사실상 권한이 없다는 이유로 주위적, 예비적 공소사실 모두 무죄가 선고되었고, 항소심도 같은 취지로 항소를 기각하였다.

이에 대하여 검사가 상고하였고 대법원은 상고를 기각하였다.

[재판요지]

1. 공무원의 직무에 속한 사항의 알선에 관하여 금품 등을 수수함으로써 성립하는 특가법 제3조의 알선수재죄와 공무원이 취급하는 사건 또는 사무에 관하여 청탁 또는 알선을 한다는 명목으로 금품·향응 기타 이익을 받는 등의 행위를 하는 경우에 성립하는 구 변호사법(2000. 1. 28. 법률 제6207호로 개정되기 전) 제90조 제1호 위반죄에서, 위 금품 등은 어디까지나 위와 같은 청탁 혹은 알선행위의 대가라는 명목으로 수수되어야 하므로, 알선행위자가 아닌 제3자가 그 대가인 금품 기타 이익을 중간에서 전달한 것에 불과한 경우에는 그 제3자가 알선행위자와 공동가공의 의사를 가지고 전달행위를 하여 실행행위에 관여한 것으로 평가할 수 있는

경우는 별론으로 하고 그 자체만으로는 특가법 제3조가 정하는 알선수재죄 및 구 변호사법 제90조 제1호 위반죄가 성립할 수 없다.

2. 특가법 제3조 및 구 변호사법 제90조 제1호 위반죄는, 반드시 담당 공무원을 구체적으로 특정하여 그에게 직접 청탁·알선할 것을 금품수수의 명목으로 하여야만 성립되는 것이 아니라, 청탁할 공무원을 구체적으로 특정하지 아니한 경우는 물론 영향력 등을 행사할 수 있는 중간인물을 통하여 청탁·알선해준다는 명목으로 금품 등을 수수한 경우에도 성립할 수 있으며, 이 때 청탁·알선의 상대방은 공무원일 것을 요하고 또 청탁·알선의 대상이 그의 직무에 속한 사항이거나 그가 취급하는 사건 또는 사무에 해당하여야 하지만, 중간인물은 반드시 공무원일 필요는 없고 공무원이라 하더라도 청탁·알선의 대상이 반드시 그의 직무에 속하여야 하는 것은 아니다.

3. 변호사 지위의 공공성과 직무범위의 포괄성에 비추어 볼 때, 특가법 제3조 및 구 변호사법 제90조 제1호의 규정은 변호사가 그 위임의 취지에 따라 수행하는 적법한 청탁이나 알선행위까지 처벌대상으로 한 규정이라고는 볼 수 없고, 정식으로 법률사건을 의뢰받은 변호사의 경우, 사건의 해결을 위한 접대나 향응, 뇌물의 제공 등 이른바 공공성을 지닌 법률전문직으로서의 정상적인 활동이라고 보기 어려운 방법을 내세워 의뢰인의 청탁 취지를 공무원에게 전하거나 의뢰인을 대신하여 스스로 공무원에게 청탁을 하는 행위 등을 한다는 명목으로 금품 등을 받거나 받을 것을 약속하는 등, 금품 등의 수수의 명목이 변호사의 지위 및 직무범위와 무관하다고 평가할 수 있는 경우에 한하여 특가법 제3조 및 구 변호사법 제90조 제1호 위반죄가 성립한다.

[사안에의 적용] 본 사건에서 피고인이 5,000만원을 수수한 것은 대통령 비서실장에게 전달해준다는 명목으로 받은 것이지 알선행위의 대가로 받은 것이 아니므로 특가법 제3조 및 변호사법 제90조 제1호 위반죄가 성립하지 않는다. 또한 피고인이 5억원을 수수한 것과 관련하여 청탁,알선의 대상이 공무원의 직무에 속한 사항인지 여부는 최종적인 상대방인 국민고충처리위원 또는 교육부 관계 공무원의 직무범위에 속하는지 여부로 판단해야 하므로 중간인물에 불과한 대통령 비서실장의 직무에 속하는지 여부로 판단한 원심의 판단은 잘못 되었으나, 피고인은 변호사로서 학교법인과 관련한 사건의 소송을 수행 중이었고 지급받은 5억원은 공소외 X가 적극적으로 주겠다고 약속한 성공보수의 일부로서 지급된 것으로도 볼 수 있는 점, 피고인이 구체적으로 청탁, 알선의 방법을 제안하거나 금품의 요구를 하지도 않은 점 등에 비추어 본다면 피고인이 공공성을 지닌 법률전문직으로서 정상적인 활동이라고 보기 어려운 방법을 동원한 청탁, 알선 등을 해줄 것을 승낙하는 취지에서 금원을 교부받았다고 할 수 없다.

[해설]

알선수재죄, 알선수뢰죄, 변호사법 제111조 위반죄의 관계

대상 판결은 특가법 제3조와 변호사법 제111조의 구성요건이 유사함을 전제로(대법원 1983.3.8. 선고 82도2873 판결에도 설시), 알선죄에서의 금품, 이익의 대가성 및 알선의 상대방에 대한 해석을 명확히 해주었다는 점에서 의의가 있다.

특가법 제3조와 유사한 알선죄는 형법 제132조, 변호사법 제111조에 규정되어 있다.

형법 제132조의 알선수뢰죄와 특가법 제3조의 알선수재죄는 구성요건이 유사하나, 전자는 행위주체가 공무원으로 한정되어 있고, 행위태양이 공무원이 지위를 이용해야 한다는 점에서 후자가 전자보다 성립범위가 확장되어 있다. 또한 후자의 법정형이 전자보다 중하다.

한편 변호사법 제111조의 알선수재죄도 특가법 제3조와 구성요건이 유사하나, 세부적으로 보면 행위에 알선 뿐만 아니라 청탁이 포함되고, 금품 등이 제3자에게 공여된 경우에도 성립한다(다만 행위태양 중 특가법 제3조는 '요구'도 처벌하나, 변호사법 제111조는 이를 규정하고 있지 않다.). 법정형은 둘다 동일하나 다만 변호사법 위반죄는 징역형과 벌금형을 병과할 수 있다.

참고판례 1

판례(대법원 1983.3.8. 선고 82도2873 판결)는 특가법 제3조의 행위주체에 공무원도 포함되므로, 공무원이 그 직위를 이용하여 다른 공무원의 직무에 속한 사항의 알선에 관하여 뇌물을 수수, 요구 또는 약속한 경우 특가법 제2조에 의하여 가중처벌되는 경우 이외에는 특가법 제3조가 적용된다고 판시하였다. 특가법 알선수재죄의 법정형이 형법의 알선수뢰죄 법정형보다 중하므로 특가법을 의율할 실익이 존재한다 할 것이다.

참고판례 2

판례(대법원 2008.2.28. 선고 2007도10004 판결)는 공무원이 취급하는 사건에 관하여 청탁 또는 알선할 의사나 능력이 없음에도 거짓말하여 청탁 또는 알선 명목으로 금품을 받은 경우 특가법 제3조나 변호사법 제111조 위반죄가 성립하는 것과 상관 없이 사기죄도 성립한다는 입장이다.

[필자: 박정난 교수(연세대)]

제13장

소년법

13.1

대법원 1997.2.14. 선고 96도1241 판결

소년법에서 소년의 판단 시기

[사안] 1975.11.30. 생인 피고인은 1995.6.20. 13:30 경 대전시 유성구 장대동에 있는 피해자의 집 열린 대문을 통하여 침입하여 안방에서 미닫이문을 열고 내다보는 피해자의 목을 뒤에서 감싸안고 소지하고 있던 등산용칼을 피해자의 배에 들이대면서 "소리지르면 죽인다"고 위협하여 방으로 끌고가 놀고 있던 피해자의 생후 8개월 된 딸의 목에 칼을 대고 "아기를 죽이고 싶지 않으면 집에 있는 돈을 전부 빨리 가져와"라고 협박하였다. 피해자가 돈을 가지러 방 밖으로 나간 사이 아기가 계속 울자 대문 밖으로 나가 서 있었고 마침 도움을 청하러 나오는 피해자에게 대시 칼을 들이대면서 "빨리 돈을 가지고 오라"고 협박하여 피해자의 반항을 억압한 다음 피해자로부터 현금 56,000원을 강취하고 피해자에게 약 1주간의 치료를 요하는 안면부 및 양측수부표재성열상을 가하였다.

제1심 법원은 1995.8.25. 강도상해 및 흉기휴대 주거침입으로 인한 폭처법 위반에 대한 유죄를 인정하면서 소년법 제2조 제60조 제2항, 형법 제55조 제1항 제3호에 따라 소년 감경을 하고 다시 형법 제53조, 제55조 제1항 제3호에 의한 작량감경을 하여 징역 2년6월에 집행유예 3년의 형을 선고하였다.

항소심 역시 1996.4.26. 피고인이 이미 성년이 되었다 하더라도(1995.11.30.) 소년법 제60조 제2항에 의한 감경은 범행 당시에 소년이기만 하면 된다는 취지로 제1심 판결을 유지하였다.

[2007.12.21. 소년법 개정(법률 제8722호)을 통하여 소년의 연령이 20세에서 19세로 하향되어 해당 판례에서는 소년의 연령이 20세를 기준으로 설명됨]

[재판요지]

법률상 감경을 규정한 소년법 제60조 제2항에서 "소년"이라 함은 특별한 정함이 없는 한 소년법 제2조에서 말하는 "소년"인 20세 미만자를 의미하고, 소년법 제38조 제1항의 규정에 비추어 보면 20세 미만자라는 것이 심판의 조건이므로 범행시뿐만 아니라 심판시까지 계속되어야 한다고 보아야 하므로 소년법 제60조 제2항의 "소년"인지 여부의 판단은 원칙으로 심판시 즉 사실심 판결선고시를 기준으로 한다고 보아야 한다.

[사안에의 적용] 항소심 판결 선고 당시 피고인은 이미 성년이 되었음에도 그가 범행시에 소년이었다고 하여 소년법 제60조 제2항에 의하여 소년 감경을 한 제1심판결을 그대로 유지한 것은 타당하지 않다. 따라서 피고인에 대하여 소년 감경은 인정될 수 없고 작량감경만

인정한 처단형의 범위 내에서 선고형을 다시 정하여야 할 것이다.

[해설]

1. 소년 감경 규정의 법적 성격과 판단 시점

해당 사안에서 소년법 제60조 제2항의 소년 감경 적용을 판단하는 기준 시점이 쟁점이 되는데 기본적으로 소년 감경 규정의 법적 성격을 어떻게 이해하는지에 따라 아래와 같이 견해가 나뉜다.

2. 행위시 기준설

이 견해는 소년법 제60조 제2항의 성격을 소년의 제한적 책임능력에 따른 임의적 감경 규정으로 이해한다. 즉, 형법 제9조 제1항과 제2항의 태도를 고려할 때 14세 이상의 소년은 책임능력이 인정되기는 하지만 성인과 같은 온전한 책임능력을 인정하기에는 곤란한 존재라고 보는 입장이다. 이 견해에 따르며 우리 형사법은 14세, 18세, 20세(현행법상은 19세)를 기준으로 행위자의 연령별 형사책임의 유무와 함께 그 정도를 정하고 있다고 본다. 이러한 해석이 형법 제51조와는 별도로 소년감경을 둔 취지에도 부합한다고 설명한다.

또한 이 학설은 반대 견해가 제시하는 "인격 형성 도중에 있어 그 개선가능성이 풍부하고 심신의 발육에 따른 특수한 정신적 동요상태 놓여" 있다는 점을 "소년의 특성"으로 인정한다는 점에서는 동일하나 이것이 곧 제한적으로만 인정되는 소년의 책임능력에 대한 설명이며 이러한 특성은 행위시를 기준으로 판단하여야 한다고 주장한다.

끝으로 해당 사안과 같이 법원이 심리 시작을 좀 더 빨리했더라면 피고인이 성년이 되기 전에 판결을 선고할 수 있었던 경우, 피고인과 무관한 법원의 심리 진행이라는 우연한 사정으로 소년감경을 배제하는 것은 불합리하다는 점도 논거로 제시한다.

3. 사실심 판결선고시 기준설

이 견해는 소년이라는 상태를 범행시 뿐만 아니라 심판시까지 계속되어야 하는 심판의 조건으로 이해한다. 소년법 제38조 제1항 보호처분의 취소나 제7조 제2항 관할 검찰청으로의 송치, 제51조의 이송 규정 등의 내용에 비추어 보아도 소년이라는 상태를 심판의 조건으로 이해하는 것이 타당하다는 입장이다.

또한 이 학설은 소년법 제60조 제2항의 입법취지가 소년의 특성 때문에 현재 소년이라는 상태를 중시하여 소년의 건전한 육성을 기하는 데 있다는 점에 있으며 소년의 책임능력에 대한 별도의 규정을 두려는 의도는 아니라고 주장한다.

그리고 소년법 제60조 제2항의 입법 과정 역시 사실심 판결선고 기준시설을 뒷받침하는 중요한 논거가 된다. 해당 규정은 1988.12.31. 개정된 소년법(법률 제4057호)에 처음으로 신설되었는데 입법 과정에서 법정형이 하한을 중심으로 설정된 경우 소년에게 부정기형을 선고할 때 처단형의 범위 안에서 장단기를 선고하는 것이 오히려 양형상의 불합리를 가져온다는 문제점이 제기되었다. 이에 대하여 법무부는 부정기형의 장기형만 법정형의 범위를 준수하도록 개정하는 방안을 제시한 반면 대한변호사협회는 미성년자라는 사유를 법률상 감경사유로 규정하여 법정형의 하한 1/4까지 처단형을 낮출 수 있도록 하자는 의견이 제시되었고 후자의 의견이 입법에 반영된 것이다.

생각건대 부정기형의 선고 범위에 관한 제60조 제1항에 이어 그 범위에 추가적인 조정을 가하기 위하여 입법된 제60조 제2항의 입법 취지 및 과정과 부정기형을 선고하는 기준 시점을 사실심 판결선고시로 보는 판례(아래 참고 판례) 등을 고려하면 해당 사안에서 대법원의 태도는 타당하다고 판단된다. 이 판시 이후에도 대법원은 동일한 쟁점에 대하여 일관된 태도를 유지하고 있으며 최근 판결(대법원 2016.7.27. 선고 2016도7112 판결)에서도 지금까지 누차 판시하여 온 법리의 변경을 고려할 만한 사정은 보이지 않는다고 판시하였다.

참고판례

대법원 2000.8.18. 선고 2000도2704 판결: 소년법 제60조 제2항에서 소년이라 함은 특별한 정함이 없는 한 소년법 제2조에서 말하는 소년을 의미하고, 소년법 제2조에서의 소년이라 함은 20세 미만자로서, 이는 심판의 조건이므로 범행시뿐만 아니라 심판시까지 계속되어야 한다고 보아야 하며, 따라서 소년법 제60조 제2항의 소년인지의 여부의 판단은 원칙적으로 심판시 즉 사실심 판결 선고시를 기준으로 하여야 한다.

[참고문헌]

김병운, 소년법 제60조 제2항에 따른 감경의 기준시점, 대법원판례해설 제28권, 1997.12.

[필자: 김슬기 교수(대전대)]

사항색인

〔저자 약력〕

심희기

- 서울대학교 대학원 박사, 스탠포드 로스쿨 등 다수의 방문연구
- 한국형사소송법학회장, 법과사회이론연구회장, 한국법사학회장(전)
- 형사소송법강의(4인공저, 2020 박영사), casenote 형사소송법(2018, 박영사) 등 다수의 논저

현 연세대학교 법학전문대학원 교수

안성조

- 서울대학교 법학박사
- 변호사시험 출제 및 채점위원
- 한국형사정책학회, 한국형사소송법학회, 한국경찰법학회 상임이사

현 제주대학교 법학전문대학원 교수

전지연

- 독일 괴팅겐(Göttingen)대학 법학박사(Dr.iur.)
- 한국형사법학회 회장(전)
- 연세대학교 법과대학 학장/법학전문대학원 원장(전)

현 연세대학교 법학전문대학원 교수

김슬기

- 연세대학교 법학박사
- 국가공무원 5급·7급·9급 공채 출제위원 등
- 충청남도 행정심판위원, 대전고등검찰청 형사상고심의위원 등

현 대전대학교 법학과 교수

한상훈

- 한국형사법학회 부회장, 한국법철학회 회원
- 형법개론(공저), 법과 진화론(공저), 법의 딜레마(대표편집), 법심리학(공역), 불능미수의 위험성, 패러다임과 법의 변화 등 다수

현 연세대학교 법학전문대학원 교수

윤지영

- 한국형사법학회, 한국형사소송법학회, 한국비교형사법학회, 한국형사정책학회, 한국피해자학회, 한국소년정책학회 상임이사
- 연세대학교 법무대학원 겸임교수

현 한국형사정책연구원 연구위원

김정환

- 한국형사법학회 정암형사법학술상
- 연세대학교 법학전문대학원 우수강의교수상
- 대검찰청 과거사진상조사단 조사단원

현 연세대학교 법학전문대학원 교수

박정난

- 서울대학교 법과대학 졸업
- 서울대학교 대학원(법학석사, 법학박사)
- 서울 남부지방검찰청 등 검사

현 연세대학교 법학전문대학원 교수

형사특별법 판례 50선

2020년 7월 28일 초판 인쇄
2020년 8월 4일 초판 발행

저 자 심희기·전지연 외

발행인 위 호 준

발행처 도서출판 집현재
04091 서울특별시 마포구 토정로 222
한국출판콘텐츠센터 417호
전화 (02)332-4922 Fax (02)3142-4922
홈페이지: www.jhjbook.co.kr
e-mail: jyp4922@naver.com

출판등록 2010년 10월 25일
등록번호 제105-91-57581호

정가 12,000원 ISBN 979-11-89295-24-0

이 도서의 국립중앙도서관 출판예정도서목록(CIP)은 서지정보유통지원시스템 홈페이지(http://seoji.nl.go.kr)와 국가자료종합목록 구축시스템(http://www.nl.go.kr/kolisnet)에서 이용하실 수 있습니다.
(CIP제어번호: CIP2020030772)

※ 저자와 협의하여 인지첩부를 생략합니다.